东北亚研究丛书

当代韩国政治制度

洪 静 ◎ 著

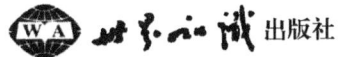
世界知识出版社

图书在版编目（CIP）数据

当代韩国政治制度 / 洪静著. --北京：世界知识出版社，2022.9

（东北亚研究丛书）

ISBN 978-7-5012-6531-2

Ⅰ.①当… Ⅱ.①洪… Ⅲ.①政治制度—研究—韩国—现代 Ⅳ.①D731.26

中国版本图书馆 CIP 数据核字（2022）第 064641 号

责任编辑	刘豫徽
责任出版	王勇刚
责任校对	张　琨

书　　名	当代韩国政治制度 Dangdai Hanguo Zhengzhi Zhidu
作　　者	洪　静
出版发行	世界知识出版社
地址邮编	北京市东城区干面胡同 51 号（100010）
网　　址	www.ishizhi.cn
投稿信箱	lyhbbi@163.com
电　　话	010-65265923（发行）　010-85119023（邮购）
经　　销	新华书店
印　　刷	北京虎彩文化传播有限公司
开本印张	720 毫米×1020 毫米　1/16　20¼印张
字　　数	258 千字
版次印次	2022 年 9 月第一版　2022 年 9 月第一次印刷
标准书号	ISBN 978-7-5012-6531-2
定　　价	79.00 元

版权所有　侵权必究

东北亚研究丛书编委会
山东大学东北亚学院

主任：

张蕴岭

委员：

毕颖达　方浩范　金　哲　黄永哲　刘宝全

李冬新　李雪威　苗　威　牛林杰　佟家栋

武　鹏　赵玉璞　张景全　张蕴岭

总　序

东北亚作为一个地缘区域，包括中国、日本、朝鲜、韩国、俄罗斯、蒙古六个国家。东北亚国家之间有着天然的链接与利益的紧密联系，在长期的历史相处与交往中，形成了独具特色的"东北亚情结""东北亚文化"与"东北亚认同"。

历史上，中国与朝鲜半岛国家和日本曾书同文，结成了"汉字文化圈"，思想文化交流基础深厚，建立了以中国为中心的地区秩序。

近代，东北亚经历了综合实力对比的变换、关系和秩序格局的翻转。其中，最重大的转变是，作为中心国家的中国衰落，日本崛起，走向了帝国扩张道路，占领了朝鲜半岛，侵略中国，与俄国争夺地区霸权，原有的地区秩序崩塌。

现代，东北亚地区关系与格局历经了重大的转换。第二次世界大战中，中苏美结成反法西斯同盟，日本战败并被美国占领。战后，苏美反目，发生冷战对抗，中国发生内战，新中国诞生并与苏联为伍，蒙古加入苏联阵营，日本成为美国的盟国，朝鲜半岛一分为二，韩国成为美国的盟国，朝鲜加入苏联阵营，由此，东北亚陷入以冷战为背景的对抗格局。值得提及的是，二战后，由于美国直接介入东北亚事务，并且在日韩有驻军，在关系与利益界定上，东北亚中的美国因素变得非常重要。因此，论及东北亚，不能不提美国。

这种格局自20世纪60年代初开始发生变化。中苏关系发生裂变，进而成为敌对国家，中美建交并共同对抗苏联，中日实现邦交正常化，而朝鲜半岛的分裂与对抗延续。冷战结束，东北亚地区关系与格局发生了新的变化。中俄实现了关系正常化并进一步确立了战略协作伙伴关系，之后，又提升为新时代中俄全面战略协作伙伴关系，中韩建交并实现双边关系快速发展，而朝鲜半岛核问题使地区安全关系复杂化。中国的迅速崛起，不仅使中美关系发生转变，也对东北亚地区的综合关系产生影响。引人注目的是，作为冷战产物的朝鲜半岛分裂格局并没有因为冷战结束而发生转变，而2018年开启的美朝对话、南北和解，虽然带来求解的希望，但能否为半岛带来真正的和平，东北亚地区能否构建基于长久和平的新机制，还有待观察。在世界上，像东北亚这样充满大变数的地区为数不多。

在发展上，东北亚是一个创造奇迹的地区。二战以后，日本经济获得快速恢复，在不长时间内跃升为世界第二大经济体，韩国实现经济起飞，进入发达经济行列，中国实施改革开放政策，经济实现腾飞，超越日本成为世界第二大经济体，而被安全同盟体系分割的中、日、韩三国，以开放的市场为平台，发展起了经济的紧密联系，并且建立了三国合作机制。事实上，东北亚地区的联系与合作发展起了多层次、多形式的机制，有官方的，也有民间的；有大区的，也有次区的；有经济的，也有社会文化的；等等。

从教学与研究角度看，东北亚既是国别，又是区域，具有区域与国别的综合性和交叉性。区域与国别教学和研究本应是一个独立的学科，因为任何单一的学科都不能说清楚区域的问题、国别的问题，以及区域与国别交叉的问题。区域与国别教学和研究，一则需要探究作为合体的

总　序

区域综合性问题，二则需要探究作为单一的国家特殊性问题。因此，区域与国别，二者既相互联系，又各有不同。从本源上说，国别是研究的基础，国别研究内容包罗万象，既有经济、政治、社会、语言、文化，也有地理、资源、人口、科技等。区域作为国别存在的地缘和利益依托，涉及国家间的关系、区域秩序与治理。在当今时代，区域连接越来越紧密，所涉及的领域也越来越广。尽管东北亚没有建立起像欧盟那样的区域组织，但是发展和提升具有东北亚特色的区域机制与区域治理，具有越来越重要的现实意义，越来越具有紧迫性。

当然，东北亚不是一个封闭的地区，而是一个具有很强开放性与外向性的地区，这显著地表现在各国的对外关系、安全机制、经济关系的构建上，在许多方面，区域内的联系甚至弱于区域外的联系。比如，在安全领域，至今没有一个区域性的机制；在经济领域，自贸区构建的重点在域外，区内贸易、投资比重低于区外比重。在区域观方面，公众与政治家的认同感基础并不牢固。因此，国别性是东北亚地区的凸显特征。

2017年，山东大学决定在威海校区建立东北亚学院。东北亚学院集教学与研究于一体，具备多学科配置，拥有从学士、硕士到博士学位的授权，被确立为新兴交叉学科发展的试点单位。我们编撰这套"东北亚研究丛书"就是为了推动作为新兴交叉学科构建的东北亚教学与研究体系，也是为了让人们能够从不同领域、不同视角更深入地了解东北亚。

张蕴岭
中国社会科学院学部委员
山东大学讲席教授
山东大学国际问题研究院院长
东北亚学院学术委员会主任

目 录

导　论 ··· 1
　　第一节　韩国政治制度的基本内容 ·· 1
　　第二节　韩国政治制度发展的历史沿革 ··································· 7
　　第三节　韩国政治制度的改革与创新 ····································· 12

第一章　宪法制度 ··· 24
　　第一节　宪法 ··· 24
　　第二节　宪法对韩国政治制度的规定 ····································· 34
　　第三节　宪法法院制度 ·· 39

第二章　国会制度 ··· 46
　　第一节　国会的权力、功能与组成 ·· 46
　　第二节　国会议事规则与程序 ·· 62

第三章 总统制度 … 68
第一节 总统的宪法地位与权力 … 68
第二节 总统的产生与选举 … 74
第三节 总统办事机构 … 98

第四章 司法制度 … 109
第一节 韩国司法制度的渊源与基本原则 … 109
第二节 法院的性质、分类与设置 … 111
第三节 审判制度与原则 … 122

第五章 中央政府行政制度 … 126
第一节 韩国中央行政制度的渊源 … 126
第二节 中央政府行政机构 … 134

第六章 公务员制度 … 163
第一节 韩国公务员制度的基本情况 … 163
第二节 公务员的权利与义务 … 169
第三节 公务员的分类 … 172

第七章 政党制度 … 177
第一节 韩国政党与政党制度 … 177
第二节 韩国政党的主要功能 … 184

第三节　共同民主党与国民力量党······195

第八章　韩国的选举与选举制度······215
　　第一节　韩国的选举与现状······215
　　第二节　总统选举······221
　　第三节　国会选举······232
　　第四节　地方选举······265
　　第五节　政治资金、政党提名/公荐与国民参与竞选制度······277

第九章　地方自治制度······287
　　第一节　韩国地方自治制度的发展与主要内容······287
　　第二节　韩国的地方自治团体······296
　　第三节　地方自治面临的问题与改革······303

导　论

当代韩国政治制度，即 1948 年大韩民国（简称"韩国"）建国以来的政治制度。当代韩国政治制度的基本结构主要包括宪法制度、国会制度、总统制度、司法制度、中央政府行政制度、公务员制度、政党制度、选举制度和地方自治制度等。

研究当代韩国政治制度，在了解政治制度基本含义的基础上，理解当代韩国政治制度的基本内容和结构、政治制度的基本特征、政治制度的历史发展沿革、政治制度的未来方向以及目前正在进行的改革与创新。

第一节　韩国政治制度的基本内容

政治制度是指建立在一定的政治目的和权力结构基础之上，对政治活动进行规范和限制的一系列法律规定。在广义上，政治制度是指社会政治领域中要求政治实体遵行的各类准则或规范。作为人类维护共同体的安全和利益、维持一定的公共秩序和分配方式的目的，政治制度随人类社会政治现象的出现而产生，并对各种政治关系做出一系列规定。其主要特征包括：第一，具有历史性。政治制度是历史的产物，是建立在一定的经济基础之上的，并且随着经济基础的变化而不断发展演进。第二，具有阶级性。政治制度本身就是阶级矛盾和阶级斗争的产物，是阶级统治的工具，是统治阶级意志的体现。第三，具有权威性。政治制度通常以法律、法规的形式并以国家机器作为后盾来强制实施。政治制度通常是统治阶级依靠政权力量，以国家名义正式颁布和强制执行，对全社会具有普遍约束力。对政治体系的组成、结构，政治活动的范围和界限，以及政治实体所应遵循的行为准则等方面做出严格规定。第四，具有层次性。处于不同层次的政治制度，其内容、形式和作用不尽相同。核心层是国家最根本的政治制度，即国体，规定国家权力的行使主体；中层是国家政权组织形式，即政体，规定国家结构形式以及政党和公民的行为准则等基本政治制度；外层则是可供政治实体直接操作的各类具体的规则、程序、方式等。中层和外层的具体政治制度被称作政治体制。第五，具有稳定性。政治制度的形成、确立以及被接受需要一个过程，而它要发挥维持秩序、规范行为等功能则需要保持一定的稳定性。政治制度随经济基础和统治阶级的变化而变化，也会随着其他主客观因素，如突发事件或执政党政策的调整等而产生相应的变更。

一、韩国政治制度的基本结构

韩国《宪法》第 1 章总则规定，"大韩民国为民主共和国，主权在民，所有权力均来自国民。国家立足自由民主的基本秩序，向往统一，制定并推行和平统一政策"。当代韩国政治制度主要包括宪法制度、国会制度、总统制度、司法制度、中央政府行政制度、公务员制度、政党制度、选举制度和地方自治制度等。

韩国宪法赋予国会立法权。国会通过朝野政党、各委员会以及国会议员在内的国会各主体，依据法律、程序、议事规则，通过讨论、协商，审议过程，以会议形式，行使国家权力，履行国会审议法案以及对政府的监督和牵制等基本功能。

韩国中央政府由总统、国务总理、国务委员以及国务总理管辖的各部组成。总统是行政首脑，总理是总统的行政辅助机构，国务会议为主要政策审议机关，具体行政事务则由行政各部执行。

根据韩国宪法，韩国司法制度贯彻三权分立原则、司法权独立原则。韩国司法体系集大陆法系与英美法系特点于一体。司法制度主要包括法院的设置、法官及审判组织和活动等方面的法律制度，实行三审终审制。司法权由法官依法独立行使，法律要求法官必须保持政治中立立场。

根据韩国宪法和政党法，政党拥有活动的自由，任何人均可发起、组建政党，但创立政党需有一定人数的发起人并具备一定的条件。政党的目标、宗旨及组织活动，必须符合宪法秩序和法律规定。当代世界各国政党实践中，政党履行着整合、表达利益诉求，监督和牵制政府，向政治系统输出政治精英等诸多共同功能与作用。

地方自治作为一种宪法制度，以一定的地方区域为单位，在法律上属于独立于国家的自治团体，其代表机构由该地方自治团体所在居民直接选举产生，由该地方自治团体的代表机构处理该地方自治团体的事务。在韩国，地方是指除首尔或首都圈之外的其他地区。韩国地方自治团体可以分为普通地方自治团体和特别地方自治团体。

二、韩国政治制度的特征

二战结束后，在美国支持下，朝鲜半岛南部于1948年8月成立了大韩民国政府，简称韩国。1953年朝鲜战争结束后，韩国正式进入战后重建阶段。目前，虽然军事权威主义统治已经结束、民主政治也完成了转型，但周边强邻环绕，韩国处在各大国博弈最激烈的地方，深陷地缘政治困境，并长期遭受战略挤压，来自朝鲜方面的挑战也一直没有发生根本性改变。在长期应对朝鲜半岛周边复杂的国际局势背景下，韩国始终视朝鲜为敌。尽管韩国历届政府持续致力于改善南北关系，但对国家安全始终充满焦虑、担忧的危机意识以及对朝鲜鲜明的政治立场，一直影响着韩国国家内政、外交政策的制定，对韩国政治制度的发展、建设产生深远影响。

韩国政治制度的发展变迁，还深受儒家文化、传统、思想和心理的影响。长达500多年朝鲜时代中央集权统治的传统理念寓于政治中，表现为家长式的下级对上级的绝对服从、上级对下级的完全庇护与附庸关系。这些文化遗产和特征，至今对当代韩国政治特别是国会政治、总统政治、政党政治等产生了深刻的影响。

此外，在现代国家建设和发展进程中，美国、苏联对朝鲜半岛的影响、介入及其所造成的半岛南北分裂格局，以及长期以来韩国国内左、右翼政治势力极端对立的政治生态，也对当代韩国政治产生重要作用。

当代韩国的政治发展，自1948年5月在联合国监督、美国支持下，首次实行国会议员选举，组建制宪国会至今（第20届国会），共产生过12届政权，诞生了12位总统，在政府体制上出现过第一共和国时期的总统中心制，第二共和国时期的议会内阁制，第三共和国时期的总统中心制，第四共和国时期的维新体制，以及第五、第六共和国时期的军人执政体制。在1987年实现了政治转型（"1987年体制"）后，又先后产生了金泳三"文人政府"、金大中"国民政府"、卢武铉"参与政府"、李明博"实用政府"、朴槿惠"创造经济政府"，以及文在寅"就业政府"。在全部发展过程中，韩国政治、政治制度的发展变迁，具有如下四方面特征。

第一，历次宪法修正案的通过，多聚焦于与总统选举相关议题。韩国先后进行过9次宪法修正，历次修宪内容主要涉及总统直选或间接选举的选举方式、总统权力范围、总统任期等内容。

第二，韩国政党制度比较脆弱。韩国政治人物在应对选举压力或遭遇政治危机、产生政见冲突时，通常以退党、重组新党、更换政党名称或转换所在政党加以应对，政党始终处于频繁分裂、重组、更改党名的循环中，导致政党更迭频繁、寿命短暂。在韩国政治历史上，一闪即逝的政党数量超过100个（韩国政党存续时间平均仅为两年半左右）；除众多只在官媒上留下名字就消失的"纸上政党"外，留下来的政党大多都有多次更改党名的记录。某大国家党议员曾提到，在不到20年的政治生涯中，自己所在政党的名称已更换过4次。① 相比于英、美等国家成熟的政党政治，作为新兴民主转型国家的韩国政党，关注民意、关注舆论，固然说明了韩国社会力量能够对政党政治发挥强大监督和牵制

---

① 金忠植：《国民中心党》，《东亚日报》2006年1月19日，https://www.donga.com/cn/article/all/20060119/336108/1。

作用，但政党围绕选举政治不断脱党，频繁分裂、重组，高频率更改党名，过分迎合选民、迎合舆论，也反映了韩国政党组织管理制度的内在缺陷，以及政党组织稳定性和纪律约束性的不足。

第三，政党运行以政治人物为中心特征突出。明星政治人物可以极大左右和影响政党的意志、发展，甚至直接导致政党组织的重大改变。人们注意到，韩国政坛经常围绕重要政治人物发生政党的重组、分裂与利益格局的调整，这种现象与政党精英人物以及与党总裁为核心的政党运营模式有着本质上的联系。政党总裁有权参与党政会议，掌握党内提名推荐的人事权以及政治资金的管理权，因此基本上掌控了政党的组织运行。政党的创建、组合、传承，虽然程序上要通过全党大会讨论决定，但实际上大都由政党领袖、权威政治人物决定。另外，重要政治人物主导政党运营还表现在政党的兴衰与重要政治人物政治上的浮沉有着紧密的联系。历任总统包括李承晚、尹潽善、朴正熙、崔圭夏、全斗焕、卢泰愚、金泳三、金大中、卢武铉、李明博、朴槿惠、文在寅在内，其所在的政党无论曾经多么强大，也无论是属于进步主义还是保守主义，几乎都是人存政举、人亡政息，执政者一旦卸任或失去权力，政党就会分裂、解体或重组，这一现象具体反映出韩国政党紧紧围绕重要政治人物运行的特征。

第四，韩国市民社会的政治参与同欧美国家有着明显的不同。韩国政治转型后，在欧洲福利国家危机、东欧社会主义崩溃以及全球信息化趋势背景下，政府失灵问题日益凸显；随着女权主义、环保运动以及各种新社会运动的兴起和壮大，长期以来被遏制的市民社会被唤醒，市民权利与市民社会等概念开始受到韩国社会广泛关注，人们开始针对参与民主、多元主义、个人自我实现、社会安全以及信任、网络、社会资本等问题展开了广泛讨论。作为国家与民众、政府与市场间的联系纽带，市民社会自身天然地带有鲜明的改革特征，天然地扮演了解决社会问题的重要角色。市民社会的理论与实践在政治领域，特别在推动选举制度改革、履行准政党功能方面，发挥了重要影响和作用。与西方发展不同的是，由于韩国市民社会是在长期与权威统治体制顽强斗争过程中逐步形成和发展起来的，因此，相对于其他领域，韩国市民社会运动的政治色彩较为突出，市民运动在政治表达、政治参与方面尤为活跃，其作用也比较明显。

第二节　韩国政治制度发展的历史沿革

韩国政治制度的发展变迁，反映并呈现国家整体的政治发展状态。从 1948 年当代韩国政治制度的初步形成与确立开始，历经第二共和国时期的议会内阁制和两院制，朴正熙执政的第三、第四共和国时期，全斗焕执政的第五共和国时期，以及标志韩国民主化转型的第六共和国时期，目前，韩国已进入民主转型的巩固和发展时期。

一、当代韩国政治制度的初步形成与确立

1948 年 7 月 17 日，韩国制宪国会以间接方式选出首届总统李承晚，标志着作为国家代表机关的国家元首的总统制度正式确立。当时的韩国

宪法规定：为确保国家拥有足够的权力和权威，韩国实行总统制政治制度；总统任期4年，可连任1届；国会拥有国政监查权，对总统任命的国务总理拥有承认权；内阁（国务院）是国家政策的合议机构，由总统、国务总理和国务委员组成，国家主要政策须经该合议机构商议制定。

为推行总统直选制和两院制国会制度，1951年12月，李承晚总统提出修宪提案（翌年7月在国会获得通过）。修正案规定：民议院按小选举区制、参议院按大选举区制进行选举。为进一步取消宪法中限制总统权力的条款，1954年，国会通过了废除限制总统连任内容的"四舍五入修宪案"（第二次宪法修正案），这一法案通过后，李承晚连任第3届韩国总统。1960年3月15日，李承晚继续参加第4届总统竞选，因其非法操控总统选举结果激怒了社会和民众，导致"4·19"革命爆发。李承晚政权被学生运动推翻后，韩国开始进入实行议会内阁制的第二共和国时期。

二、第二共和国时期（1960—1961年）

"4·19"革命推翻李承晚政府后，由外务部长官许政负责组织过渡政府，代行政府权力。1960年6月，国会通过了第3次宪法修正案，将国家权力结构改为纯粹的议会内阁制和两院制，总统经国会的民议院、参议院两院联合会议选举产生。1960年7月，全国议会选举，民主党在两院均获压倒性胜利。此时，李承晚组建的自由党已名存实亡。民主党新派领袖张勉战胜旧派领袖金度演，经国会同意当选国务总理。

不过，由于执政党民主党内部分裂，严重削弱了政府的执政力量和资源，导致政府无力应对频繁发生的社会运动和学生示威游行，社会陷入混乱。1961年，朴正熙发动"5·16"军事政变推翻了张勉政权。

三、第三、第四共和国时期（1963—1979年）

通过发动军事政变，朴正熙军事革命委员会控制了国家政权。1962年12月，朴正熙当局通过了第五次宪法修正案。新宪法废除了副总统的设置，恢复了总统中心制；由总统、国务总理和国务委员构成的国务会议成为重要的政策审议机构，国务总理沦为没有实权，只具有辅助和咨询性的职位；恢复一院制；总统任命总理不需国会同意，国会完全沦为政府行政的附属。1969年9月，在金钟泌创建的民主共和党主导下，国会秘密通过了第6次宪法修正案，该修宪案允许总统3选连任。

1971年11月，在国内外反对、抗议呼声持续高涨的巨压下，朴正熙宣布国家非常紧急状态，国会随即通过国家保安特别措施法。

在1971年举行的总统选举（4月27日）和国会选举（5月25日）中，朴正熙所在的民主共和党战胜了金大中领导的新民党。翌年，朴正熙发表"10月维新宣言"，宣布解散国会；12月颁布"维新宪法"（第7次修订），朴正熙的维新体制正式开启，韩国进入第四共和国时期。维新宪法使总统个人权力达至巅峰：将总统直选改为由统一主体国民会议选举产生，总统任期由4年改为6年，取消连任限制；总统有权任命占总数1/3的国会议员，并由这些国会议员组成绝对支持总统的"维新政友会"，"维新政友会"与执政党共同成为支持总统的强大政治组织；

总统有权解散国会，废除国会对政府的国政监查权；总统不需经国会同意，只需通告国会便可行使发生法律效力的紧急措施权。这些规定确立了总统对国会的绝对控制权，国会的宪法地位、权力极度萎缩。针对"维新宪法"的非法性，新民党和部分在野势力提出修改宪法要求，但朴正熙以发布总统紧急措施令形式，禁止讨论修宪问题，并严格控制学生集会、游行及静坐示威。在社会反独裁呼声日益高涨的背景下，1974年8月，朴正熙总统夫人陆英修遇刺身亡。1979年，新民党总裁金泳三议员被执政党除名，新民党全体国会议员及其他在野党议员纷纷向国会递交辞职书，以抗议朴正熙集团的野蛮行为。同年10月，釜山和马山地区爆发"釜马抗争事件"。10月26日，朴正熙被自己的属下情报部部长金载圭枪杀，维新体制正式终结。

四、第五共和国时期（1980—1988年）

朴正熙遇刺身亡后，总理崔圭夏代行总统之职。1981年3月，全斗焕就任第五共和国总统，新军部介入政治。在崔圭夏过渡政府时期，金泳三即已代表新民党提出在3个月之内修改"维新宪法"、实行总统直选的呼吁。全斗焕就任总统后，金大中发表《促进民主化国民宣言》，要求全斗焕辞职。1980年"5·18"光州起义爆发。光州起义被镇压后，全斗焕在没有竞争对手的情况下经由统一国民会议投票选举，当选韩国第11届总统，并组建民主正义党（民正党），自任总裁。

1980年10月，第10届国会实施第8次修宪，规定总统由选举人团选举产生，总统任期7年、单任制，总统有权解散国会。1981年2月，依据全斗焕意志修订的宪法规定，在全国 1905 个选区，国民直接选举产生 5272 名总统选举人，由这些选举人投票选出总统。最终全斗焕战胜对手当选第 12 届韩国总统。1987 年 10 月，在民众强烈的总统直选制诉求下，国会通过了第 9 次宪法修正案。新宪法规定：总统由国民直接选举产生，实行任期 5 年单任制；国会拥有国政监查权；总统对国务总理的任命须经国会同意；国会对国务总理和国务委员的解任仅具有解任建议权。在 1988 年进行的第 13 届总统直选中，民正党代表卢泰愚当选总统。卢泰愚总统的当选及随后发表的《6·29 宣言》，正式宣告了第五共和国时代的结束。韩国正式进入民主化转型的第六共和国时期。

五、第六共和国时期（1988 年至今）

1988 年，"4·26"国会选举形成了国会朝小野大（即在野党在国会占有多数议席，执政党处于少数党地位）的局势。1990 年 1 月，卢泰愚总统带领执政党民正党与金泳三代表的民主党、金钟泌的共和党实行三党合并，联合创立民主自由党。三股完全异质的势力通过人为方式合并组成了巨大执政党，以便更好地掌控国会。同时，在野势力也通过统合壮大力量。1991 年 9 月，金大中与李基泽以共同代表身份创立了民主党。

1993 年，金泳三当选为第 14 届总统。金泳三总统创立的"文人政府"，致力于改革和创新，终结了 1961 年以来军政府统治的威权主义时代。后历经金大中"国民政府"（1998—2003 年）、卢武铉"参与政府"（2003—2008 年）、李明博"实用政府"（2008—2013 年）、朴槿惠

"创造经济政府"（2013—2016年）、文在寅"就业政府"（2017—2022年），韩国进入民主转型的巩固时期。

对韩国政治制度发展的简要回顾，可以发现，韩国的政治制度始终处在变动、变革中。尽管其变化令人眼花缭乱、莫衷一是，但同时也让人深感韩国政治制度发展充满活力与朝气。韩国政治制度的发展如同其他任何国家一样，一方面深受本国历史传统与习俗的影响与束缚，另一方面也随着时代和政治发展得到修正。因此，一直以来，包括韩国政府、国会、政党以及市民社会在内，所有政治主体都在积极探索如何建设更完善、更先进的政治制度。作为韩国政治重要角色的历届总统，在这一变化大潮中更是如此。韩国历任总统虽然所处时代背景不同，其个人性格、经验、政治倾向、能力、创造力也各自迥异，但无不在政治发展、政治制度塑造过程中扮演了重要角色。总统对韩国政治的运转、对国政运营和政策的选择与制定产生了巨大影响。

第三节 韩国政治制度的改革与创新

2017年，文在寅当选韩国第19届总统，时值前总统朴槿惠因被弹劾而提前结束任期之际。此时，韩国正陷入宪政、民生、经济、安保、外交等多重危机，出现了韩国宪政史上前所未有的变局和危机。

针对韩国政治制度中存在的一些越来越不适应社会发展，甚至严重妨碍国家进步的弊端和问题，韩国朝野上下为有效解决问题、提振国民精神和政治凝聚力，摆脱危机，对外交、安保、社会民生、福利等领域所存在的问题，从宪法制度、国会制度、选举制度、政党制度、司法制度等方面进行深入探讨，形成朝野共识。其中一些问题得到文在寅政府的积极回应和采纳，进行了相应改革。

一、完善总统制

韩国实行总统制以来，因在不同的历史阶段，所实行的具体政治制度有别，总统制度也几经变化。民主政治转型以来，通过总统选举，韩国实现了政权在不同政党间的和平更替，总统制成为韩国选举政治有效运转的一个最重要元素，是韩国政治制度和韩国政府的最重要支柱，促进了韩国政治的发展。但是，韩国总统制也存在一些显而易见的内在局限性。其中最重要的就是总统权力过大。韩国宪法规定总统是国家元首，对外代表国家，对内代表国民；总统既是国家元首，也是政府行政首脑；拥有修宪权，立法权，统治权，指挥、监督政府的行政权，赦免、减刑、恢复公民权的司法权，以及外交与军事权等，因其权力巨大、全面，因而也被称为"帝王式"总统。

总统权力的过于强大，既反映出对总统权力制约、平衡力量的相对缺乏，也给韩国政府和政治的进一步制度化、合理化带来了一定的问题。如大部分在任或卸任总统往往容易受到贪腐、滥权的指控，遭遇暗杀、审判、自杀或司法审判。[①] 总统容易成为韩国政党政治斗争的焦点和牺牲品，以及围绕权力过于强大的总统所形成的政党党内民主不足等

---

① 洪静：《韩国总统非正常遭际的类型及影响因素》，《当代世界》2017年第3期。

问题。因此，如何在保证总统宪法地位、捍卫其国家元首和政府首脑权威的前提下，改革总统制，成为韩国总统制度完善和宪法修改的主要议题。

针对权力过分集中于总统这一事实，韩国学界和政界一直在探索如何塑造权力分享型政府问题。一些观点认为：在总统与国务总理分享权力、协同治理国家与行政等问题方面，应当基于特殊国情，实行分权型政府，在总统和国务总理之间实行合理分权：由总统负责统一、外交、安保领域等事务，由国务总理负责经济等内政事务；在中央政府与地方自治团体之间实行合理分权，即应当强调地方分权与国家发展的均衡，赋予地方分权的宪法保障，防止中央集权，同时可以将地方自治团体改建为地方政府，以确保地方自治的立法、行政与福利权利的实现，以起到间接制约总统权力的作用；应当扩大各政党、社会团体、公众在宪法修订、立法、政府政策制定等方面的参与权利，总统、总理、各部长官应当在加强与国会、国民的讨论、协商的基础上，推进宪法的修订和立法的完善，形成政党、社会、公众对总统权力的间接约束。此外，进一步合理设定总统的权力、任期，规范、约束总统的权力，保障总统的地位和权利等，也是韩国总统制度完善和宪法修改的主要议题。

二、国会制度先进化改革

韩国国会改革探讨主要集中在两院制改革以及国会具体的议事规则等方面。

在国会制度改革问题上，目前两院制改革已成为重要的时代议题列

导　　论

入议事日程。从比较国会制度角度看，世界各国立法机构，有的采取一院制，有的则选择两院制模式。以美国为主，包括英、法、意、日等全球大概有70多个国家实行两院制。在经济合作与发展组织（OECD，以下简称"经合组织"）国家中，韩国是为数不多实行一院制的国家之一。目前，有关两院制改革、两院制修宪议题，受到社会广泛关注，甚至被一些参选2022年韩国总统大选的候选人写入自己的竞选纲领。①

一院制、两院制各有所长，但也各有不足。从消极角度看，两院制有低效、浪费时间和资源，国会难以达成共识等弊端，但两院制因上下两院彼此牵制，因此可以以均衡方式审议法案，从而有助于立法机构平稳运行，可以有效防止法案的极速处理。从代表性上看，两院制与牵制、分权等代议制理念和原则密切相关，国会议员代表性更强，上下两院议员的组成及其所代表的意见能够更加均衡、有效地代表地域和选民，因此有利于地域均衡发展。

韩国曾经短暂地实行过两院制。第二共和国时期，国会分为民议院和参议院，后因"5·16"军事政变，两院制度被终止。自第三共和国开始恢复实行一院制，并一直沿用至今。目前有国会议员300名，其中地域选区议员253席、比例代表47席。长期以来，由于国会议员的构成、代表性过度偏重于首都圈、大城市，严重背离了国家均衡发展理念，国会议员的代表性问题饱受争议。目前国会改革的相关讨论，主要聚焦在两院制的组成方面，是否可以根据国民人口比例，即从17个市、道中，均等选出2—3名组成上院，体现地区均衡发展的理念和价值；而将现行的一院制国会改编为未来两院制国会的下院，发挥牵制功能；

---

① 정도원，"홍준표，4년중임대통령·상하양원제…정치대개혁 공약"，2021.10.29，https://www.dailian.co.kr/news/view/1047237.

上院负责预算与法律案等的审议,下院负责对上院处理的案件进行再审议。

韩国国会改革的另一个重大议题是国会议事规则的合理化问题。韩国国会历来存在政党对抗激烈的现象。从国会功能的角度看,国会一直被认为是民意的殿堂、国民表达利益诉求的场所,议员从事的国会政治本质上是对其他政治党派和国民的说服政治。因此,所有的政治势力均有权自由地进行言论表达和陈述政治诉求,且在制度上、理论上这种表达应当是不为任何强势势力所左右、可以是无限制的。但在真实的国会政治中,由于朝野政党在意识形态、历史认同、政策立场等诸多方面存在根深蒂固的分歧与矛盾,因此在处理争议法案过程中,往往容易出现多数党、少数党的矛盾和对抗现象。在此情况下,为实现政党利益及其立法目标,多数党由于主张效率第一,往往会强行主导议事进程,而处于劣势的少数党则基于代表性和平等性原则,在力量对比悬殊的情况下,往往会采用肢体冲突方式拖延战术,实行议事妨害。在韩国国会立法过程中,激烈的政党对立与冲突,往往会导致国会内政党之间的激烈肢体冲突现象。① 因此,如何展开朝野间建设性的合作互动,在野党如何有效与其他在野党展开沟通与协商,如何摒弃背离代议制政治文明的充满暴力的肢体冲突行为,如何建立合理、公正、公平、有效的国会议事程序和规则,已经越来越多地得到人们的关注,成为迫在眉睫需要解决的问题。

近些年来,韩国政界、学界一直致力于从国会运营方面入手,通过立法制度的创新和改革,探索国会议事规则、审议程序先进化改革,寻

---

① 洪静:《韩国国会肢体冲突与民主转型研究》,社会科学文献出版社,2016。

找有效的制度解决机制。2012年，第18届国会通过了旨在改善国会会议议事程序的《韩国国会先进化法》，该法案引入了无限制讨论即议事妨害（filibuster）制度。依据该法案，议员的发言时间将不受限制，议员动用合法战术进行议事妨害的议事行为得到许可，且若有议员动议中断阻挠议事行为，须有3/5以上的议员表示赞同方可实施；同时，该法案还规定对有诸如非法占领国会、实施暴力行为的议员实施惩罚。这些规定对国会制度的改革、对国会政治新政治文化的形成与发展起到积极作用。

三、选举制度改革

被誉为民主政治之花的选举，是韩国政治的动力机制和中枢核心，国民通过投票选举产生包括总统在内的国家公职人员，赋予国家权力合法性，在形塑舆论空间、监督政治权力等方面发挥重要作用，对韩国总统政治、国会政治以及政党政治实践影响深远。但在实际的选举政治运行中，存在诸多弊端和问题。韩国目前所实行的小选区简单多数选举制，实行多得一票即为胜者原则。大党根据投票率获得议席数，自然能够反映一定的民情和民意，却令那些没投给最多得票者的选票丧失价值，结果大党独占立法资源，议席分配并不能真正体现民心民意。大党由于拥有超强的选举资源和组织能力、庞大的地区支持基础，容易导致大党赢者通吃、小党难以进入体制以及地域主义等弊端，妨碍政党政治发展进步等问题。

有关选举制度改革，早在金大中时期就开始探讨，之后在卢武铉、李明博执政时期，学界、政界围绕该议题的讨论也一直没停止过，但始终未能得到落实。近年来，关于探讨如何充分体现选票票值、如何杜绝政治垄断等问题，要求选举制度改革的呼声日益高涨。2018年，全国570多个市民社会团体组成"政治改革共同行动"，与国会包括正确未来党、民主和平党、正义党等在内的7个政党，共同表达希望改革选举制度的诉求，要求实行联动型比例代表制。文在寅上任后多次强调，如果朝野政党能够以中央选举管理委员会方案为基础达成协商共识，将积极支持选举制度改革。执政党联合国会内五党院内代表召开会议，首先提出选举制度改革议题；国会成立政治改革特别委员会提出"联动型比例代表制方案"，通过了旨在支持地区基础薄弱的小党发展、实施"联动型比例代表制"的新《选举法》，① 新《选举法》规定：根据政党投票率进行议席分配，实行一个选区选出2位以上议员的中大选举区制度。

政党内部候选人产生机制的改革也是选举制度改革的重要组成部分和核心内容之一。党内推荐制度涉及总统、国会议员等公职候选人的推荐。虽然党内推荐制度，在形式上有诸多法律法规程序，但在最终确定候选人时，因缺乏透明、公正程序，导致由党内大佬意愿来决定最终候选人。因此，自2006年"5·31"地方选举开始实施党内推荐制度以来，要求废除党内推荐制度的呼声一直没停过，② 废除地方议员和地方行政首长选举的党内推荐制度的诉求，成为改革党内推荐制度的核心。

主张废除该制度的观点认为，政党推荐引发政党内部公荐权的垄

---

① 《韩国会通过〈选举法〉修正案　明年起实施联动型比例代表制》，KBS World Chinese，2019年12月30日，http://world.kbs.co.kr/service/contents_view.htm?lang=c&board_seq=377061。

② 2008年，自由先进党李明洙议员与民主党金中律等议员在共同提案的公职选举法修正案中首次提出要废除政党推荐制度。

断、滥用，招致选举腐败，破坏地方自治。① 这些弊端主要集中在：一方面，党内推荐制度助长选民以政党而非候选人为核心的投票倾向；另一方面，通过党内自上而下的推荐，政党容易操控选举过程，损害政治生态健康发展。同时，党内推荐制度容易破坏政党间良性竞争，候选人对政党、对政党大佬的投机性依附，使无党派出身的候选人难以胜出，以及根据政党领袖个人好恶进行党内推荐，势必催生任人唯亲、贿选、暗箱操作等问题。

党内推荐制度的改革首先在各个政党内部进行。在第16届总统选举（2002年）中，通过借鉴美国党内预选制度（primary election），引入国民参与竞选机制，民主党与大国家党均开始引入国民参与候选人的竞争制度，即在选举公职候选人的过程中，允许普通选民而非党员参与党内候选人提名过程，赋予普通选民选举资格，选出党内具有竞争力的候选人。这在一定程度上起到了防止党代表、指挥部、党内派系对候选人推荐过程的影响，将选举权归还国民的作用。

四、惩治腐败与司法改革

韩国历届政府虽然各自政策立场、执政目标、历史任务颇不一致，但都致力于探讨如何有效惩治腐败的问题。各届政府执政初期大都会将把反腐败和财阀改革作为治国理政的主要任务，以解决国家公职人员执

---

① 崔京珠：《对选民的承诺：废除基层选举的政党公推制，探索基层选举政党公推制度的解决方案》，国会地方三政（财政、行政、议政）发展研究会讨论会论文，2013年12月16日。

行公务时滥用职权、追求私利、侵蚀公共利益的违法不端行为。金泳三时期实施过金融实名制，朴槿惠政府时期实行了《金英兰法》（2016年审议通过）。《金英兰法》旨在根除公职人员的贪污腐败行为，是史无前例最严厉的反腐法案，其直接适用对象达300万人。

文在寅政府上任后，成立了"国家清廉委员会""高级公职者犯罪调查处""积弊清除特别调查委员会"等机构，将贿赂罪、渎职罪、挪用公款等5种腐败行为列为严重腐败罪；推进财阀制度改革，加大对财阀不法行为的处罚力度，限制总统对舞弊财阀企业人的赦免权，削弱财阀对经济的控制与支配，消除特权阶层，致力于建设公平正义的政治与社会环境；以及推进国民参与审判义务化。

司法改革也是历届韩国政府一以贯之的目标，仅不同时期核心议题不同而已，如金大中政府时期，成立了作为总统咨询机构的司法改革促进委员会。该委员会曾向总统提交过追求公正高效的权利救济、为国民提供高质量的法律服务、建立合理的专业化的及具有进步导向的司法体系、治理权力腐败、迎接全球化等内容的司法改革建议书。

文在寅政府司法改革的主要目标是改革检察体系内垄断司法权力的问题。1954年韩国制定首部《刑事诉讼法》。根据该法，检察官的侦查权贯穿侦查领域的全过程；检察官领导警察、指挥侦查；有权行使案件调查指挥权、申请拘捕权；检察官拥有调查终结权，只有检察官才能决定是否起诉嫌疑人。

针对检察官在法案的调查、起诉、公审等司法程序中的超大权力，文在寅政府为削减检方权力，从制度上制衡、解决检方垄断所有侦查权与公诉权，通过设立独立的反腐败部门，成立高层公职人员犯罪调查处，剥离了检方调查高级官员犯罪的权力，规定韩国高层公职人员涉嫌犯罪，将不再由检方调查，而由专门成立的"高级公职者犯罪调查处"展开调查。

除政府外，国会也启动了相应的司法改革行动。2018年，国会成立司法改革特别委员会推进"调整警、检侦查权"。2020年，国会相继通过旨在调整警、检调查权的《刑事诉讼法修订案》《检察厅法修订案》《关于设立高级公职者犯罪调查处的法案》等法案。这些法案结束了长达60多年的检察官对警察侦查活动的指挥权，推动了一直以来的检方与警方间上下级关系的互动模式，对长期以来检察系统垄断司法权问题的解决起到推动作用。

五、国防改革

国防和军队建设是韩国历届政府关注的重要国家制度建设的领域。韩国所处的特殊地理位置、国际政治格局中的角色，以及朝鲜战争的历史创伤，使韩国朝野各界对朝鲜半岛的地缘政治、对来自朝鲜的挑衅十分敏感，在国家安保建设方面具有较强的危机意识。因此历届韩国政府都大力专注于国防的建设与改革。政治转型后，卢武铉政府提出"国防改革2020"（2005年），李明博政府颁布"国防改革307"（2011年），朴槿惠政府提出"国防改革基本计划2014—2030"（2014年）。文在寅政府上任后，2018年7月正式提出"国防改革2.0"方案。①

---

① 국방개혁 2.0, https://www.mnd.go.kr/mbshome/mbs/reform/subview.jsp?id=reform_010100000000.

"国防改革2.0"的宗旨是，一方面强调国防现代化，认为在数字信息高科技技术时代，单靠兵力规模不能决定战争胜负，必须培养适应未来智能化作战环境下的强大战斗力，为此要致力于建立一支受国民信任的、能应对全方位威胁的强大军队；另一方面，出于对韩国所面临的严峻的低出生率及老龄化问题的担忧，对兵役制度进行改革。

"国防改革2.0"提出的具体措施包括：改革军队的结构编制，提高科技武器装备与人员训练的精良水平，努力提升国防战斗力；改革兵役制度。在兵役制度方面改革，鉴于韩国一方面是经济合作与发展组织国家中出生率最低的国家，[①] 另一方面又是经合组织成员国中"最老的国家"，[②] 面临严重的征兵人口不足、兵源短缺问题的现实（韩国是经合组织成员国中老龄化速度最快的国家，其65岁及以上老年人口规模近10年来年均增长率为4.4%，为平均水平2.6%的1.7倍），"国防改革2.0"提出到2022年，将军队规模扩大到30.3万人（根据韩国服役时间，每年需兵力19.9439万人）。为此，2020年国会修改通过了《兵役法》。该法规定：除获得文化体育观光部长官推荐，且在国内及国际上对提升韩国形象做出贡献的文化领域艺人，服兵役年龄可推迟至30岁以上，其余符合条件的国民均须按规定服兵役。这些规定在一定程度上缓解了征兵人口不足的问题。

---

① 《史上最低！韩国生育率跌至0.92人 "创造宽松的生育环境是关键"》，人民网韩国频道，2020年2月27日，http://korea.people.com.cn/n1/2020/0227/c407864-31607756.html。

② 《经合组织中韩国老龄化速度最快 老年人贫困率居首》，人民网韩国频道，2021年2月19日，http://korea.people.com.cn/n1/2021/0219/c407864-32031962.html。

六、市民社会制度改革

长期的国家主导型政治发展模式,虽然使经济迅速崛起、高速发展,但也带来诸多弊端和问题,特别是社会职能的高度萎缩。进入21世纪,在迈向未来型政治社会的进程中,韩国政府一直探索启动"市民主导型"发展模式,在权力结构、政治制度、理念以及行政的组织运行等方面,试图从国家中心主义的政治权力场域走出来,转向市民社会领域。即向由中产阶级和市民所主导的社会发展模式转型。尤其是近年来,更致力于向个人和社区为主的直接民主转型。

文在寅执政期间,一直强调"烛光革命"的主角是市民社会,市民团体是政府国政运营的伙伴和参与者。政府积极推动"市民文化"建设,国家行政促进和支持市民社会的成长和发展,确保市民拥有更实际、更主动地参与政治过程的权利和通道。为此,文在寅政府专门成立了市民社会部门,如在国务总理室下面成立市民社会秘书官室,履行政府与市民社会全面、有效沟通合作的职能。此外,还通过总统令的形式,制定了《推进市民社会发展与公益活动的相关规定》,旨在促进市民社会发展、加强政府和市民社会之间的沟通和合作。这些措施,对促进韩国市民社会制度的成熟发展起到了积极作用。

第一章

宪法制度

宪法制度是国家政治制度和法律体系的核心。宪法对国家全局性、根本性的问题做出规定,是一个国家治国安邦的总章程,具有最高权威性。韩国是单一制国家,只有一部宪法。

韩国宪法对通过选举而产生的国家机构的组织构成、运行方式、各权力机关的权限及其彼此的互动关系做出规定,对社会成员必须遵守的职责义务、对个人自由权利的保障等方面也做出相应规定。了解韩国政治制度,当从韩国宪法开始入手。

第一节 宪法

1948年7月韩国国会通过首部《大韩民国宪法》(以下简称《宪法》),发展至今共进行过9次宪法修正。第一共和国和第二共和国期间,分别进行过2次修宪。第三、第四共和国时期,朴正熙主导进行了3次修宪。全斗焕执政的第五共和国,以全民投票方式通过了第8次修宪案。转型后,第六共和国宪法是韩国宪政史上首次经朝野政党协商完成的第9次宪法修正案。

一、宪法地位与特征

韩国遵循立宪主义宪政原则,即政治实践以宪法为基础,严格遵循宪法,进行国家治理。作为国家的根本大法,宪法规定国家的根本制度、权力框架、执政理念、国家根本任务以及发展道路,具有最高法律地位和法律权威。宪法对国家全局性、根本性问题做出规定,是治国安邦的总章程。如同所有其他制度,韩国的宪法内容,也随着社会的发展而不断被修订与完善。

韩国的法律体系,包括地方自治团体长制定的条例规则、行政部门为执法而制定的行政命令、国会制定的法律以及具有最高国家法律地位的宪法。在整个法律体系中,条例、法规、命令、法律必须遵守宪法精神和宪法规定。处于国家法律体系最高位置的宪法,是国家内在的、社会共同体必须坚守的核心精神和社会价值,是社会运行的内在根本原理,是国家制定所有法律的依据和评判标准。宪法制约公共权力,保障国民权利,彰显时代精神与时代课题,体现国家和社会的未来憧憬与发展方向。

与普通法律所具有的具体、明确、细化特征不同,宪法更具抽象性、概括性、一般性特点。宪法对通过选举而产生的国家机构的组织构成、运行方式、各权力机关的权限及其彼此的互动关系做出规定，对社会成员必须遵守的职责义务、对个人自由权利的保障等方面做出规定。宪法明确了国民的权利和自由，保障国民自由、生存、社会权等在内的基本权利不受侵害，并对国家权力进行限制和规范。

韩国《宪法》第1条规定，韩国实行民主共和国。《宪法》第34条规定：国民有权要求国家保障其最低生活条件；国家有责任和义务保障社会、增进社会福利；人民享有广泛的公民权利，政府公职人员通过选举产生。《宪法》第40条规定：立法权属于一院制国会，行政权属于以总统为首的政府。司法权属于法院。《宪法》第70条规定：总统任期5年，不得连任。《宪法》第66条规定：总统是国家元首，对外国代表国家；总统有责任维护国家的独立和领土完整，守护宪法并维护国家的连续性。

二、宪法的历史沿革

1919年大韩民国临时政府时期，曾颁布过临时宪法，后因日本的殖民统治，未能生效。1948年7月在参照德国《魏玛宪法》基础上，制宪会议制定并执行了首部宪法，发展至今共进行过9次宪法修订。现行韩国宪法即第六共和国宪法，是1987年10月经由公民投票通过，翌年2月正式实施的韩国第9次宪法修正案。新宪法体现国民对总统长期执政的不满和反感，渴望通过直接选举方式产生总统。第9次宪法修正案成为韩国最长寿的宪法。

韩国历次修订宪法，内容多集中在国家权力的组成及其权力的运行模式等方面,诸如总统的产生方式、议会内阁制或两院制政府制等制度性改编方面。① 对政府形态、政府组织结构产生重大影响的政治制度方面的修订,主要体现在第3、第5、第7、第8、第9次宪法修正案上。

(一) 第一共和国宪法

第一共和国时期,在李承晚推动下,进行过两次修宪。1952年8月李承晚总统准备竞选连任,当时宪法规定总统由国会选举产生。但因1950年进行的第2届国会选举中,在野党获胜,赢得国会多数,执政党势力大跌,形成朝小野大政局,对李承晚试图通过国会间接选举获得连任,带来巨大挑战。于是李承晚试图通过修改宪法,将总统选举从原来的间接选举改为直接选举。

1952年7月朝鲜战争期间,李承晚进行了第1次修宪,即"拔萃修宪"。"拔萃修宪"是指从李承晚提出的总统直选制方案和由122位国会议员向国会提交的有关内阁责任制,即两院制修宪方案中,挑选适当的内容进行整合,重新制成新的修正案。"拔萃修宪"案的通过是在釜山风波(釜山为临时首都)期间,在政府宣布修宪令、动员军队控制釜山地区的恐怖氛围下,国会以偷袭方式通过的。第1次修宪将国会改为两院制,李承晚遂成功实现了将总统选举方式从国会间接选举改为直接选举制的政治目的。

第1次修宪后,李承晚为实现长期执政、强化个人集权的目的,又进行了第2次修宪。第2次修宪废除了宪法中有关总统3选连任的限制

---

① 임종훈,「국가권력구조의 개편방향」『헌법학연구』,제12권제4호,2006:393-420.

条款。为通过第 2 次修宪案（即著名的"四舍五入修宪案"），李承晚在 1954 年国会选举中，动用了各种非法手段，以凑齐支持通过修宪案的议员人数。当时执政的自由党在国会虽占多数，但选举结果却未能达到修宪的人数底线。对此，李承晚通过迎入无党派人士手段，最终使支持方案的议员人数达到议员总数的 2/3（当时国会议员总数为 203 席，2/3 约为 135.333，即 136 席）。1954 年 11 月 27 日，修宪投票当天，修正案仅获赞成票 135 票。由于比法定 136 票少 1 票，第 2 次修宪案未能获得通过。之后国会议长团向总统汇报，李承晚总统表示，按照四舍五入法，203 的 2/3 得数是 135，因此 135 票已经达到修宪底线票数，法案应予通过。于是，11 月 29 日，执政党宣布两天前已遭否决的议案，按照四舍五入方法进行计票，于是第 2 次修宪案获得通过。这种以非法方式（变更修宪最低人数的方式，在同一会期内，违反"一事不再议原则"，参见第二章国会制度）通过的宪法修正案废除了限制总统连任次数的宪法规定。在整个社会和在野党极度愤怒的背景下，1956 年 5 月在进行的第 3 届韩国总统选举中，李承晚再次当选，成功实现了第 3 次连任总统的目的。

（二）第二共和国宪法

第二共和国期间，进行过 2 次修宪。

李承晚政府被 1960 年 "4·19" 革命推翻后，韩国进入过渡政权时期，由时任首席国务委员兼外务长官的许政代行过渡政府权力。过渡政府筹备进行第 3 次修宪，探讨如何实现议会内阁制和两院制，防止总统个人独裁。1960 年 6 月，宪法修正案在国会获得通过。新宪法将过渡政府从总统制改为责任内阁制；成立拥有宪法解释权、弹劾案及解散政党案审判权的宪法法院（韩文直译为"宪法裁判所"）；地方政府首长通过直接选举产生。根据新宪法，总统由直选改为由两院联席会议在职议员的2/3以上，以民主、公平、正义方式间接选举产生；总统任期5年，可连任1次。国务总理经民议院过半数通过，由总统任命。在这一内阁责任制架构下，国务总理全面负责国政运营，国家行政权归属以总理为首的内阁，总统只具有象征意义和礼仪性质，无实际行政权力。同年8月，在根据新宪法实施的总统选举中，尹潽善当选第4届总统，张勉当选国务总理，韩国进入第二共和国时期。

第二共和国的此次修宪，核心是从总统制转为内阁责任制。国会由民议院、参议院两院组成。为确保内阁与国会间的权力平衡，国会拥有对政府的不信任权，国务院有权解散国会。在保障公民权利方面，新宪法取消了第一共和国时期对言论、集会、结社、出版等自由的限制。

1960年11月29日，第二共和国进行了第4次修宪。第4次修宪旨在制定有关惩罚反民主和不正当敛财行为的特别法案和条款。

（三）第三、第四共和国宪法

由于依据新宪法选举产生的政府无力应对一度出现的权力混乱与经济萧条，1961年5月16日，朴正熙发动军事政变，废除新宪法，建立军政权，韩国进入军事强人统治时期。

鉴于第二共和国时期内阁制体制下，国政不稳、效率低下，朴正熙政权认为国家须由强有力的政治领袖领导；应当改行总统制，并赋予总统以帝王般的权力，只有这样才能符合当时的国情。军政时期将第二共和国时期实行的内阁制改回总统中心制。

第三、第四共和国时期，朴正熙主导进行了3次修宪。

1961年，朴正熙发动"5·16"军事政变后，宣布1960年宪法无效，决定进行第5次修宪。与以往不同，第5次修宪由公民投票而不是国会投票通过。1962年12月，全民投票通过了第5次宪法修正案，即第三共和国新宪法。第三共和国新宪法废除了责任内阁制，恢复了总统中心制，规定总统通过直接选举产生，将两院制国会改回一院制；实行政党政治；建立违宪审查制度和宪法修改的公民投票制；总统无须经国会批准可直接任命国务总理，国务总理只向总统负责，国务会议履行总统辅助机构职能；如果出现总统违宪情况，大法院有权起诉总统。但事实上，由于大法院院长及成员均由总统任命，大法院实际上是由总统控制的。

1969年10月21日通过公民投票进行了第6次修宪，即"三选改宪"。新宪法取消了总统4年任期可连任1次的限制规定，改为可连任2次。根据新宪法，1971年4月，朴正熙第3次当选总统。

1972年12月27日，经公民投票，实施了第7次宪法修订，在总统宣布戒严令情况下通过了"维新宪法"。"维新宪法"取消了总统连任限制，总统可永久执政；总统产生方式再次改为间接选举制，任期为6年；总统候选人由经当权派筛选的、亲执政党的一万人组成的选举团提名，由新成立的"统一主体国民会议"选举产生；宪法赋予总统国会解散权、法官任命权、紧急措施权。"维新宪法"确保总统成为凌驾于立法、司法之上的行政运营核心。本次修宪使得国会权力极度萎缩，总统权力进一步强化，为总统帝王制权力的建立奠定了基础。

(四)第五共和国宪法

第五共和国主要是指从第 11 届总统选举（1980 年 8 月 27 日）全斗焕当选，到第 12 届总统其任期结束（1988 年 2 月 24 日）为止。

1979 年 12 月 12 日，全斗焕发动军事政变，1980 年 5 月全斗焕颁布非常戒严扩大措施，镇压"5·18"光州民主运动。1980 年 5 月，全斗焕开始担任国家保卫非常对策委员会委员长，正式掌握国家权力。

1979 年 10 月 26 日，朴正熙遇刺身亡后，"维新宪法"因不得人心难以为继，修宪议题提上日程。1980 年 3 月，由崔圭夏政府牵头，成立宪法修正审议委员会。修宪内容主要包括：废除"统一主体国民会议"，总统由 5000 人以上的选举人团间接选出；总统任期 7 年，实行单任制。

全斗焕上任后，1980 年 10 月，以全民投票方式通过了第 8 次修宪案。新宪法取消了"统一主体国民会议"，总统由选举团间接选举产生，总统任期 7 年，实行单任制，不得连任。新宪法强化了总统的非常措施权及其对国会解散权的启动条件；国会选举实行议员比例代表制，任期 4 年；赋予大法院院长一般的法官任命权，制定了大法院设立行政、税收、劳动、军事等专门部依据和规定。

(五)第六共和国宪法

1985 年 2 月 12 日，第 12 届国会选举中，在野党新韩民主党总裁李敏雨在国会开院演讲时提出实行总统直选制的主张，要求将选择政府的权力交给国民。在野党认为，第五共和国宪法与"维新宪法"如出一辙，选举人团间接选举总统，无法真正实现政权的和平交接；总统权力立法、行政与司法，依旧是独裁体制；总统任期7年带来的弊端，以及总统所拥有的国会解散权等必须实施改革。李敏雨演讲后，国会遂成立宪法修正特别委员会。但修宪主张遭到全斗焕及执政党民主正义党（民正党）的反对。全斗焕以当时1986年亚运会和1988年奥运会等国际赛事准备在即，不能将国力资源浪费在与重大赛事无关的直选总统上为理由，主张推迟修宪。全斗焕及执政党的无理阻挠，激起了在野党和民众的广泛声讨。在在野党与民主化推进协议会开展的千万名民众修宪签名、呼吁修宪的巨大压力下，全斗焕被迫召集民正党、新民党、韩国国民党三党代表进行朝野会谈，表示推进修宪。国会在通过宪法修正特别委员会决议案之后，新民党总裁李敏雨、常任顾问金泳三以及金大中3人当选为民主推进协会的共同议长，提出成立朝野会议探讨修宪问题。

1987年1月，首尔大学朴钟哲被拷问致死事件激起了全国各地示威抗议游行运动。5月，朝野领袖整合社会力量，组成"民主宪法争取国民运动本部"筹备直选制修宪案，并举行全国签名活动。6月9日，延世大学学生李韩烈在示威途中，被催泪弹击中身亡，引爆了6月民主抗争。在民意的巨大压力下，全斗焕表示年内完成修宪，实现总统直选。6月29日，民正党代表委员卢泰愚发表"民主化宣言"，同意修宪要求。7月1日，全斗焕正式发表"总统直选修宪要求"。9月，国会正式通过宪法修正案，并提交政府。10月27日，举行全国宪法修正案公投，修正案获高票通过。新宪法规定：恢复总统直接选举制，总统任期为5年单任制，不得连任；各政党均可推荐1名总统候选人，无党派如获得5000—7000名选民推荐即可参选；废除了总统的国会解散权；恢复宪法法院的国政监督权。

第六共和国宪法是韩国宪政史上首次经朝野政党协商完成的宪法修正案，是1948年制宪会议后第6次通过国民投票通过的第9次宪法修正案。此前历次修宪的核心目标都是为了实现执政者的长期执政，而本次修宪旨在实行总统直选制，奠定了国家的法制基础。总统直选制度写进宪法沿用至今，有效推进了民主化进程，具有深远意义。此前的宪法修正案，大都是在通过动用武力，或宣布戒严情况下实现的，而1987年的修宪，则是权威主义势力与民主势力以谈判、协商方式通过达成共识完成的，在韩国制宪史上具有里程碑意义。卢泰愚发表的"6·29宣言"和第9次宪法修正案的通过，为第六共和国的合法性奠定了基础，宣告长期以来民主力量与反民主势力之间的分裂局面正式结束，开辟了朝野政治势力以共同遵循民主方式达成共识、展开权力竞争的道路。

第六共和国宪法在国家权力机构的排列顺序上，将第五共和国宪法按照政府、国会、法院、宪法委员会、选举管理顺序，更改为按国会、政府、法院、宪法法院、选举管理顺序。宪法进一步强化了国会的地位和功能，规定国会会期由原来的90天延长至100天，取消会期限制。这些都对国会宪法地位的提升和国会国政监督权的恢复，发挥了积极作用。

第二节 宪法对韩国政治制度的规定

根据宪法,大韩民国是民主共和国,实行自由民主政治原则。宪法规定允许自由成立政党,保障多党制的运行。政治制度方面,韩国宪法规定,韩国实行立法、行政、司法三权分立的政治体制,立法权属于一院制国会。以总统为中心的政府掌握国家行政权。总统为权力分立制度的核心中枢,司法权则属于由法官构成的法院。

一、韩国宪法原则与宪法的结构体系

韩国《宪法》共 10 章内容,包括序言、130 项条款及 6 条附则。具体包括:总纲、公民的权利和义务、国会、政府、法院、宪法法院、选举管理、地方自治、经济和宪法修改程序。宪法修改须由总统或国会多数议员提案,经 2/3 以上国会议员和全民公决半数以上同意方可通过生效。

《宪法》序言阐明,大韩民国以正义、人道和同胞之爱,巩固民族团结;在自律与相互协调基础上,维护和巩固自由民主基本秩序;在政治、经济、社会、文化等所有领域做到人人机会均等,让每一国民在享有自由、权利的同时,发挥各自最高能力,履行责任、承担义务;国家对内均衡发展提高国民生活,对外则致力于永久的世界和平与人类的共

同繁荣，借以永远保障自身以及子孙后代的安全、自由和幸福。

韩国宪法的基本原则包括：国民主权、三权分立、寻求南北朝鲜的和平民主统一、寻求国际和平与合作、依法治国，以及促进国计民生发展。

二、宪法对国家基本制度的规定

《宪法》规定：大韩民国是民主共和国，向往统一，立足于自由民主的基本秩序，制定、推进和平统一政策；努力维护世界和平，绝不发动侵略战争；国军遵守政治中立原则，履行保障国家安全、保卫国土的神圣义务和职责；实行总统制，总统在国家政治生活中处于核心地位。

（一）国家基本制度

宪法允许自由成立政党，保障多党制政党制度的运行，但政党成立的组织、目标和活动须符合民主原则，并具必要的组织形式，以便国民政治参与、表达政治见解；政党依法受国家保护，国家依法对政党运行所需资金提供必要支援、补助；政党成立的目标或活动如果违背民主基本秩序，政府可向宪法法院提出政党解散申诉。

在政治制度方面，韩国实行立法、行政、司法三权分立的政治体制，立法权属于一院制国会。以总统为中心的政府掌握国家行政权。总统制为权力分立制度的核心中枢，司法权属于由法官构成的法院。

在经济制度方面，《宪法》第119条规定：经济秩序以尊重个人和企业经济上的自由与创造为基础，国家保障国民经济的均衡发展与稳定，维持适当的收入分配、杜绝市场垄断和滥用经济资源，为实现经济民主化，对经济进行规制和调整。

在选举管理方面，《宪法》第116条规定，国家设立中央选举管理委员会；选举活动在各级选举管理委员会管理下，依法律展开，以保障选举机会均等；各级选举管理委员会的组织、职务范围以及其他必要事项，由法律规定。中央选举管理委员会，由总统任命的3人、国会选出的3人，以及大法院院长指名的3人，共9位委员组成；委员任期6年；委员不得加入政党或参与政治；选举管理委员会委员长由委员互选产生。中央选举管理委员会，在法律范围内制定有关选举管理、国民投票管理以及政党事务等方面的规则；在与法律不相抵触情况下，可制定相关内部规则；有关选举经费管理，除法律另有规定外，不得由政党或候选人负担。

在地方自治方面，《宪法》第117条规定，地方自治团体处理有关居民福利、财产管理事务，需在法律范围内制定有关自治规定；地方自治团体可设议会，地方议会的组织、许可权、议员选举、地方自治团体负责人的选任方法，及其他有关地方自治团体的组织和活动事项，由相关法律规定。

（二）公民地位与权利

《宪法》规定，国家主权属于国民，一切权力来源于国民。公民在国家政治生活中的地位和权利是现代宪法中的重要内容。韩国宪法从文本上将公民在国家政治生活中的地位和权利的规定，置于第3章国家机构（国会）之前、《宪法》第1章总纲之后，一定程度体现了国家对公民在国家政治生活中地位和权利的尊重，体现了宪法对国民权利与义务崇高地位的认可。

1. 平等权

全体国民在法律上一律平等，任何人不因性别、宗教信仰或社会地位的差异，而在政治、经济、社会和文化生活等一切领域内受不同等待遇。禁止实施社会特殊等级制度，不得以任何形式建立这一制度。

2. 选举与被选举权

《宪法》第24条规定：任何国民均拥有选举权。选举权是公民参与国家事务管理的一项最基本政治权利。

3. 政治自由权

政治自由是公民表达个人见解和意愿，进行正常社会活动，参加国家管理的一项基本权利。《宪法》第21条规定：全体国民有言论、出版、集会、结社自由；言论、出版不受审批和检查，集会、结社不受审批。《宪法》第26条规定：任何公民均有依法向国家机关提出书面请愿的权利。《宪法》同时规定，公民必须依法行使这些权利和自由，不得损害国家、社会、集体的利益和其他公民的合法权利和自由；言论出版不得损害和侵犯他人名誉和权利，不得损害公共道德和社会伦理，否则将受到法律制裁。

4. 公民的人身自由和信仰自由

公民人身自由是公民参加各种社会活动和享有其他权利的先决条件，是公民最基本权利。《宪法》第12条规定：全体国民享有人身自由权利；任何人非依法不受逮捕、拘捕、关押、搜查和审问；所有国民不受刑讯，不得被迫作出刑事上不利于自己的陈述。

逮捕、拘捕、关押、搜查时，应出示按检察官要求、由法官签发的具有合法程序的证件；任何人受逮捕、拘捕时，享有可依法向法院请求审查该案的权利；任何国民，除自己行为外，不因亲属行为而受株连；全体国民有居住、迁徙自由，有选择职业的自由；任何国民有拒绝侵犯其住宅的自由，非经出示由法官签发有效证件，不得没收或搜查其住宅；任何国民拥有拒绝侵犯其私生活秘密的自由，有拒绝侵犯其通信秘密的自由。

5. 公民的宗教信仰自由

宗教信仰自由是公民权利的重要内容。《宪法》第20条规定，所有国民享有宗教信仰自由；不设国教，宗教与政治分离。

6. 公民的劳动权

《宪法》第32条规定，所有国民均有劳动权利。国家以社会经济手段，努力扩大劳动就业水平，维持适当的工资水平，并依法实行最低工资制，全体国民均拥有劳动义务。国家按照民主原则，在尽量保障和尊重人格前提下，制定法律规定劳动义务的具体内容和条件。《宪法》第33条规定：为提高劳动条件，劳动者有自主团结权、团体交涉权及团体行动权。

7. 公民的受教育权

《宪法》第31条规定，所有国民免费接受义务教育。所有国民对其所保护的子女负有至少使其受到初等及法律规定教育的义务。

8. 公民的财产权

《宪法》第23条规定，国家保障全体国民的财产权。财产内容范围由法律规定。公民行使财产权，应顾及公共福利。因公需要，国家对财产权的征收、使用或者限制等，须根据法律规定支付正当补偿。

9. 公民从事科学研究、文化艺术创作权

《宪法》第 22 条规定，所有国民享有学问和艺术自由。法律保障作者、发明家、科学技术者和艺术家的创作权利。

10. 特定群体公民的受保护权

宪法除对所有公民所普遍享受的自由和权利做出明确规定外，还对特定情况的公民制定专门条例，予以特别保护。这些特定人群包括妇女、儿童、老人、青少年等。

《宪法》第 36 条规定，国家致力于保护女性，提高妇女福利和权益。妇女劳动受特别保护，在就业、工资和劳动条件上，不得受不应有的差别对待。《宪法》第 34 条规定，身体残障者或因疾病、老龄及其他原因而丧失生活能力的国民，依法受国家保护。青少年劳动受特别保护。

（三）公民的基本义务

宪法规定所有公民有依法纳税之义务。所有国民有依法保卫国家的义务。任何人可以拒绝因履行兵役义务而遭受到的不利于自己的待遇。

第三节　宪法法院制度

1988 年，根据第六共和国宪法，韩国建立宪法法院。作为国家最高国民基本权利的保障机关，宪法法院与大法院一起，遵循三权分立原

则，对总统所代表的行政权力、国会代表的立法权力，进行监督、牵制与制衡。在宪法地位上，宪法法院与韩国国会、总统以及最高法院级别平等，拥有独立司法权力。宪法法院在韩国的宪政发展与法治实践中发挥重要影响和作用。

一、宪法法院的地位与权力

宪法法院在韩国宪法中自成一章，拥有独立宪法地位，承担着法律违宪审查、宪法解释、宪法请愿等重要职能，是专责维护宪法权威和尊严的司法审判机构。与此同时，作为司法体系的重要组成部分，宪法法院独立于其他法院，保持政治中立，具有独立审判地位。

根据《宪法》第 111 条规定，宪法法院行使违宪审查、宪法解释及宪法诉愿等职能，并拥有审理总统弹劾、政党违宪解散、权力机关间权限争议等案件的审批权。宪法法院的主要任务是对法律的违宪审查、弹劾审判、对违宪政党的解散审判等与宪法有关的案件审理。宪法法院维护国民根本利益，维护社会公平、正义、平等。

根据韩国《宪法》第 111 条第 2、第 3 款规定，宪法法院由 9 名大法官组成，大法官由总统任命。其中 3 位由总统直接任命，3 位由国会提名，另外 3 位由大法院院长提名，由总统任命，任期 6 年，可连任。宪法法院院长由总统经国会同意，在 9 位大法官中选任，任期 3 年，可连任，除遭弹劾和违反刑法外，不得罢免。宪法法院院长统一管理宪法法院事务，指挥并监督所属公务员。如因缺位或其他原因导致宪法法院院长无法履行职务时，根据宪法法院规则规定，由其他法官代为执行。

宪法法院法官资格必须年满 40 岁，拥有担任法官、检察官、律师 15 年以上经验，或具有律师资格并在国家机关、国营企业、政府投资机关以及其他从事法律事务工作 15 年经历；或具有律师资格，并国家公认的大学任教 15 年以上，具有法学副教授以上职称的人员担任。宪法法院法官不得加入政党或参与政治活动，以确保其审判的独立性。

目前，宪法法院设有 3 个指定审判部。指定审判部由 3 名法官组成，旨在负责宪法审判的事前审查。可以根据全体法官的一致意见决定，驳回宪法诉愿审判请求。

宪法法院的主要职责和权力包括：对国会、政府制定的法律、法规是否违宪、是否对宪法所要保障的公民权利、社会团体、机关的权利造成侵害，作出裁决，对政府官员的弹劾案是否合理，进行审查、判断并作出裁决。具体包括：（1）对法院提出的法律是否违宪进行审判；（2）审判有关弹劾案；（3）审判解散政党的案件；（4）审判国家机关之间、国家机关与地方自治团体之间、地方自治团体之间权限争议的案件；（5）审判有关宪法诉请的案件。

宪法法院的案件通常由宪法法院全体法官组成审判部进行审判，宪法法院院长为审判长。审判部须有 7 人以上法官出席，方可审理案件，审判裁决需 6 位法官同意方可通过。案件最终决定，须经参与案件最终审理的审判官半数以上通过；宪法法院须公开审判辩论，并自受案之日起 180 天内，公开宣告最终决定；宪法法院的决定为最终决定，对此不得有异议。

二、宪法法院的案件管辖

根据韩国宪法，宪法法院审理的案件主要包括：由法院提请的违宪法律审判案、由国民提请的宪法诉愿审判案、由国会提请的弹劾审判案、由国家机关提请的权限争议审判案以及由政府提请的政党解散审判案等。

（一）违宪法律审判案

宪法法院最具代表性的审判为违宪法律审判。违宪审查是宪法法院对法律是否违宪做出审判的制度。宪法法院有权对国会通过的宪法、法律以及与法律具有相同位阶效力的总统紧急命令或条约进行审查，并做出合宪或违宪判决；对违背宪法的法律进行审判裁决。

违宪法律审判由法院向宪法法院提请。法院作为司法审判机关，具体裁判违法行为，而对法律是否违宪，则由宪法法院裁判。宪法法院对违反宪法的法律进行判决，并决定是否予以取缔。对法律违宪的审判，如有6位以上法官同意，则废除该法律。国会所制定的法律如违宪，由宪法法院取消、取缔。

（二）宪法诉愿审判案

对有问题的法律或因公权力滥用，导致的国民基本权利受到侵害事项，由权利主体向宪法法院提出宪法诉愿审判申请。公权力侵害诉愿审判申请案件，可向法院提出诉愿审判申请，也可向宪法法院提出诉愿审判申请。

宪法诉愿的权利主体包括普通国民、法人团体、政党、学校、社会团体及企业法人等。

（三）弹劾审判案

《宪法》第 65 条规定，总统、国务总理、国务委员、行政各部长官、宪法法院法官、法官、中央选举管理委员会委员长、监查院[①]院长、监查委员及其他法律规定的公务员在履行职务中违反宪法或法律时，国会可对弹劾的追诉进行议决。国会提出诉讼，须由 1/3 以上在籍国会议员提议，国会在籍议员过半数赞成方可通过。不过，对总统的弹劾程序，则有更高要求，即须由国会在籍议员过半数提议、国会在籍议员 2/3 以上赞成，弹劾案方能通过。国会弹劾表决投票须在动议提出 24 小时后 72 小时前，以不记名方式进行。

根据宪法，国家高位公务员的弹劾案，首先在国会表决通过，即形成弹劾案，然后由宪法法院最终进行判决。在弹劾表决通过，直至宪法法院弹劾审判期间，其权限将被暂停。

总统弹劾案经国会表决通过后，弹劾案由宪法法院审理。如 9 位法官全部同意弹劾，总统则被罢免。截至 2022 年，宪法法院共审理过两

---

① 감사원，监查院（Board of Audit and Inspection），在财政监督与行政管理相结合的制度框架下，监查院是根据宪法规定设立的中央行政机关。监查院具有审计和监查双重职责。监查院直属总统，审计对象包括国家中央、地方政府或地方自治团体、国家银行账目及其投资机构等。

个总统弹劾案：一是 2004 年对前总统卢武铉的弹劾案，宪法法院最终驳回由国会提出的对卢武铉总统的弹劾决议；二是 2017 年 3 月对朴槿惠总统的弹劾案，朴槿惠因亲信"干政"引发的一系列渎职、腐败等问题，被宪法法院认定为总统严重违法失职而得以通过。宪法法院最终判决通过朴槿惠总统的弹劾案，朴槿惠立即被罢免总统职务。

（四）权限争议审判案

《宪法法院法》第 61 条规定，国家机关相互之间、中央国家机关与地方政府以及地方政府之间的权力是否存在，出现纠纷、冲突与争议，由国家机关或者地方政府向宪法法院提出权限争议审判申请，由宪法法院进行调节并加以审判。国家机关之间权限争议裁决审判，须 5 位法官同意通过。

（五）政党解散审判案

根据《宪法》第 8 条的规定，如果政党成立之目标、活动等违反自由民主宪政秩序，由政府向宪法法院提出申请，请求解散该违宪政党。宪法法院接获政府申请后，组织审判。

违宪政党之判决通过，需有 6 位法官同意。政党违宪判决通过后，宪法法院即宣告解散该政党。

2014 年 12 月 19 日，朴槿惠政府法务部法人代表黄教安长官向宪法法院起诉统合进步党以暴力方式违背民主秩序，企图实现社会主义，要求认定统合进步党违宪，申请将其解散。① 宪法法院判决统合进步党违宪，宣告将其解散并禁止使用统合进步党党名。统合进步党是韩国政治转型以来第一个被宪法法院依据宪法程序宣告违宪解散的政党。

---

① 《统合进步党违宪政党解散事件》，https://namu.wiki/w/통합진보당%20위헌정당해산%20사건。

第二章

国会制度

1948年5月10日,在美国扶持下,韩国实施了首届国会选举,组建、召开了制宪国会。历经70多年议会民主政治的发展,韩国国会已摆脱过去军政权威体制下被边缘化、受行政控制,只具有象征意义的"总统侍女"的国会形象,开始在国家政治生活中发挥越来越真实的功能和作用,履行宪法赋予的各项职权。

作为韩国政治制度的重要组成部分,国会制度主要是指国会的宪法地位与权力、组织结构与功能、立法程序与议事规则,以及立法过程所必须遵循的、与国会运营密切相关的一系列法律规定和准则的总称。

第一节 国会的权力、功能与组成

韩国《宪法》对韩国国会的权力、地位做出规定。第一,国会是由国民选举产生的民意代表组成的国家机关,是民意代表机关。作为国民的代表机关,国会议员反映民意,参与议事决定、法律和政策的制定。第二,国会是国家的立法机关,是国家制定法律和修改法律的权力机关。第三,国会是国家权力牵制机关,是对国家行政、司法进行监督、牵制和制衡的机构,以防止国家权力的滥用,保障国民的基本权利。

国会功能的履行以三权分立原则为基础,通过牵制、制约行政部门,规范行政秩序,为政治实践创造政治基础和前提。韩国国会由300位国会议员组成,其内部结构,除了全体会议、相关委员会、交涉团体等功能性组织,还包括国会事务处、国会立法调查处、国会图书馆以及国会预算政策处等国会辅助机构。

一、国会的权力与功能

韩国《宪法》和《国会法》规定:所有法案须经国会审议、通过方可生效,赋予国会在预算、国债、征税、贷款、对外贸易、宣战、国外派兵、击退侵略、重大人事安排、立法规范等方面行使国家权力。国会权力主要包括:立法权、财政审查权、人事任免权、国政监查权、国政调查权等。

国会内包括朝野各政党、各委员会及国会议员在内的国会各主体,依据法律、程序、议事规则,以会议形式进行讨论、协商,审议,行使国家权力,履行国会基本功能。国会的功能主要包括立法功能、预算审查功能、监督与牵制政府等功能。

（一）立法权力与功能

韩国宪法规定立法权属于国会。由国会行使宪法修改提案和表决权、法律制定和修改权、条约签订和批准同意权等权力。

有关军队、行政机关、监查院、大法院与地方法院组织、法院法官、行政审判组织、宪法法院、地方自治团体，以及国家安全保障会议、国民经济咨询会议等一切组织、机构具体事务的程序及内容，必须以法律形式加以规定；包括总统选举、国会议员选举等在内的重要国家事务的处理，也须由法律加以规范。制定这些法律的权力由国会行使，且国会不得以任何形式委托或转让此项权力。

宪法明确规定国会在宪法体制中的立法权主体地位，确保国会通过对已列入议事日程的议员提案、政府提案等进行审查、讨论，修改并通过，通过利益协调，实现其立法功能。立法功能，是国会发挥作用、履行国家职能的必要方式，是国家意志形成和表达的必要途径和手段。

（二）财政预算审查权力与功能

《宪法》第 54 条规定：国会有权代表国民监督、控制政府财政；国会拥有的财政审查权包括：财政立法权，预算与决算审议权，对政府财政行为的同意权和承认权。

韩国《宪法》《国会法》对国会预算监督权予以明确规定。国会在确定政府预算规模、分配各预算项目具体用途、监督政府开支等方面，发挥重要作用。

国会预算审查程序包括全院大会表决之前的预审和综合审查。预算案提交到国会后，国会举行全院大会听取总统施政演说。在施政演说中，总统向国会就当年的政策方向、预算基本框架进行说明。总统施政演说结束后，由国会各常任委员会审议预算相关资料，对国政运营进行总体国政监查，以把握政府运营方向。国政监查结束后，国会各常任委员会听取各部长官对新年政策所做的说明，并进行质询，对政府相关各部的预算进行审议。各常任委员会对政府各部的预算审查（预备审查）结束后，各常任委员会向国会议长报告审查结果。国会议长将预备审查后的预算案发还给预算、决算特别委员会进行综合审查。在进行综合审查时，国会听取国务总理、计划财政部长官对预算案的提案说明，并进行质询。除此之外，综合审查过程还包括：对政府政策的质疑，对政府各部门进行部门特别审查，对预算案以及基金使用计划案的调整进行分会审查、全委会讨论和表决。综合审查完成后，预算案要上呈到全院大会，经全院大会讨论后，付诸表决，最终确定新的年度预算案。

（三）监督和牵制政府的权力与功能

国会监督和牵制政府功能主要包括：对总统和高位公务员行使弹劾诉讼权，对总统任命的包括国务总理在内的高位政府公职人员的任命实施否决权，对国务总理、国务委员罢免建议权。此外，国会监督和牵制政府功能还包括国会履行国政监查、国政调查等功能。

国会对政府的监督权包括：有权要求国务总理、国务委员出席国会；有权行使弹劾追诉权，弹劾对象包括总统、国务总理、国务委员、行政各部长官、宪法法院法官、中央选举管理委员会委员、监查院院长等，以及法律规定的其他公务员。国会的监督权还包括戒严解除要求权、赦免同意权等。国会监督权主要运用在：对政府提案进行审议、表决以实现政治监督；通过讨论、修改和批准国家年度财政预算，通过审议公共收支和国库管理的年度报告，对政府实施财政监督；对政府高级官员尤其是总理、各部长官是否犯有危害国家安全罪、渎职罪等进行人事监督；通过对政府缔结的国际条约和协定的讨论、审议和通过，行使对政府外交行为和活动的监督。

国会牵制政府的权力，主要体现在国会所拥有的重要的人事任免权。人事任免权主要包括：对国务总理任命的同意权，罢免国务总理、国务委员的建议权；国会遴选中央选举管理委员会部分委员的权力；对大法院院长及大法官任命的同意权；对监查院院长任命的同意权；对宪法法院院长与法官任命的同意权。

此外，国会还可以采取书面或口头质询、询问、弹劾等方式，行使监督权。

1. 批准总理任命案

国务总理作为内阁最高长官，由总统任命，但须经国会同意。作为总统的主要行政助手，国务总理在总统的领导下监督各部的工作，管理国务。通常，韩国总统愿意选择政治背景相对简单、学识和声望较高的学者作为总理候选人。韩国国会对总统提名的批准情况，在政治转型前后有很大差异。转型前，国会对总统任命国务总理的批准事实上仅仅是在为总统意志提供合法化背书；转型后，这一情况有一定的改变，国会对多起总统对总理的任命案成功行使过否决权。

国务总理有权参与制定重要国家政策、出席国会举行的各种会议，有权在总统授意下代表总统处理事务，并以其本人名义颁布法令，有权向总统建议任免国务会议成员。

2. 审查和否决其他公职任命案

宪法规定总统任命大法院院长、宪法法院院长、监查院院长须经国会批准同意。2000年,第15届国会根据《国会法修正案》,在国会引入了人事听证会制度,国会对包括国务总理、国务委员,国政院院长,国税厅厅长,检察总长,警察厅厅长,法院院长、大法官,宪法法院院长,监查院院长和中央选举管理委员会委员在内的任命案,实行听证审查。

3. 国政监查和国政调查

国会通过行使国政监查、国政调查权,对包括政府、法院以及宪法法院等国家权力机关在内的国家行政机关、司法机关履行监督与牵制职能。

国政监查即对政府行政予以监督和检查。主要是指国会每年定期进行的、对包括行政各部在内的国家机关实行的监督与批判的权力,监督其预算使用、人事安排等事项。在国政监查过程中,朝野议员可以通过要求行政部门提供相应资料方式,与议员辅助官一起,对政府不当行为展开调查。

国会的国政监查权包括:在立法领域,对委任立法、自治立法,以及财政立法等进行监查;在行政领域,对政府行为实行一般性监查。国政监查具体包括检举、揭发政府机关及其工作人员的违法、失职行为;在司法领域,对法院的司法行政作用和大法院的规则制定作用,实施国政监查。此外,国政监查权还包括国政调查权和国会自律权等。

国政调查是国会所享有的从政治视角对某一悬案展开调查以查明真相的权力和过程。国政调查制度规定:只要国会在籍议员1/4以上的议员署名提交"国政调查要求书",国会朝野通过协议组成国会调查委员会,即可对疑案展开调查。

(四) 同意和批准的权力

国会对国家间相互援助或安全保障的条约、重要国际组织条约、友好通商航海条约,有关限制主权的条约、媾和条约,构成国家或国民重大财政负担的条约,以及有关立法事项条约,有同意缔结和批准权;国会对宣布战争、向国外派遣国军、在大韩民国领土内驻在外国驻军,均有同意权。

二、国会的组成与结构

国会的组织构成,通常分为两种体系:一种是由国会议员组成的会议体组织,包括议长、副议长、全体会议、委员会、院内交涉团体等;另一种是由国会工作人员组成的立法辅助组织,主要包括国会事务处、国会图书馆、国会预算政策处以及国会立法调查处等。

(一) 国会议员

韩国国会议员由国民根据普遍、平等、直接、秘密方式选举产生。《宪法》《国会法》规定了国会议员的宪法地位及其权利和义务。

1. 国会议员的宪法地位及其权利与义务

韩国《宪法》确保国会议员享有相应的权利和义务。第一，作为国会组成人员，议员拥有法律制定、预算审议和国政管理等方面的参与权，负有《宪法》《国会法》所赋予的法律制定、行政监督、预算审议等方面的权利和义务。第二，作为国民代表，国会议员负有为选民服务的权利和义务。同时，由于国会议员既是选区选民利益的代言人，也是国家全体国民的代表，因此，国会议员对国民代表权利、义务的行使，应避免被选区利益所束缚而应以全体国民利益为宗旨。第三，作为政党组成人员，国会议员参与政党议事决定，对外代表所属政党。

此外，议员还享有《宪法》所规定的免责权和不被逮捕权，"任何议员不得因行使职权，发表意见或投票而受追诉、搜查、逮捕、拘禁或审判"；[①] 国会议员在院内进行的演说、辩论及表决不受法律追究；除现行犯外，国会议员在会期前被逮捕或者被拘禁，而如国会有要求，则可以在国会会期中获得释放。[②]

2. 国会议员的职权

国会议员既是国会的组成人员，也是国民代表，同时还是特定政党的党员。国会议员拥有立法权、行政监督权、宪法修正权等宪法赋予的重要权力。国会议员的具体职权主要包括提议权、质询权、审议权、表决权以及主动行为权。

（1）提议权

在法律规定时间内，在获得法定人数赞同条件下，议员有权提出制定或修订法律、修改宪法、弹劾总统、罢免各部部长以及国务委员等政

---

① 《宪法》第45条。
② 《宪法》第44条。

府官员。

（2）质询权

在国会会期中，国会议员有权就有关问题，向包括国务总理、国务委员以及各部部长在内的政府内阁人员提出书面或口头质询。

（3）审议权

国会议员有权通过质疑、讨论方式，对提案人、审查委员会委员长、国务委员等人提出的议案进行审议。

（4）表决权

国会议员有权参加所属委员会、全院大会的投票表决，享有法律保障的自由投票表决权。

（5）主动行为权

国会议员的主动行为权主要表现在：首先，有选举议长、副议长、常任委员会委员长的选举和被选举权；其次，在获得1/4以上在籍议员同意的条件下，有权要求召开临时会议。

此外，根据《宪法》和《国会法》的规定，议员有正直清廉、凭良心履行议员职务，以保障议员主动行为权正当行使的义务。

3. 国会议员的构成

韩国国会议员选举开始于1948年5月10日的制宪国会议员选举，其时，制宪国会议员选举共选出200名议员。从制宪国会议员选举到2020年举行的第21届国会议员选举，在长达70多年的时间里，韩国国会共选出5361位国会议员，其中第2届210名、第3届203名、第4届233名、第5届291名（民议院233名和参议院58名）、第6届175名、第7届175名、第8届204名、第9届219名、第10届231名、第11届276名、第12届276名；民主化转型后的第13、第14、第15届国会议员均为299名；亚洲金融危机爆发后的第16届国会议员总数降为273名，嗣后，第17、第18届又增至299名，而第19、第20、第21届国会议员数则增为300名。

依据现行宪法，韩国现任国会议员由地域选区国会议员和比例代表制国会议员组成，其中地域选区国会议员人数253人、比例代表议员47人。两类议员在宪法地位、所拥有的权利义务等方面完全相同，仅在产生方式上有所不同。地域选区国会议员和比例代表制国会议员具体选举方式是：国会议员选举分别设白色、绿色两张选票，白色选票纸列具体候选人名单，供地域选区国会议员选举使用，选民对候选人个人进行投票；绿色投票用纸不列具体候选人个人名单而仅列参选政党名单，供比例代表议员选举使用，选民对政党而非候选人个人进行投票。地域选区国会议员的选举，以各地域选区中获得简单多数最多得票者当选；比例代表议员选举由各政党在总得票基础上，依据本党得票比例，以本党在国会选举之前公布的比例代表国会议员候选人名单，依比例顺序分配产生。两类议员选举的差别在于：比例代表议员选举所依据的不是候选人个人得票，而由政党根据得票百分比自行决定本党具体候选人的当选。

韩国历届国会议员大都受过良好教育。相对而言，制宪国会到第5届国会议员的文化程度较为低下，高中毕业以下学历超过半数，而从第6届国会开始，大学及以上学历者逐渐增多，特别是第10届国会以后，其比例已经超过9成，第17届国会研究生以上学历的议员接近一半。从第18届国会开始至今，有博士学位的议员逐渐增多，国会议员呈现出一种高学历趋势。①

在年龄结构方面，韩国国会研究学者柳胜益、金龙浩等人统计了从制宪国会到第 17 届国会的 4398 名国会议员的年龄分布，结果表明：当选国会议员 50 岁上下的占近 4 成比例，40 岁左右的次之；从 14 届国会开始，一方面不再有 20 多岁的年轻议员，另一方面 60 岁以上的有增加趋势；在第 19 届国会全部议员中，50 岁年龄段的议员最多。②

在性别方面，自第 11 届国会开始引入全国区域比例代表制度以来，女性议员人数尽管总体偏少，但呈上升趋势。

在议员的职业背景方面，随着对国会议员专业化素质要求的严格化，从民主化转型后的第 15 届国会开始，来自政界、法律界、教育界等领域的国会议员比例越来越高。

（二）国会议长

韩国《国会法》规定：国会议长是国会全院大会的主持者、仲裁者、管理者与监督者，对外代表国会，对内是议会最高责任人。③

国会设有议长 1 名、副议长 2 名。国会议长和副议长均由议员以无记名投票方式选举产生，获在籍议员人数过半的支持者，即可当选。议长与副议长任期均为 2 年。议长当选后，须脱离政党活动并辞去原来所有职务，直至任期结束。任期结束之后可再回归其脱党前所属政党。

议长出席各委员会会议时可以发言，但无权参与表决。

---

① 洪静：《韩国国会肢体冲突与民主转型研究》，社会科学文献出版社，2016，第 102 页。
② 同上。
③ 《国会法》第 9 条、第 10 条。

21届国会后半期（2022年7月至今），现任国会议长金振杓（共同民主党），副议长金荣珠（共同民主党）、郑镇硕（国民力量党）。

（三）国会功能性组织

韩国国会的功能性组织主要包括全院大会、委员会、国会交涉团体以及国会辅助机构。全院大会决定国会的意志和方向，最终决议各常任委员会审查的议案；委员会分为常任委员会和特别委员会，预审需要国会表决的议案；交涉团体在国会的党派协商中履行协商功能，一定意义上相当于西方的议会党团；国会的辅助机构，其主要功能在于为国会运营以及国会议员提供必要的协助与支持。

1. 全院大会

全院大会指为汇集国民意愿，由全体国会议员聚集在一起举行的会议。全院大会决定国会所有重大事项。

全院大会有两种：一是定期会议，每年只召开1次，通常每年9月1日召开，历时100天；二是临时会议，即虽然在非定期会议召开时间，但有重要事项需要决定、讨论，也可以召开大会。

全院大会的重要性在于：国会的重要职权是制定法律或修改法律，经过审查后提交的法案只有在全院大会通过才能成为真正的法律。

2. 委员会

国会的委员会分为常任委员会和特别委员会两种。

常任委员会是国会的预备性审查机构，负责在全院大会审议之前，对法律案进行审查、对预决算案进行预备审查。通常情况下，法案经国会议员或政府提出后，由议长交付相应的常任委员会审议，由委员会提出处理参考意见。经委员会审议后，由委员会将审议结果提交全院大会投票表决。

常任委员会在立法过程中对法案审议的最终结果起决定作用。由于大部分国会议员并不是特定领域的专家，如果由其在全体会议上直接表决专业性非常强的法案，将会影响到立法和讨论的质量及进程，投票可能会流于形式。因此，相对于全体会议，韩国实行常任委员会中心主义，即在全院投票前，先在常任委员会由相关专业领域的议员对法案进行专业、审慎的调查和审议，以确保法案在相关所属领域的专业性，为全院大会顺利、有效议事提供保障。以法律案的审查为例，当10名议员联名提出或政府提出提案，并由议长将提案分配到相关常任委员会后，常任委员会承担讨论、审议提案的责任；常任委员会可照原案通过提案，也可以提出修改方案（替代方案）；在常任委员会提出修改方案的情况下，原提案即改由常任委员长为提案人；提案一旦在常任委员会获得通过，将移交法制司法委员会审查；法制司法委员会审查通过后，再移交国会全体会议审议。方案在全体会议进行表决时，根据修正案优先主义原则，以常任委员长名义提交的替代方案优先表决。

现第21届国会（2020年5月30日至2024年5月29日）设置的常任委员会有：国会运营委员会、法制司法委员会、政务委员会、计划财政委员会、教育委员会、科学技术信息广播通信委员会、外交统一委员会、国防委员会、行政安全委员会、文化体育观光委员会、农林畜产食品海洋水产委员会、产业通商资源风险投资中小企业委员会、保健福祉委员会、环境劳动委员会、国土交通委员会、信息委员会、女性家族委员会，以及预算决算特别委员会。其中，国会运营委员会、法制司法委员会、预算结算特别委员会通常被认为是最核心的常任委员会，此外，预算决算特别委员会很多情况下也被视为常任委员会之一。

依据韩国《国会法》第 39 条的规定，国会议员当选后，需进入 2 个以上的常任委员会任职。常任委员会委员任期 2 年。

与常任委员会有所不同的是特别委员会。特别委员会是视情况随时成立、负责不属于常任委员会管辖，但国会根据实际情况认为出于审议案件需要而有必要研究、审议的事务。普通较为熟悉的特别委员会有伦理特别委员会、人事听证特别委员会等。

3. 国会交涉团体

韩国《国会法》第 33 条规定，在国会内拥有 20 名议员以上的政党可以组成交涉团体。交涉团体履行着连接政党与国会活动桥梁的功能。交涉团体设有交涉团体代表议员，通常由政党的院内总务担任，负责与其他交涉团体的谈判磋商，以推进国会议事日程有效顺利进行。韩国第 21 届国会（以 2022 年 3 月为基准），交涉团体政党为共同民主党和国民力量。

（1）交涉团体的性质与功能

根据韩国《国会法》，有资格成立交涉团体的政党或团体，可获得很多政治、经济方面的优惠，如参与、决定国会议事日程安排，有权要求国务委员出席国会，并对紧急悬案提出质疑，可获国会厅舍、议事堂内办公地点和场所的使用权，并可获得数量可观的国家辅助金、立法支援费等方面的国家财政支持。

交涉团体负责为政党代言，与国会内其他政党和团体开展政党间的对话和协商。借助不同交涉团体间的对话和交流，国会可以了解、掌握各政党、团体及议员的动态、状况，可及时、有效地整合各方的立场和主张，为国会运行创造良好的空间和平台，确保国会的正常运营。

(2) 交涉团体的成立与运行

根据《国会法》第39条、第48条的规定，交涉团体代表议员同时也是国会运营委员会委员和情报委员会委员，对国会运营负连带责任和义务。交涉团体代表议员通常由政党的院内总务①担任，为所属政党的驻国会代表，负责对本党议员进行指导和管理。交涉团体代表议员的职责包括：及时向国会议长上报交涉团体所属议员名册及议员变动的最新情况（包括死亡、退休、退职等），全面了解、收集所属议员的意见、建议，以便在议事进程中正确传递、表达所属政党或团体的主张、诉求。此外，交涉团体代表议员有责任和义务对国会议长予以协助。

交涉团体代表议员通过院内总务会谈形式开展相关活动。国会的院内总务会谈可以交涉团体代表会议的形式举行，也可以以对话协商会议形式举行。交涉团体代表会议由国会议长主持召开，由各交涉团体代表参加。院内总务会谈对国会的顺利运行至关重要，尤其是在国会陷入胶着僵局状态时，总务会谈成为解决立法僵持的关键。而决定院内总务会谈成功与否的关键，则与交涉团体代表议员的议政水平和资格密切相关。

4. 国会辅助机构

国会设有国会事务处、国会图书馆、国会预算政策处、国会立法调查处等辅助机构，其主要功能在于为国会运营以及国会议员履行职责提供协助与支持。

---

① 院内总务（원내총무）现改为院内代表（원내대표，Floor leader）。为更好地在国会内推进本党政策议案，各党在国会设有院内代表一职，对本党所属议员进行指挥、管理。院内代表履行传达重要议政活动的功能，拥有较大权力。特别是在野党的院内代表，可与政府执政党在权力最前沿展开博弈互动，因而被认为是最重要的党职。

(1) 国会事务处

国会事务处成立于1948年,其主要职能是协助和支持国会的立法活动,协助国会议员展开议政、外交等立法活动,处理国会行政事务。具体职能主要包括:接受、处理法案和信访,为国会立法审议、预决算审议、国政监察与调查、国家政策评价等提供协助和支持,对国会全院大会和委员会提供立法援助。另外,国会事务处运营国会电视台,举办相关宣传活动,负责国会所属公务员的培训与研修,负责管理国会厅舍、保安与后勤方面的工作等。

国会事务处设处长1名。处长接受国会议长的指挥与监督,统管国会事务处的各项事务;设立法次长和事务次长各1名,前者主要负责管理广播计划馆、法制室、议事局的业务,后者主管计划调整室、管理局、国际局、议政研究院、总务科、国会记录保管所等分支机构。

(2) 国会图书馆

国会图书馆成立于1952年,1981年归国会事务处管理,1988年成为独立的国会辅助机构。

作为国会的辅助机构,国会图书馆管理国会图书馆藏资料、文献信息,建设与运营电子图书馆,向国会外的国家机构、地方行政机构以及其他公共机关、教育研究机构提供相关服务。

(3) 国会预算政策处

国会预算政策处于2003年设立,职能主要包括:研究和分析预算、决算,基金运营计划案及基金决算;对国家财政运行以及宏观经济动态做出分析和展望;分析、评价、评估国家主要事业的运行、发展状况,对中长期财政需求做出分析;根据国会委员会及国会议员的要求,提供有关调查和分析报告等。

(4) 国会立法调查处

国会立法调查处设立于 2007 年，主要业务包括：根据委员会或国会议员的要求，协助展开相关调查与资料分析；进行有关立法、政策的调研，并提供信息资料；收集、管理立法、政策相关资料；为国会议员研究团体提供信息资料；分析国外立法动态并提供相关信息。

国会立法调查处处长接受国会议长的监督，统管国会立法调查处的所有业务，统一管理所属公务员。

第二节 国会议事规则与程序

国会的议事规则和程序是国会实现制度化、法治化、规范化的前提和保障，是国会宪法职权得以行使的重要制度设计。国会议事规则与程序，指议会的会议制度、议事程序及应遵守的规则和规定，涉及国会会议的召开，议案的提出、审议、表决和通过以及议会组织机构及工作的程序等。

一、议事规则

《宪法》第64条规定，国会议事规则体现议会运行的自主性原则，是国会在不触犯法律的限度内，制定的有关议事程序以及内部纪律的相关制度和规定，以确保议会有效、顺利运行。

（一）会议原则

国会主要是通过会议的形式开展活动和发挥功能的。国会召开全院大会或委员会会议，须遵行一定的会议原则，这些原则主要包括法定人数原则、会议公开原则、议案有效原则、一事不再议原则和会期继续原则等。

1. 法定人数原则

法定人数原则主要体现在两方面：议事法定人数规定和决议法定人数规定。

议事法定人数规定：在籍议员 1/5 以上议员出席，会议方得以召开；决议须在籍议员过半数出席，出席人数过半赞成，方能通过；表决时，赞成人数与反对人数对等时，被视为否决，且此时国会议长不能行使决定权（casting vote）。

2. 会议公开原则

会议公开原则，即会议公开举行，对外公开。公开内容包括：国会的法案审议处理过程公开；公开自由报道议会议事记录和简报；允许公民自由旁听。国会官网是议会公开的重要窗口。

3. 议案有效原则

国会提交的法律案及其他议案，如在会期中未被议决，则不会被废除，但亦不能拖至议员任期结束。

4. 一事不再议原则

在一个会期中，同一内容案件如被否决，不得再次提议。如此规定源于在同一会期中，对已议决的议案，如不受限制地反复提议或审议，会妨害会议顺利进行。该原则旨在抑制、排除少数派的议事妨害策略。

5. 会期继续原则

国会分定期会议与临时会议两种。

定期会议每年召开1次，于每年9月1日（如果是周日，则顺延至第2天）开始，会期100天以内。在这100天内，国会将开展议案审议、国政监察、次年预算案审议、国政质询等工作。

临时会议根据总统或国会1/4在籍议员的要求召开。临时会议可随时召开，但会期不得超过30天。临时会议的主要工作是处理法律案、听取政府关于悬案的说明，进行对策讨论等。

（二）发言规则

大会发言是指国会议员在国会全院会议上口头陈述意见的议政行为。《宪法》第45条赋予国会议员言论免责特权，即国会议员在国会行使职务时的发言和表决，不负民事或刑事责任。

国会议员在大会的职务发言是国会议政活动的基本形式，国会议员通过对政府的评论、履行国会监督和牵制政府的权力。而反映民意，保障国民的知情权，也是通过议员的职务发言实现的。

国会议员的发言，本应体现连续、充分和自由原则。但在现实政治中，由于少数派议员会采取冗长发言策略，占用、剥夺对方议员的发言机会，以实现议事妨害目的，国会为此对发言时间予以限制。对发言时间的限制根据发言类型确定。国会内的发言有问答发言、表决发言、辩护发言、反省发言、议员5分钟的自由发言、交涉团体代表发言、质询政府发言、紧急质询重要悬案发言等类型，其中问答发言和表决发言的时间不得超过 15 分钟，辩护发言不得超过 3 分钟，反省发言不能超过 5 分钟，交涉团体代表的发言则必须限制在 40 分钟之内；对政府的国政质询发言规定不超过 15 分钟，对补充提问发言的时间，可由议长和各交涉团体代表议员协商决定；悬案质询发言的时间，每人限 10 分钟之内，补充质询时间不得超过 5 分钟。①

此外，议员的发言需事前通知议长，得到允许后方可发言。

二、立法程序

立法程序旨在规范议员对立法权力的合理运用并加以保障。韩国宪法和国会法对立法程序，即议案的提出、审议、讨论、通过、公布的整个过程，有明确、严格的程序规定。

立法权是国会最根本的权力。《宪法》第 52 条和《国会法》第 79 条赋予国会议员和政府以立法提案权。无论是政府还是国会议员所提议案，也无论所提法律案是否有不同的属性、特征，均须遵循统一的立法程序。根据立法程序，国会议员有权充分自由地围绕有关国家发展、社会共同利益的管理与分配等相关议题，展开协商、讨论。

（一）议案的提出与委员会审议

由拥有提案权的国会议员或政府向议长提出议案。议案经由议长转

---

① 김현우, 2010. 『한국 국회론』, 파주: 한국학술정보, 349.

交国会议员,由提案人向全院大会做提案报告。报告结束之后,提案被提交到相关的常任委员会,由常任委员会进行审议。常任委员会审议后再提交全院大会讨论。经全院大会讨论(或未经大会讨论)的提案,如被认为与某委员会有关,则经议长确认、同意后,移送相关委员会进行审议。如议案所涉内容与多个委员会有关,则审议议案的委员会须与其他委员会协商,举行联席会议,交换意见。①

(二) 公听会和听证会

负责审议的委员会有权举行关于议案及全部修正案的公听会和听证会。公听会对重要议案或专业性要求较高的议案进行审议。委员会包括小委员会可以通过决议或根据 1/3 以上在籍议员的要求,召集公听会,听取相关人士、具有专业知识背景或经验人士的意见。听证会则是在审议重要案件(包括国政监查或者国政调查)时,从证人或鉴定人处获得证言、陈述和证据。②

(三) 常任委员会的审议

《国会法》第 58 条规定,议案经一般性审议程序讨论后,由常任委员会审议。常任委员会将议案提交到常设小委员会审查,并做出报告。之后,常任委员会举行会议,听取提案人的立案说明、专业委员会的分析报告,再针对议案的合法性、妥当性展开一般性讨论。提案人质

---

① 《宪法》第 52 条,《国会法》第 63 条、第 83 条。
② 《国会法》第 65 条。

询、答辩环节完成后，常任委员会再逐条审查决议，发表赞反意见；讨论结束后，进行表决。常任委员会审议后，将审议经过、结果以及其他必要事项以书面形式上呈国会议长。

常任委员会审议的法律案、部分法律修正案需历时 15 天，议案及全部修订法律案需 20 天时间。

（四）法制司法委员会的审查

《国会法》第 59 条规定，常任委员会审议之后，议案移送法制司法委员会，由法制司法委员会进行整体、逐字逐句地审议检查。法制司法委员会的审查，历时 5 天。法制司法委员会审查结束后，议案上交国会，列入国会议事日程。

（五）议案的表决和移送政府

法案最终由全院大会投票表决。国会表决通过的法律案，移送政府。移交给政府后 15 日以内，总统应公布实施。如对法律草案有异议，总统可在规定期限内，附上异议书退还国会，要求重新审议（国会闭会期间亦如此办理）；遇有重新审议要求时，国会应再次审议。经半数以上本届议员出席、2/3 以上出席议员同意，仍坚持原决议时，该法律即算通过。

第三章

总统制度

总统制又称总统共和制，是以政府首脑兼任国家元首，严格遵循立法、行政、司法三权分立原则，通过权力牵制、制衡，防止权力滥用，以保障国民自由和权利的一种政府制度。

根据韩国《宪法》的规定，韩国是总统制国家；作为国家权力的象征，总统是最高行政长官，领导政府，总揽行政权力；总统公布法律、发布命令不需要副署；除一些重要人事任命需经国会同意外，行政长官由总统任命，向总统负责。

第一节 总统的宪法地位与权力

韩国总统的宪法地位随国家统治结构、政府形态的变迁而改变。韩国宪法规定总统是国家最高元首、国家武装力量的最高统帅。总统对内代表国民与政府，对外代表整个国家，是国家和宪法的守护者、和平统一国家的负责人。在内阁协助下，总统履行国家行政首脑的职能。

一、总统的宪法地位

韩国宪法赋予总统双重地位，保障其作为国家元首和政府首脑行使权力。作为执政党领袖，总统可根据所属政党的推荐，指派行政部门的高级官员。作为最高行政长官，总统有权在获得国会同意的基础上，提名总理人选，任命大法院院长、大法官、宪法法院院长等职位，组建宪法机关；总统有权提出宪法修正案，行使包括赦免、减刑、恢复政治权利等豁免权及荣典授予权；作为国家首席外交官和外交政策决策者，总统有权缔约及批准条约、接受或者派遣外交使节。任命和颁发嘉奖令、授勋和实施大赦。此外，总统拥有包括宣战权在内的广泛军事政策的制定权。

（一）国家元首

韩国《宪法》规定：总统是国家元首、国家保卫者，总统负有捍卫国家独立、领土完整，维持国家连续性的职责。总统通过就职宣誓，承诺履行宪法义务，在非常时期保卫国家。

总统有争取祖国和平统一的神圣义务以及协调国情、组建宪法机关的权力。① 对有关维护国家统一的重要政策，总统可组织公民投票；对如何确定和平统一政策，总统可向和平民主统一咨询会议提出咨询。

宪法赋予总统在国家危机发生时，有权行使紧急命令权、紧急财政经济处置权以及宣布戒严权，有权依法对有关法令制度、言论、出版、集会、结社自由、政府或法院许可权，采取特别措施。

总统拥有广泛的制定军事政策的权力，包括宣战权。同时，总统还主持国家安全保障会议，为确立有关国家安全保障的政策进行咨询。②

（二）行政首脑

总统对外代表国家，对内代表国民，与国会、大法院、宪法法院机关共同行使国家主权。作为政府行政首脑，总统居于国家最高执行机关地位，是国政调节者，统管政府运营，拥有最高行政机关行政政策的决定权、法规命令的制定权和最高行政指挥权。总统有行政立法、指挥及监督政府的权力；有权颁布总统令。总统负责推行国会通过的各项法律，并全权领导国务会议、各类咨询机构和行政部门。

二、总统的权力

韩国总统被视为帝王式总统，因为宪法赋予了总统在立法、行政、司法机关领域的相当大的权力：总统拥有相当于立法的权力，即总统有

---

① 《宪法》第66条。
② 《宪法》第76条、第77条。

权提出法律案和否决法律案；总统有权依照宪法和法律规定行使行政权力，有制定符合法律的委任命令和执行命令的"命令制定权"，以及拥有包括人事权在内的其他广泛权力。

总统本人有"刑事诉讼豁免权"，总统除犯内乱或外患罪外，任职期间不被刑事起诉。

总统的重要权力主要包括如下几个方面。

（一）修宪和立法权

《宪法》第 128 条规定，总统有权发起修改《宪法》的权力，即总统有宪法修正案的提案权。

总统有权履行制定法律的立法者职能。作为国家主要政策和法律的制定者，总统可亲自或以书面形式向立法人员阐明观点，向国会提出立法提案。

总统有国民投票附议权、法律颁布权与法律案再议要求权。[1]

（二）统治权

《宪法》规定，总统认为必要时，可将关于外交、国防、统一及其他有关国家安全的重要政策进行国民投票；[2] 总统有要求临时召集国会的权力；有"法官任命权"，即经国会同意，总统有权任命大法院院长、大法官、宪法法院院长和法官；有起诉解散违宪政党的权力；有赦

---

[1] 《宪法》第 52 条、第 53 条。
[2] 《宪法》第 72 条、第 47 条、第 8 条、第 79 条、第 80 条。

免、减刑及恢复权利的权力,以及授勋权。

(三) 行政权

以总统为中心的韩国中央政府,由总统及其附属机构、国务会议、总理和行政各部组成。宪法规定,行政权属于以总统为首的政府。总统作为政府首脑,是国政最高责任人、国政调节人,拥有"法令执行权",指挥和监督各部行政。总统统管政府运营,拥有最高行政机关行政政策的决定权、法规命令的制定权和最高行政指挥权。总统负责推行国会通过的各项法律,并全权领导国务会议、各类咨询机构和行政部门。

总统是国家最高政策审议机关,国务会议的议长。作为国务会议议长,总统召集和主持国务会议,审议政府重要政策,并拥有行政决策与执行的最终决定权。总统全权领导各类咨询机构和行政部门,兼任民主和平统一咨询会议议长、国家安全保障会议议长、国民经济咨询会议议长、国家科学技术咨询会议议长等职。①

总统可就法律指定的具体范围授权,为执行法律所必需的事项发布总统令;拥有组建其他宪法机关的权力,是大法院院长与大法官、宪法法院院长与审判官、3名中央选举管理委员会委员的任命者;根据宪法和法律,总统可以任免国务总理、国务委员、各部部长和副部长、监查

---

① 《宪法》第88条。

院院长、国家情报院院长等公职人员;① 总统拥有"公务员任免权",有权依照宪法和法律的规定任命或解任公务员。

(四) 司法权

总统拥有"法官任命权",即经国会同意,总统任命大法院院长、大法官、宪法法院院长和法官。

总统有赦免、减刑、恢复公民权等的命令权。

(五) 外交与军事权

总统对外代表国家,在外交、国防、统一等有关国家安全的重要政策上可通过国民投票进行决策。作为国家首席外交官和外交政策决策者,总统有权缔约及批准条约、接受或者派遣外交使节,有与外国签订条约、宣战与讲和的权力。②

作为国家武装力量的总司令、最高统帅,根据宪法和法律的规定,总统统率和指挥国军,总统拥有包括宣战权在内的广泛军事政策的制定权。

此外,为应对国家危机,履行国家的独立和领土完整以及国家的继

---

① 《宪法》第78条、第86条、第87条、第98条。总统除了可以任命政府公务员之外,根据韩国银行法,总统还拥有韩国银行总裁、副总裁及金融通货委员会委员的任命权;根据公共机关运营的相关法律,总统拥有国有企业及大规模准政府机构的主管与常任审计的任命权;根据金融委员会的相关法律,总统拥有金融监督院长与金融监督院审计的任命权;根据高等教育法与国立大学法人首尔大学成立运营等相关法律,总统有权任命国立大学校长;根据韩国广播电视公社法,总统有权任命韩国广播公司(KBS)的社长和理事;等等。

② 《宪法》第72条、第73条。

续性等职责，总统有权下达经济命令，进行紧急财政、经济处分。①总统在内忧、外患、天灾人祸或重大财政、经济危机中，为保障国家的安全或维持公共秩序，在没有时间等待国会集会而需采取紧急措施时，有发布具有法律效力的"紧急命令权"；在国家紧急状态中，以兵力应对军事上的需要或需要维持公共安宁秩序时，总统可以依照法律规定宣布戒严；宣布戒严时，总统可以根据法律规定，有权对言论、出版、集会、结社自由，政府或法院权限等采取特别措施。

第二节　总统的产生与选举

韩国现行的总统选举制度，主要根据1987年颁布的第六共和国宪法制定，其基本精神根据国民意志，通过相对多数公民投票直接选举产生总统。

参加总统竞选的候选人，须年满40岁，且须拥有国会议员被选举权；总统候选人可以政党所属成员的身份参加竞选，也可以无党籍身份参加竞选。有党派身份的人士须由所在政党推荐，无党籍候选人需获3500—6000名在市、道已注册登记的选民推荐，才能参加竞选。

---

① 《宪法》第76条、第77条。

第三章 总统制度

一、总统选举制度

韩国总统制虽与美国总统制相类似，但也有诸多不同，韩国总统属于"帝王式"总统运行模式，拥有超强大政治权力。在总统制度设计上，韩国实行5年单任制，不设副总统职位。另外，虽然韩国总统制没有采用英国、德国等国的议会内阁制，却借鉴诸多内阁制要素，比如韩国最高行政首脑，除总统外，还有国务总理；设有由总统、总理与国务委员共同组成的国务会议，国务会议履行最高政策审议机构职能，而该会议由总统担任议长、总理担任副议长等。①

(一) 总统选举规则

《宪法》第67条规定：总统由国民通过普遍、平等、直接、秘密投票方式选举产生。总统选举实行平等选举原则，即任何选民的选票均具有同等法律价值和政治分量，完全平等；实行直接选举原则，即选民通过投票直接选出自己所支持的政党或候选人；实行秘密选举原则，即实行无记名投票选举；实行自由选举原则，即投票选举不受他人的支配和干扰，凭选民自己的意愿进行自由投票。

韩国《选举法》根据《宪法》和《地方自治法》的制定，适用于总统选举、国会议员选举、地方议会议员选举以及地方自治团体长

---

① 《宪法》第88条。

(地方行政首长)的选举。同时,为确保选民以自由意志进行公正选举,推动民主政治发展,消除选举不公正及选举过程中存在的腐败现象,1994年3月,韩国制定并颁布了统一的《公职选举及不正当选举防止法》(简称"选举法"),该法整合了原《总统选举法》《国会议员选举法》《地方议会议员选举法》以及《地方自治团体首长选举法》。

《选举法》第33条规定,总统选举期为23天(候选人登记后第2天起,直至选举日当天为止)。如出现得票最多的候选人超过2人时,须由国会在职议员过半数出席的公开会议再次投票决定,得票多者当选。如果总统候选人只有1人时,其有效得票总数不得低于全体选民总数的1/3,否则不能当选。[①]

韩国自1987年修宪至今,一直实行总统直选制。总统选举以全国为单位进行。《选举法》第15条规定,18岁以上的国民拥有总统选举权。

(二)总统选举程序

根据相关法律规定,韩国在任的政府官员、政党党首不得竞选总统。上述人士如参加总统竞选,则必须先辞去原有职务,方可登记成为总统候选人。

预备候选人注册登记后,便可以开设竞选办公室,悬挂横幅招牌,或者通过电话、散发名片等方式,进行拜票等选举活动,呼吁选民

[①] 《宪法》第67条。

支持。①

根据韩国《总统选举法》规定：在总统竞选中，只有下列组织和人士才可从事与竞选活动相关的事务和工作：政党组织、总统候选人、竞选总部总干事、助讲员、竞选事务所或联络所负责人或与候选人同属一党的竞选事务人员。

总统选举活动的宣传板报由中央选举委员会印制和张贴，原则上每100人1张，人口密集地区每300人1张。候选人或其指定的助讲员可以利用电视与广播，发表政见或所属政党之政纲、政策、竞选纲领等，但各以5次、每次以20分钟为限，费用由国库支付1次，其余由候选人自行承担。②

韩国总统选举程序主要分三个步骤：首先，制定选民登记名册。③选举人名册是为确定选举人而编制的公共账簿，记录选民姓名、地址、性别、出生年月日等信息，目的是在选举日前，提前确定有选举权进行投票的人，防止选举人双重投票。只有在选举人名册上登记在册的选民，才能投票。其次，进行总统候选人登记。只要在国内住满5年以上，且拥有被选举权的40岁以上的国民，均可参加总统选举。最后，实施选举造势活动。

除以上程序外，各政党内部展开的为竞逐总统候选人党内提名的竞争，实际上也是总统竞选的至关重要的环节，且在这一阶段，通常最能

---

① 《韩国总统选举制度》，来源：央广网，环球网，2017年5月8日，https://world.huanqiu.com/article/9CaKrnK2yBM。
② 总统选举法，https://terms.naver.com/entry.naver?docId=535373&cid=46625&categoryId=46625。
③ 第19届总统选举，https://terms.naver.com/entry.naver?docId=3582202&cid=43667&categoryId=43667。

够展现总统大选的竞争激烈性。以 2017 年总统大选为例，2017 年 4 月 3 日，共同民主党文在寅以 60%的党内支持率，战胜了时任城南市长李在明、高阳市长崔星、忠清南道知事安熙正 3 位党内竞争对手，赢得党内初选。之后，文在寅代表共同民主党，以总统候选人的身份参加韩国第 19 届总统大选，最终以 41.1%的高得票率战胜来自自由韩国党的洪准杓、国民之党的安哲秀、正党的刘承旼、正义党的沈相奵等竞争对手，当选韩国第 19 届总统。可见在总统选举过程中，各政党内部的党内提名事实上共同决定了总统选举的过程和结果。

二、韩国历届总统选举

选举是现代民主政治的根本,[①] 是将选民手中的选票转换成代表议席数的一系列方法。[②] 选举作为连接选民与政治精英的重要机制和桥梁，在韩国政治体制下是选民行使主权权利的重要方式和过程，体现现代国家对公民权利的尊重和认可。通过选举选出政治精英，同时对其行动施加影响，是公民影响国家权力的重要行为方式，是制度化的国民对国家权力的监督与制约。

（一）总统选举方式的演变

作为选举政治的核心，韩国的总统选举在 70 多年的发展进程中，

---

① 한국선거학회, 2011. 『한국 선거 60 년 이론과 실제』, 서울: 오름, 18.
② Lijphart, Arend, *Electoral systems and Party Systems: A Study of Twenty seven Democracies, 1945-1990* (Oxford: Oxford University Press, 1994).

共进行过20次选举,其中直选12次(第2—3届、第5—7届、第13—20届),国会间接选举2次(第1届、第4届),统一主体国民会议间接选举4次(第8—11届),总统选举人团间接选举1次(第12届)。1987年修宪将总统选举方式确定为国民直选制。到目前为止,韩国总统选举一直实行国民直选制。

历届总统产生的具体方式为:第1届总统由国会以间接选举形式选出;第2、第3届总统由全民直选选出;第4届总统由参、众两院以间接方式选出;朴正熙政变夺权后第5、第6、第7届总统由国民直接选举产生;第8、第9、第10、第11届总统由统一主体国民会议间选举产生;第12届总统由选举人团间接选举产生;从第13届开始,韩国确立了国民直选制,总统由国民直接选举产生。韩国总统选举概况参见表3-1。

表3-1 韩国第1—20届总统选举概况

姓名	所任届次	任职起止年份	选举概况
李承晚	第1—3届	1948—1960	第1届总统由国会议员间接选举产生;第2、第3届由国民直选产生
尹潽善	第4届	1960—1962	由国会议员间接选举产生
朴正熙	第5—9届	1963—1979	国民直接选举产生,第8届时,由统一主体国民会议间接选举产生
崔圭夏	第10届	1979—1980	以国务总理身份代行总统职责,后因全斗焕发动军事政变下台
全斗焕	第11—12届	1980—1988	国民议会间接选举产生
卢泰愚	第13届	1988—1993	国民直接选举产生
金泳三	第14届	1993—1998	国民直接选举产生

续表

姓名	所任届次	任职起止年份	选举概况
金大中	第15届	1998—2003	国民直接选举产生
卢武铉	第16届	2003—2008	国民直接选举产生；弹劾议案被最高法院裁定无效
李明博	第17届	2008—2013	国民直接选举产生
朴槿惠（女）	第18届	2013—2016	国民直接选举产生，2017年宪法法院通过总统弹劾案，被免职。后被判有罪、入狱
文在寅	第19届	2017—2022	国民直接选举产生
尹锡悦	第20届	2022—2027	国民直接选举产生

资料来源：作者自制。

韩国总统选举直接决定、左右着韩国政治体系的转变与发展，对韩国政治发展进程影响深远。李承晚权威主义政权的崩溃，就源于不公正选举。1972年开启的更具权威主义色彩的维新体制，至少一部分原因是在1971年的选举中，朴正熙以微弱优势战胜金大中所致。[①] 韩国历次重大政治变化很多都是与选举制度、选举方式的变化相关联的，政治转型以后相对稳定、繁荣的韩国政治经济社会发展局面，与宪法确立的直接选举制造成的良好公开政治竞争规则有着不可分割的联系。

（二）韩国历任总统

1948年韩国诞生了首位总统，到2022年尹锡悦当选第20届总统，

---

① 한국선거학회, 2011. 『한국 선거 60년 이론과 실제』, 서울: 오름, 24.

韩国历史上共产生了13位总统：1987年政治转型前产生的总统有李承晚（第1—3届）、尹潽善（第4届）、朴正熙（第5—9届）、崔圭夏（第10届）、全斗焕（第11—12届）5位总统，政治转型后通过民选直接产生的总统有卢泰愚（第13届）、金泳三（第14届）、金大中（第15届）、卢武铉（第16届）、李明博（第17届）、朴槿惠（第18届）、文在寅（第19届）、尹锡悦（第20届）8位总统。韩国总统概况参见表3-2。

表3-2 韩国第1—20届总统

姓名	生卒年份	任职起止年份	所任届次	职业	文化程度	离任情况
李承晚	1875—1965	1948—1960	第1—3届		普林斯顿大学博士	被迫辞职；流亡海外
尹潽善	1897—1990	1960—1962	第4届		爱丁堡大学	辞职
朴正熙	1917—1979	1963—1979	第5—9届	军人	日本陆军士官学校	遇刺身亡
崔圭夏	1919—2006	1979—1980	第10届		东京高等师范学校	被全斗焕取代
全斗焕	1931—2021	1980—1988	第11—12届	军人		因六月抗争被迫下台，后因涉嫌贪污被捕入狱
卢泰愚	1932—2021	1988—1993	第13届	军人	陆军士官学校	离任后涉嫌贪污被捕入狱
金泳三	1927—2015	1993—1998	第14届	职业政治家	首尔大学	
金大中	1924—2009	1998—2003	第15届	政治家	木浦商业学校	

续表

姓名	生卒年份	任职起止年份	所任届次	职业	文化程度	离任情况
卢武铉	1946—2009	2003—2008	第16届	律师	釜山商业高中	离任后因受"朴渊次门"牵连坠崖身亡
李明博	1941—	2008—2013	第17届	企业家	高丽大学	离任后，被判处17年有期徒刑
朴槿惠（女）	1952—	2013—2016	第18届	职业政治家	西江大学	宪法法院通过总统弹劾案，总统职务终止下台
文在寅	1953—	2017—2022	第19届	律师	庆熙大学	
尹锡悦	1960—	2022—2027	第20届	检察官	首尔大学	

资料来源：作者自制。

注："朴渊次门"参见王刚：《卢武铉深陷"朴渊次门"》，《法制日报》2009年4月17日，综合版，http://news.sohu.com/20090417/n263443371.shtml。

除总统外，韩国在第一共和国时期曾经设有副总统职位。1948—1960年，进行过4次副总统选举，产生过4届副总统（1960年的第5次总统和副总统选举，因采用不正当选举手段而未被承认，因此，韩国宪政史上只承认4次副总统选举）。在这4次副总统选举中，李始荣（第1届，1948年7月24日至1951年5月9日）、金性洙（第2届，1951年5月17日至1952年5月29日）两位由间接选举产生，咸台永（第3届，1952年8月15日至1956年8月14日）、张勉（第4届，1956

年 8 月 15 日至 1960 年 4 月 25 日）则通过直接选举产生。①

（三）历届总统选举

韩国自 1987 年修宪至今，一直实行总统直选制。总统选举以全国为单位进行。不过，首届韩国总统由国会议员间接选举产生。1952 年第 2—4 届的总统选举，改为国民直接选举产生。1972 年根据朴正熙政府的维新宪法，又改回实施间接选举：在只有一位总统候选人的情况下，通过赞成、反对投票方式产生总统。1987 年，在时隔 16 年后，恢复了总统直选制。

朝鲜半岛问题移交联合国后，在联合国监督下，韩国举行了首次国会选举，并于 1948 年由制宪国会间接选出首任总统李承晚。直至 1987 年民主化转型前，韩国共产生了李承晚（第 1—3 届）、尹潽善（第 4 届）、朴正熙（第 5—9 届）、崔圭夏（第 10 届）、全斗焕（第 11—12 届）5 位总统。

1. 第 1—3 届总统选举

朝鲜半岛问题移交联合国后，在联合国监督下韩国举办了首次国会选举。1948 年 5 月，李承晚以年过七旬的高龄当选制宪国会议员，并出任首任国会议长。同年 7 月，在制宪国会间接选举的第 1 届总统选举中，李承晚高票当选韩国总统。1948 年 8 月 15 日，韩国政府正式成立，李承晚就任韩国首任总统。

1950 年 5 月举行第 2 届议会选举。无党派候选人、南北协商派在选

---

① 大韩民国副总统，https：//namu.wiki/w/。

举中大举获胜,大量当选议员。李承晚所属政党在国会全部 210 个议席中只获得了 57 个议席。在这样的形势下,李承晚为追求连任,改变自己在即将举行的总统选举中的不利地位,决定修宪,实行"总统直选制"。由于李承晚所在政党议员席位数达不到修宪要求的议席数底线。1952 年 1 月,国会以无记名投票方式否决了李承晚政府提出的"总统直选制"修宪案。但李承晚执政党通过提出包含总统直选制和国会(民议院、众议院)二院制内容在内的"拔萃修宪案",事实上强行通过了改变总统选举制度的修宪案。在新宪法下,1952 年 8 月,通过首次总统直接选举,李承晚以绝对优势连任第 2 届总统。

李承晚就任第 2 届总统后,为获得长期执政的合法依据,进一步推动执政党提出取消限制总统连任条款的修宪案。由于难以达到修宪必需的最低议席数,李承晚不惜采用违背常理手段,于 1954 年 11 月强行通过了包含修改了限制总统连任条款内容的"四舍五入修宪案"。1956 年 5 月 15 日,在根据新修订的宪法进行的总统选举中,李承晚以 56%的得票率当选,继续其第 3 届总统任期。

李承晚通过修宪以图达到其长期执政目的最终走到了尽头。1960 年 3 月,在第 4 届总统选举中发生的"3·15"不正当选举事件,激起广泛民愤,直接引爆了民众抗议运动。4 月 19 日开始的学生和群众的示威运动,令李承晚试图第 4 次总统连任的幻想破灭。随着全国反对李承晚政权和自由党呼声的不断高涨,最终使李承晚长久执政的美梦彻底破灭。4 月 26 日,在一片唾骂声中,李承晚被迫发表下野宣言,翌日向国会提交辞职书,李承晚不光彩地走下了韩国政治舞台。

2. 第 4 届总统选举

第 4 届总统选举,是指 1960 年 3 月 15 日的不正当选举事件及当选的李承晚政府在"4·19"革命冲击下下台后,国会于同年8月12日根据《第二共和国宪法》重新举行的总统间接选举。

1960年进行的第4届总统与第5任副总统选举,在韩国宪政史上被称为"3·15"不正当选举。此次大选在李承晚与赵炳玉之间展开,但赵炳玉在大选前20多天去世,候选人只剩李承晚1人,因此副总统人选成为本次选举的焦点。当时的副总统候选人有自由党李起鹏、民主党张勉。由于张勉在任第4任副总统期间,一直对李承晚加以牵制,引致李承晚的不满,且当时李承晚已84岁高龄,如有不测,总统之位将由张勉继任。在这一担忧下,李承晚不仅希望自己连任,同时更希望选出自己属意的副总统。为此,李承晚及其所在的执政党遂对民主党进行选举干扰,最终令自由党的李起鹏当选副总统。这一做法引起了民主党及在野势力的不满,认为不能承认本次选举结果,并为此提起了法律诉讼。以此为开端,对此次不正当选举的抗议和声讨迅速遍布全国。加之选举日当天,因被政府催泪弹射中身亡的马山产业高中学生金朱烈的尸体被发现,更激起了民愤。以反对李承晚操弄选举为主要倾向的"4·19"革命爆发。4月24日,在民意与国际舆论压力下,李承晚、李起鹏辞职,4月28日李起鹏自杀,5月29日,李承晚逃亡海外。

"4·19"革命后,国会通过了第3次修宪案。本次修宪将总统制改为内阁责任制。在这一体制下,政府权力的两大中枢——总统和国务总理,分别由两院联席会议和民议院间接选举产生。内阁制的实施,将国政运营的实际权力转向了国务总理。

根据第二共和国新宪法,总统由参议院和民议院两院联合会议在职议员2/3以上同意选出。由于执政的民主党在参议院、民议院议席均超半数,在1960年8月12日举行的总统选举中,民主党中的旧派势力代表尹潽善当选总统。但民主党内两派因国务总理人选发生了激烈冲突。民主党新派势力在旧派势力强烈反对情况下,坚持推出新派势力代表张勉为总理候选人。张勉在旧派议员集体反对情况下成功当选。但由于民主党内新派与旧派矛盾持续深化,旧派势力拒不配合张勉政府的组阁和国政运营,国政因此不可避免地陷入了混乱。

3. 第5—9届总统选举

民主党新旧两派尖锐对立背景下产生的张勉内阁,成员大部分来自新派,党内新派与旧派矛盾持续深化,国政混乱。以朴正熙为首的部分军人不满张勉政府的无能和不作为,认为其无力扭转韩国社会不断动荡的政局。1961年5月16日,朴正熙发动军事政变,推翻了张勉民选政府,成立"国家再建最高会议",陆军参谋长张都映中将出任国家再建最高会议议长并兼内阁总理,朴正熙任副议长实际掌握国家权力。朴正熙成立了由自己直接掌控的中央情报部,开启了长达18年的独裁统治。铁腕总统朴正熙是韩国宪政史上执政时间最长的国家元首,对韩国政治发展影响深远。

1962年11月,国家再建最高会议通过了宪法修改案,同年12月通过"国民投票"将国会选举总统方式改为选民直接选举。1962年3月,尹潽善发表下台声明。

依据新宪法进行的第5届总统选举于1963年10月15日进行。第5届总统选举的候选人在军部代表民主共和党朴正熙和民政党的尹潽善之间展开,朴正熙最终以46.6%的得票总数、仅15万的票差战胜了尹潽善(得票率45.1%),当选总统。①

---

① 第5届总统选举,https://terms.naver.com/entry.naver?docId=1219021&cid=40942&categoryId=31651。

第 6 届总统选举于 1967 年 5 月 3 日进行，本次选举首次实行滞留在国外的国民邮政投票制度。参选的除执政的民主共和党朴正熙外，还有新民党尹潽善、大众党徐敏浩、韩国独立党钱镇汉、民众党俞镇午、统合党吴在荣、正义党李世振等 6 名在野党候选人。选举最终在民主共和党的朴正熙和新民党的尹潽善之间展开，朴正熙以 51.4% 的得票率战胜了得票率 40.9% 的尹潽善当选总统。①

第 7 届总统选举于 1971 年 4 月 27 日举行，民主共和党将朴正熙确定为总统候选人，在野党新民党的金大中在党内战胜了金泳三，被确定为党内候选人。选举结果以朴正熙的 634 万得票战胜金大中的 539 万得票告终。本届总统选举的一个突出特征是，一方面，地区对决投票形态突出，朴正熙在庆尚道地区获得的选票为金大中的 3 倍，而金大中在全罗道获得的选票则是朴正熙的 2 倍；另一方面，地区倾斜现象非常突出，农村地区支持执政党，而城市地区则支持在野党，在首尔，金大中获得了 57.9% 的支持率。②

1972 年 10 月，朴正熙总统启动了超宪法国家紧急权，解散国会并宣布全国紧急戒严令，通过国民投票确立维新宪法。1972 年 12 月 23 日，根据维新宪法举行了第 8 届总统选举。按照维新宪法，本次总统选举先由国民直接选举选出国家主权受任机关——统一主体国民会议，再由统一主体国民会议 200 名以上代议员推荐唯一总统候选人（即统一主体国民会议只能推选 1 名候选人），总统任期 6 年。依据这一规定，朴正熙在获 515 名代议员推荐下，以单独候选人资格参选，最终在 2359

---

① 第 6 届总统选举，https://terms.naver.com/entry.naver?docId=1219020&cid=40942&categoryId=31651。

② 第 7 届总统选举，https://terms.naver.com/entry.naver?docId=3552735&cid=47322&categoryId=47322。

名全体代议员中以 2357 票绝对赞成、2 票无效的 99.9% 赞成票的高支持率当选为第 8 届总统。①

第 8 届总统选举与第 9 届国会选举结束后，针对朴正熙旨在巩固维新体制的对宪法的再次修改，1973 年 10 月，社会各界与在野党势力开始举行大规模示威运动，反对维新体制。由张俊夏领导的修改维新宪法的百万人请愿签名运动，金泳三当选新民党总裁后积极推进的反对维新宪法、维新体制的民主运动，都产生了广泛的政治影响。在巨大的政治压力下，1975 年 1 月，朴正熙宣布对维新宪法进行赞、反国民投票。2 月，维新宪法在国民投票中获得了 73.1% 的赞成，获得通过。朴正熙的高压统治进一步强化。

在这一背景下，1978 年 7 月 6 日，举行了第 9 届总统选举。与第 8 届总统选举一样，朴正熙获得了统一主体国民会议 507 名代议员的推荐，得以以统一主体国民会议议长唯一参选人身份参选。在选举中，统一主体国民会议全部 2583 名在籍代议员中的 99.9% 投出了赞成票，朴正熙再次以绝对优势当选总统。

4. 第 10 届总统选举

1979 年 10 月 26 日，当选为第 9 届总统的朴正熙被中央情报部部长金载圭暗杀。

这就是"10·26"事件。之后，时任总理崔圭夏代行总统职务。崔圭夏以代理总统身份召开非常国务会议，宣布除济州岛外全国实行非常戒严令。在此形势下，1979 年 12 月 6 日举行了第 10 届总统选举。崔圭夏成为唯一登记参选的总统候选人。总统选举依旧实行统一主体国民

---

① 第 8 届总统选举，https://terms.naver.com/entry.naver?docId=1219018&cid=40942&categoryId=31651。

会议间接选举方式。最终，崔圭夏获得了2549人出席议员（共2560名在籍议员）的2465张赞成票（弃权票11张、无效票84张），当选第10届总统。

行政官僚出身的崔圭夏政治基础薄弱，无法在新军部势力控制下实现政权平稳过渡。同年12月，全斗焕、卢泰愚等领导军部内部私人组织"一心会"，发动了"12·12"军事政变。1980年5月17日，当局宣布"5·17"戒严令，18日随即爆发"5·18"光州民主化运动。在国家保卫非常对策常任委员会①实际掌握权力后，崔圭夏政府陷入了无所作为状态。8月16日，上任不到9个月的崔圭夏政府被迫将政权移交给新军部。总统由统一主体国民会议间接选出，不许政党介入。国民参政权几乎完全丧失，政党参与权利也被严重剥夺的代表维新体制的第四共和国宣告结束。②

5. 第11—12届总统选举

第11届总统选举于1980年8月27日举行，选举方式与此前维新宪法框架下的第8—10届总统间接选举方式相同：由国民直接选出统一主体国民会议代议员，由代议员选出总统。第11届总统选举以新军部

---

① 朴正熙遭遇暗杀后，以国军保安司令官全斗焕为中心的新军部势力通过发动"12·12"军事政变，掌握军部实权。1980年镇压"5·18"民主化运动，迈出军事独裁第一步。同年5月31日，为强化军人介入国政的合法性基础以及进一步夺实权力，新军部势力以"指挥和监督戒严业务时辅佐总统，审议国家保卫之国策事项"为名设立临时机构，即国家保卫非常对策委员会，简称国保委。国保委议长虽然是总统崔圭夏，但实权由常任委员长全斗焕掌握。国保委由国务总理、各部部长、中央部长、总统秘书室室长组成，同时还由联合参谋本部议长、各军参谋总长、保安司令官等军部首脑以及总统任命的10人以内的委员组成，通过大举任命新军部人士，为新军部掌握国政提供基础。全斗焕当选总统后，将国家安全委员会改编为国家保卫立法会议，并于1980年10月27日通过第8次修宪解散了第10届国会和所有政党，赋予国家保卫立法会议以国会权限，完全掌握了国家立法权。

② 崔圭夏，https://terms.naver.com/entry.naver?docId=1147282&cid=40942&categoryId=33385。

出身的全斗焕为唯一候选人，投票采用无记名秘密投票方式。全斗焕获得了统一主体国民会议2525名在籍代议员中的2524人赞成，以99.4%的支持率当选。同年9月1日，全斗焕就任第11任总统。

第11届总统选举是在全斗焕通过"12·12"军事政变、发布"5·17"戒严令等非正常方式获得权力情况下筹备和进行的。为洗脱历史污点，全斗焕试图通过第12届总统选举，建立新秩序，实现政权合法化。同时，为延长执政时间，全斗焕及其执政党民主正义党效仿朴正熙建立的统一主体国民会议制度，引入了"总统选举人团"制度。为此，于1980年9月公布了宪法修正案。宪法修正案将总统任期改为7年，不得连任。同年10月，宪法修正案经公民投票通过并正式公布实施，第五共和国诞生。根据第五共和国新宪法和新的《总统选举法》规定，原来的政党和国会解散，废除了统一主体国民会议；总统候选人须获政党或300—500位选民推荐，方有资格向中央选举管理委员会提出参选申请；由人数为5000人以上的总统选举人团，通过不记名投票方式间接选出总统，获选举人过半数赞成者当选。

第12届总统大选于1981年2月25日举行。参选人除全斗焕外，还有韩国国民党金钟哲、民权党金义泽以及民主韩国党柳志松。① 在全国1905个选区中，国民通过直接投票选出5271位总统选举人。2月25日，选举人通过不记名投票方式间接选出第12届总统，全斗焕以90.2%的得票率（4755票）当选。

进入民主化转型巩固期之后，权威主义时期帝王式总统长期执政垄断权力，破坏宪政秩序的行为与现象不再发生。自1987年第13届总统

---

① 第12届总统选举，https://terms.naver.com/entry.naver?docId=1219014&cid=40942&categoryId=31651。

选举至今，通过直接选举产生的民选总统包括卢泰愚（第13届）、金泳三（第14届）、金大中（第15届）、卢武铉（第16届）、李明博（第17届）、朴槿惠（第18届）、文在寅（第19届）、尹锡悦（第20届）8位总统。

6. 第13届总统选举

1987年12月16日，第13届总统选举以国民直接投票方式进行。在1987年"6月民主抗争"的深远影响背景下，全斗焕发表了接受直选制的《6·29宣言》。1987年10月17日，总统直选制的宪法修正案通过国民投票被确定下来。

第13届总统选举前，韩国政治形势有了很大的变化。1987年11月，统一民主党（统民党）顾问金大中及其支持势力，与各界人士51人，共同组建和平民主党（平民党），金大中出任总裁，并代表本党参加总统选举。统民党推出金泳三代表本党参加竞选。同年9月，前民主共和党总裁金钟泌回归政坛，并于10月创立新民主共和党（共和党），宣布竞选总统。6月，执政党确定卢泰愚为总统候选人。

第13届总统选举，在卢泰愚、金泳三、金大中以及金钟泌之间展开。竞选活动主要围绕"12·12"军事政变事件、军政终结、《6·29宣言》，"光州民主化抗争"等议题展开。根据1987年新宪法修正案及总统选举法，本次大选采取简单多数计票制，获得最多票者当选。选举结果卢泰愚以得票率36.6%的成绩战胜了统民党得票率28%的金泳三（其他竞选人得票率依次为金大中27%、金钟泌8.1%）。根据选民直接投票方式选出的第13届总统，被视为韩国宪政史上首届真正意义上的民选总统。①

从韩国选举政治成熟化的角度反观第 13 届总统大选，可以发现：由于金泳三与金大中未能在大选中结成统一战线、统一势力，客观上分流了选票，助推了卢泰愚的当选；本次大选，虽然启动了民主程序，但因为执政党的军政背景，新政府的权威主义色彩依旧浓重。另外，此次选举还有一突出特征，即各候选人在各自出身所在地域，均获得绝对多数支持，特别是由于岭南、湖南分裂的政治局势，更加剧了这一倾向。如大邱和庆北出生的卢泰愚，在这一地区支持率高达 68.1%，而具有光州、全罗南道、全罗北道出身背景的金大中在以上地区只获得了 9.9%支持；出身于釜山、庆南地区的金泳三，在其出生地区得到了高达 53.7%的支持，而在光州、全南、全北则只获得 1.2%的支持；金大中在自己的出生地光州、全罗南、全罗北获得了 88.4%的支持率，但在釜山、庆南则只得到了 6.9%，在大邱、庆北地区 2.9%的支持。② 本次大选成为韩国总统大选历史上，以地域主义投票现象为突出特征的先例。

7. 第 14 届总统选举

1992 年 12 月 18 日举行第 14 届总统选举。

1990 年 1 月，统一民主党总裁金泳三与民主正义党总裁卢泰愚、新民主共和党总裁金钟泌 3 人推动 3 党联合，组建了民主自由党，并首次采取自由竞争方式决定候选人，最终金泳三被确定为党内总统候选人。

参与第 14 届总统选举的候选人，还有统一国民党郑周永、新政党

---

① 曹中屏、张琏瑰等编著：《当代韩国史（1945—2000）》，南开大学出版社，2005，第 192 页。

② 第 13 届总统选举，https://namu.wiki/w/제 13 대%20 대통령%20 선거。

朴灿钟、正义党李炳浩以及来自无党派的白基琓、金玉仙。①

本次总统大选真正的角逐在金泳三与金大中之间展开。最终，金泳三以42%得票率的较大优势战胜金大中，当选为第14届总统。金泳三的获胜及其"文民政府"②的形成，正式宣告了统治韩国近32年的权威主义统治时代的终结。

8. 第15届总统选举

1996年4月进行的第15届国会选举结果造成了国会朝小野大的格局。为应对这一不利局面，执政党新韩国党迎入在野党议员，反转为国会多数党。在此形势下，在野党新政治国民会议与自由民主联合合作，形成DJP联合，③ 共同推出单一总统候选人金大中（与金钟泌领导的自由民主联盟实行候选人单一化组合）。④ 与在野党的团结合作努力相反，此时，执政党主要领袖各有打算，分裂加剧：1997年7月，新韩国党在竞选党内候选人过程中，确定李会昌为总统竞选人，但因李会昌之子涉嫌逃脱兵役，导致其支持率下降。京畿道知事、处于新韩国党内第二位实力代表本党参选总统的李仁济，则趁机脱党，成立国民新党，并自行宣布代表该党参加大选。此举严重削弱了执政党实力，致使新韩国党李会昌的支持率落后于金大中和李仁济。为应对这一不利局面，新韩国党只得与民主党实行联合（1997年11月），更名为大国家党，以"清

---

① 第14届总统选举，https://namu.wiki/w/제14대%20대통령%20선거。
② 文民政府，即金泳三政府，是韩国保守执政党政府之一。作为第六共和国第2期政府（1993年2月25日至1998年2月25日5年）。金泳三政府提出"创造新韩国、国际化、全球化"的执政口号。
③ 这里DJP指金大中与金钟泌的联合，DJ指金大中（Kim Dae-Jung），JP指金钟泌（Kim Jong-Pil）。
④ 单一化，直译自韩原文단일화（Unification）。指在选举中，支持率一分为二的两位候选人，为赢得选举，联合作战，共同推出唯一候选人的政党组织选举策略。

算三金政治""实现清廉政治"为竞选口号,重新推出李会昌为总统候选人。最后,本次大选角逐主要在大国家党的李会昌、新政治国民会议与自由民主联合合作推出的金大中,以及国民新党的李仁济之间展开。

第 15 届总统选举于 1997 年 12 月 18 日举行。第 4 次参选总统、被韩国民众尊称为"忍冬草"、强调"政权和平交替"的民主斗士金大中以 73 岁高龄、40.3%的得票率和 1.6 个百分点的优势,战胜了李会昌(38.7%)(李仁济得票率为 19.2%),[①]当选为韩国第 15 届总统。此次大选,因执政党选票分流,客观上助推了在野党金大中的胜利。

与过去政党大佬秘密决定本党总统参选候选人不同,此次大选主要政党均以公开、公平竞争方式推选党内候选人。新韩国党共有 9 位候选人参与党内竞争,1997 年 7 月,全党代表大会第二次投票最终确定李会昌战胜李仁济,代表本党参选。新政治国民会议是在 1997 年 5 月召开的全党大会中确定金大中代表本党参选总统的。自由民主联合的金钟泌则是在党内取得最终压倒性胜利的情况下,才获得党内提名代表本党参选的。其他一些政党,如民主劳动组合为参与大选,组建了新党"建设国民胜利 21",推出权永吉代表本党参选。此外,本次大选还显示出:在党内难以整合不同意见的情况下,政党往往会采取合党或联合推选候选人策略,迎战强大对手。在这方面,金大中与金钟泌合党、李会昌与赵淳(民主党)积极推动候选人单一化。不过,也应当看到,对正处于民主化不断完善过程中的韩国总统大选来说,各政党在推举总统参选人方面尚未达到尽善尽美的程度,至少在引入党内竞选机制、实现党内公平竞争等方面,还存在不少提升的空间。为此提供佐证的是:

---

① 第 15 届总统选举, https://terms.naver.com/entry.naver?docId=1219011&cid=40942&categoryId=31651。

由于在党内竞争中失利,执政党新韩国党二号人物李仁济为获得总统参选人资格,不惜分流本党选票,另立新党,显然这已经超出党内竞争的范围了,对所在的党及政治家本人在党内的声誉,都产生了不利的影响。因此,如果党内能够提供更加灵活的机制,或许能够实现不同有实力领导人之间的妥协和合作,从而能够避免本党实力的损耗,也能够有助于政治家形象的进一步完善。

9. 第 16 届总统选举

2002 年 12 月 19 日举行了第 16 届总统选举。

第 16 届总统选举各政党确定党内提名候选人的制度方式与以前有所不同。新千年民主党和大国家党均废除了过去党内单方面提名方式,引入了国民参与的"国民参与竞选"方式确定党内总统候选人人选。

本次大选最终在新千年民主党候选人卢武铉和大国家党候选人李会昌之间展开。新千年民主党候选人卢武铉与"国民统合 21"[①]的候选人郑梦准合作,联合推选共同候选人(即采取候选人单一化方式)。卢武铉在赢得选民小额资金赞助超过 60 亿韩元的背景下,成功展示了国民参与型总选举运动的新模式,最终击败了大国家党候选人李会昌,以 48.9%的支持率当选第 16 届总统,于 2003 年 2 月 25 日正式宣誓就职。[②]

卢武铉的当选及其所建立的"参与政府",被誉为开始了韩国国民胜利、经济与福利均衡发展、成长与分配良性循环的"新飞跃时代",是克服了韩国地域主义与社会各种垄断的"团结与均衡时代"的政府,

---

① 国民统合 21, https://namu.wiki/w/%EA%B5%AD%EB%AF%BC%ED%86%B5%ED%95%A921。

② 卢武铉, https://terms.naver.com/entry.naver?docId=5670198&cid=43667&categoryId=43667。

获得了民众和知识分子的广泛支持。

10. 第 17 届总统选举

2007 年 12 月 19 日进行了第 17 届总统选举。

参选本届总统选举的包括大国家党李明博、无党派李会昌、大统合民主新党郑东泳、创造韩国党文国现、民主劳动党全永吉等共 10 位候选人。全国 23,732,854 万人投票，投票率为 63%。① 大国家党候选人李明博当选。

11. 第 18 届总统选举

第 18 届总统选举于 2012 年 12 月 19 日举行。

此次大选值得关注的现象是随着智能手机设备和信息化的普及，以卡考说说（kakaotalk）、脸书（facebook）、推特（twitter）为主要方式的社交网络被大量用于选举中。

本届大选参选候选人有 3 个政党候选人和 7 名无党派人士。最终，新国家党候选人朴槿惠以 51.55% 的支持率战胜了民主统合党候选人文在寅，当选为第 18 届总统。朴槿惠的当选延长了保守的新国家党执政的时间。

12. 第 19 届总统选举

第 19 届总统大选于 2017 年 5 月 9 日举行。

此次大选背景特殊。2017 年 3 月，韩国宪法法院通过了对总统朴槿惠的弹劾案，其总统职务被立即免去。根据韩国宪法，总统被免职后，须在 60 天内举行大选，选出新总统。因此本应于 2017 年 12 月举行的第 19 届总统选举提前至 5 月 9 日举行。

---

① 第 17 届总统选举，https://namu.wiki/w/제17 대%20 대통령%20 선거。

本次大选共有15位候选人参选，包括共同民主党文在寅、自由韩国党洪准杓、国民之党安哲秀、正党刘承旼、正义党沈相奵、新国家党赵源震、经济爱国党吴永国、国民大统合党张诚珉、常青韩国党李在五、民众联合党金先东、统一韩国党南在俊、韩国国民党李京熹、韩半岛未来联合金正善、弘益党尹泓植、无党派金旻燦，其中2人中途退出。共同民主党的文在寅曾在2012年9月赢得党内竞争，获得党内提名，参选2012年总统大选，但最终以108万票之差败给新国家党候选人朴槿惠；2015年，文在寅担任共同民主党代表，2017年再获共同民主党党内提名，代表本党参加总统大选，最终战胜自由韩国党候选人洪准杓，成功当选韩国第19届总统。

本次大选投票率为77.2%。全国42,479,710名选举人中，有32,807,908人投票。

13. 第20届总统选举

第20届总统大选于2022年3月9日举行。

参加此次大选的候选人包括：国民力量党尹锡悦、共同民主党李在明、正义党沈相奵、国家革命党许京宁、进步党金在妍、我们共和党赵源震、基本所得党吴准镐、韩流联合党金旻燦、首届韩国统一党李京熹、劳动党李百允、新自由民主联合金景梓、新国家党玉恩镐，共12位候选人。[①] 最终，提出以"政权交替"为目标的尹锡悦以48.56%得票率，不到1%的票差比，险胜共同民主党候选人李在明（得票率47.83%）。尹锡悦的当选，打破了进入第六共和国后一直延续的保守与进步阵营10年周期交替执政的这一特征，实现了时隔5年的政权交替。

---

① 第20届总统选举，https://namu.wiki/w/제20대%20대통령%20선거/개표%20결과.

本次大选投票率为 77.1%，全国 44,197,692 名总选举人中，有 34,067,853 人投票。

第三节 总统办事机构

韩国总统办事机构，主要指直属总统的议事机构国务会议、总统直属机构办公室、秘书室、国家安保室，以及包括国家安全保障会议、民主和平统一咨询会议、国民经济咨询会议、国家科学技术咨询会议等在内的总统幕僚机构。这些机构共同协助总统工作，安排总统的日常工作，对国家的国内外政策向总统提供参谋、咨询意见等。

一、国务会议

根据韩国宪法，国务会议是国家政治事务的最高政策审议机关，负责审议属于政府权限范围内的重要政策。

与议会内阁制下具有决议机关性质的内阁会议，以及美国总统制下具有单纯咨询机关性质的长官会议不同，韩国的国务会议是一种折中性质的具有咨询功能的审议机关。[①]即虽然宪法特定的审议事项要经由国务会议审议，但国务会议的表决并不对总统具有法律约束力。

---

① 国务会议，https://terms.naver.com/entry.naver?docId=1066865&cid=40942&categoryId=31667。

(一) 国务会议的职能权限

国务委员作为国务会议成员,同总统、国务总理一起组成合议制政府的最高政策审议机关。国务委员有权要求召集国务会议,并通过议长向国务会议提出议案;拥有出席国务会议发言、参与审议的权利和义务。行政各部长官须在国务委员中任命。①

国务会议在执行政策的同时,还承担总统的政策咨询功能。根据韩国宪法规定:包括预算和军事事项等在内的一些重要事项,除总统批准外,还需国务委员决议通过。总统作为国务会议的议长,召集并主持国务会议。②

国务会议分为定期国务会议和临时国务会议。定期国务会议每周召开一次,临时会议根据需要及时召开。③

国务会议审议属于政府权限内的主要事项,不论其法定权限属于何种机关,均需经过国务会议审议,具体包括以下内容。④

1. 国家政治事务的基本计划和政府的一般政策;
2. 宣战、媾和及其他重要对外政策;
3. 宪法修正案、国民投票案、条约案、法律案以及总

---

① 《宪法》第94条。
② 根据《政府组织法》第12条规定:总统担任国务会议议长,因故不能履行职务时,由副议长,即国务总理代行其职务;议长和副议长均因故无法履行职务时,由企划财政部长官兼任的副总理、教育部长官兼任的副总理及国务委员代行其职务。
③ 《国务会议规定》第2条。
④ 中央编办事业发展中心、北京大学电子政务研究院编著:《世界百国政府机构概览》,北京出版社出版集团,2006,第86页。

统令；

4. 预算案、决算案、国有财产处置的基本计划、国家财政负担契约及其他有关财政的重要事项；

5. 总统的紧急命令、紧急财政经济处置和命令、戒严及其解除；

6. 有关军事的重要事项；

7. 召集国会临时会议的要求；

8. 荣典授予；

9. 赦免、减刑和复职；

10. 行政各部间的权限划定，以及行政各部政策的确定和调整；

11. 政府内部的授权和权力分配的基本计划；

12. 国家政治事务处理事项的评议、分析；

13. 行政各部重要政策的制定与调整；

14. 解散政党的提案；

15. 向政府提出的有关政府政策的请愿；

16. 关于任命检察总长、联合参谋议长、各军种参谋总长、国立大学校长、大使、其他法定公务员和国有企业管理者相关事项；

17. 总统、国务总理或国务委员提出的其他事项。

（二）国务会议的组成

韩国《宪法》规定，国务会议属于总统直属议事机构，[①] 由总统、国务总理和国务委员 15—30 人组成；总统为议长，主持会议；国务总理担任副议长，辅助总统。国务委员由国务总理提名，总统任命。国务总理可向总统建议解除国务委员职务，总统拥有自主权。但即使没有国务总理的建议，总统也可免去国务委员的职务。

国务总理由文职官员担任，实行"文职原则"。军人除非退出现役，否则不得被任命为国务总理或国务委员。

国务委员辅佐总统，与国务总理一起组成内阁，属于政务职公务员。中央政府行政各部长官（部长）均为国务委员。根据《宪法》规定，国会可向总统建议解除国务总理或国务委员的职务。只要有 1/3 以上国会在籍议员提议，并获半数国会在籍议员赞成即可生效。[②] 国务委员的任命，由国务总理提请，总统任命。国务总理可以向总统建议免去国务委员的职务。[③]

国务会议成员有权领导和监督自己所属的行政部门，筹划重要国家事务，代表总统出席国会会议并说明观点立场。

国务会议成员集体和个人仅对总统负责。

文在寅政府的国务会议由总统（议长）、国务总理（副议长）与 18 名国务委员共 20 人组成，包括：总统秘书室室长、国家安保室室长、

[①]《宪法》第 88 条。
[②]《宪法》第 63 条。
[③]《宪法》第 87 条。

总统秘书室政策室室长、国务调整室室长、国家报勋处处长、人事革新处处长、法制处处长、食品医药品安全处处长、公平交易委员会委员长、金融委员会委员长、科学技术革新本部部长、通商交涉本部部长及首尔特别市市长。

在议长同意的情况下，担任重要职位的公务员也可列席参加。①

二、总统幕僚组织

文在寅政府韩国总统幕僚组织主要分为3大系统。文在寅政府上任后，为加强总统决策的辅助咨询能力，在前任朴槿惠政府时期总统秘书室1位室长、10位首席秘书官、41位秘书官的总统幕僚组织体制基础上，重新设置了曾在卢武铉、李明博政府时期运营过的政策室（长官级），并将原由总统秘书室负责的外交、国防、统一政策的辅助职能独立划出，设立国家安保室，形成了以秘书室、政策室和国家安保室为基础的3大系统，公职人员包括3位室长、8大首席（政务、民政、社会革新、国民沟通、人事、就业、经济、社会）、2位辅佐官（经济、科学技术）与41位秘书官。

总统幕僚的核心功能是为总统在国防安保、政治、外交等领域做出贤明决策，提供重要参谋意见和咨询。

文在寅政府韩国总统幕僚组织体制的改变，使韩国总统幕僚组织各个部分之间的职权、职责划分发生了一定程度的变化。与朴槿惠政府时

---

① 《国务会议规则》第8条。

期相比,文在寅政府的秘书室室长业务大幅减少,为顺利推进总统事业及众多行政部分的合作和相关业务的协调,政策室室长的地位和权力得到加强,政策室室长有协调、统管各部的职责,且部分政府业务如经济、社会政策及就业机会创造等,也被划归到了政策室长的业务范围内。

(一)总统秘书室

总统秘书室是为辅佐总统执行国政而设立的总统直属机关。总统秘书室负责总统日程协调、礼宾、演讲记录,以及各种政策咨询。文在寅政府总统秘书室总人数为443人(2018年3月)。

总统秘书室室长(长官级)负责全权指挥整个总统秘书室,并掌管5大首席秘书官:政务首席、民情首席、社会革新首席、国民沟通首席、人事首席,履行政务职能。

(二)政策室

政策室室长(长官级)掌管就业首席、经济首席、社会首席3大首席,与经济辅佐官、科学技术辅佐官(次官级),分别负责制定国家宏观经济运行方向、应对各部门的第4次产业革命和科学技术发展战略。经济辅佐官兼任宪法机构国民经济咨询会议的监事委员,科学技术辅佐官兼任宪法机构国家科学技术咨询会议的监事委员。

（三）国家安保室

国家安保室由原总统室分离出来，是辅佐总统国家安全事务的中央行政机关，于2013年3月23日成立。

国家安保室直接辅佐总统，制定中长期安保战略，同时履行迅速应对国家危机状况的危机管理职能。国家安保室由室长1位（部长级）、负责安保与外交的第一次长与第二次长（副部长级），① 以及危机管理中心组成。国家安保室成员有43人（2018年3月）。

国家安保室室长根据总统的命令，处理国家安保业务，指挥所属公务员。次长辅佐室长，在室长因故不能执行职务时，代行其职务。国家安保室组织结构参见图3-1。

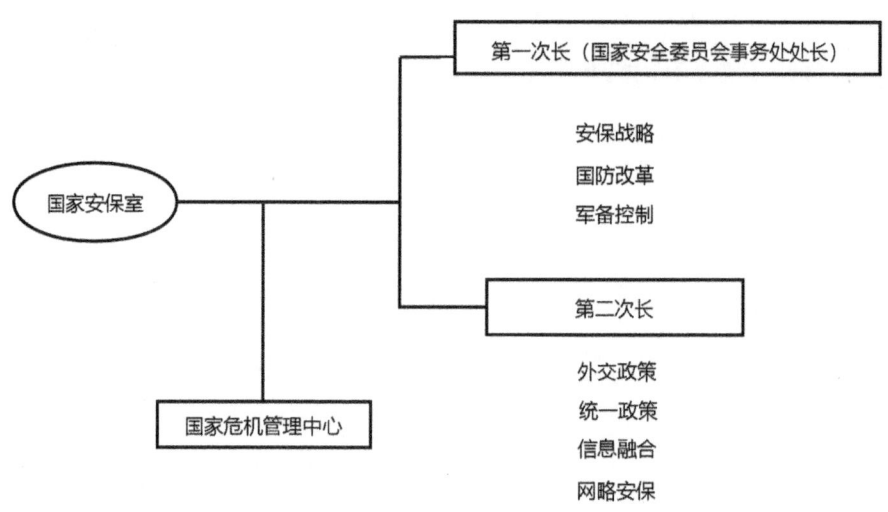

图3-1 国家安保室组织结构

资料来源：青瓦台，https://www1.president.go.kr/about/government-organization。

---

① 次长2人中的第二次长兼任总统秘书室外交安保首席。

（四）总统咨询机构

根据韩国《宪法》规定：国家设有国家安全保障会议（NSC）、民主和平统一咨询会议、国民经济咨询会议、国家科学技术咨询会议等总统咨询机构，辅佐总统处理国务。总统作为国家最高统治者，需要与"贤者聚会"展开沟通。早在全斗焕总统执政时期，就曾启动运行国政咨询会议和和平统一政策咨询会议。而这一制度源头可追溯至朴正熙总统时期成立的国家安全保障会议和经济科学审议会议。[①]

1. 国家安全保障会议

宪法规定，国家安全保障会议（以下简称"国安会议"）是总统直属外交安保咨询机构。根据《宪法》第91条的规定，国家安全保障会议法对国家安全保障会议的组成、职责范围及必要事项做出明确规定。国家安全保障会议由总统、国务总理、外交部长官、统一部长官、国防部长官、国家情报院院长、行政安全部长官、总统秘书室室长、国家安保室室长、国家安全保障会议事务处处长（兼任国家安保室第一次长）、国家安保室第二次长，及通过总统令指定的若干委员组成，总统任议长。国安会议就有关国家安全的对外政策、军事政策和国内政策，为总统提供咨询。

国安会议于1962年朴正熙执政时期成立，成立的初衷旨在研究与国家安全有关的议题，在发生与国家安全有关的突发事件和危机事态时，及时召开会议研究应对政策措施。1963年12月颁布的《国家安全

[①] 车贤镇：《朝鲜日报》2022年2月23日，洞见版，https://www.chosun.com/opinion/specialist_column/2022/02/23/5Y4LHNXN7ZGKLOKEFNXDPLIDWA/。

保障会议法》，成为该机构的法律依据。1998年金大中时期，国安会议开始真正发挥外交、国防和统一问题的综合性政策研究功能，并首次成立国家安全保障会议秘书处，国安会议遂变成常设机构。卢武铉时期其影响力进一步加强。2008年，李明博政府时期曾撤销秘书处。后随朴槿惠、文在寅政府的更迭，国安会议的组成和运作方式发生变化，成员增加了财政经济部和安全行政部的长官，以及……总统委任的若干委员。[1]

依据有关法律规定，国安会议框架下的国家情报院院长必须收集和分析与国家安保有关的国内外情报，向国安会议报告。近些年来，国家情报院的影响力逐渐增强。

2. 民主和平统一咨询会议

韩国《宪法》第92条规定：为向总统提供关于和平统一政策方面的相关咨询，特设立民主和平统一咨询会议。民主和平统一咨询会议于1981年正式成立。民主和平统一咨询会议是旨在超越政党，在全民范围内制定和推进与民主和平统一相关的政策而设立的总统直属咨询机构。

民主和平统一咨询会议由总统担任议长，由民间人士担任首席副议长与多数副议长，属于次官级别的常务事务处处长总管事务处。民主和平统一咨询会议在全国各地设有232个地区组织，在国外设有35个相应的组织，共有咨询委员1.8万名。

3. 国民经济咨询会议

国民经济咨询会议由总统担任议长，由民间人士担任副议长，企划财政部长官、雇佣劳动部长官、总统秘书室室长、政策室室长、经济辅

---

[1] 朱克川：《韩国国家安全保障会议及其演变过程》，新华网，2014年3月14日，http://www.xinhuanet.com/world/2014-03/14/c_126245040_3.htm。

佐官等政府委员与民间人士担任委任委员,由经济辅佐官主管咨询会议的相关业务。

4. 国家科学技术咨询会议

国家科学技术咨询会议为国家科技领域中长期政策制定方向,向总统制提供专业咨询服务,设有科学技术基础、未来战略、创造经济等科。

国家科学技术咨询会议成员包括由总统担任的议长、由民间人士担任的副议长,及约30名专家担任的咨询委员组成。科学技术辅佐官负责主管咨询会议的相关业务。

5. 其他总统咨询委员会

除以上机构外,还设有依据总统令设立委员会(5个),依据相关法律设立的委员会(13个)(2018年3月)。①

根据总统令设立的委员会有:就业委员会、第四次工业革命委员会、北方经济合作委员会、政策企划委员会和国家教育委员会。

依据有关法律规定设立的委员会有:个人信息保护委员会(依据《个人信息保护法》设立)、经济社会发展劳资政委员会(依据《经济社会发展劳资政委员会法》设立)、国家建筑政策委员会(依据《建筑基本法》设立)、国家生命伦理审议委员会(依据生命伦理及安全相关法律设立)、国家宇宙委员会(依据《宇宙开发振兴法》设立)、国家人力资源委员会(依据《人力资源开发基本法》设立)、国家知识财产委员会(依据《知识财产基本法》设立)、规制改革委员会(依据《行政规制基本法》设立)、图书馆信息政策委员会(依据《图书馆

---

① 2017年7月,废除了国民大团结委员会、文化繁荣委员会、青年委员会、统一准备委员会4个委员会,新设立就业委员会(2017年5月16日)、第四次工业革命委员会(2017年8月22日)、北方经济合作委员会(2017年8月22日)、政策企划委员会(2017年9月5日)和国家教育委员会(2017年9月12日)5个委员会。

法》设立)、亚洲文化中心城市建设委员会（依据《亚洲文化中心城市建设特别法》设立)、低生育高龄社会委员会（依据《低生育、高龄社会基本法》设立)、地方自治发展委员会（依据《地方分权及地方行政体制改编特别法》设立)，以及地区发展委员会（依据《国家均衡发展特别法》设立)。

第四章

司法制度

司法制度有广义和狭义之分。狭义的司法制度，通常指行使审判权的法院的构成、职能及其运行制度。广义的司法制度还包括检察制度和律师制度等。

韩国司法制度主要指与法院和诉讼相关的制度。根据韩国《法院组织法》，韩国实行三审级的法院制度，司法制度由宪法法院、大法院、高等法院以及一些专门法院、特别法院构成。宪法法院独立于其他法院，独立行使审判权。大法院、高等法院、地方法院构成基本的法院三审结构。

第一节 韩国司法制度的渊源与基本原则

韩国的国家权力机关，除制定法律的立法机关、执行法律的行政机关，还包括解释和运用法律的司法机关。司法机关独立行使司法权，是当今世界大多数国家的基本原则。

韩国《宪法》明确规定：司法制度贯彻三权分立原则；宪法保障司法权独立，司法权属于由法官组成的法院，法院和法官独立行使司法权，享有重要的宪法地位。[①] 除具有最高法地位的大法院外，韩国还设宪法法院，行使违宪审查权。

一、韩国司法制度的渊源

1894年，朝鲜李氏王朝在日本压力下进行近代化改革，通过了《法院改组法》，实现了司法权与行政权的分离，在朝鲜建立了近代司法制度。日本殖民时期，日本殖民者将大陆法系的司法制度带到了朝鲜半岛。1948年7月颁布的第一共和国《宪法》和1949年制定的《法院组织法》，确立了集大陆法系与英美法系特点于一体的当代韩国司法制度。

二、韩国司法制度的基本原则

韩国《宪法》和《法院组织法》对法官的权力、资格做出规定：法官分为大法院院长、大法官和法官。担任法官、大法院院长和大法官

---

① 《宪法》第103条、第106条。

须符合从业 20 年以上,且担任过法官、检察官、律师,或拥有律师资格,或具有在国家机关、地方自治团体、国家公营企业、政府投资机关及其他法人机构中从事法律事务者职务,或在公认的大学担任法学助理教授以上职务,年龄超过 45 岁的条件;普通法官则在有 10 年以上相关工作经历者中选任。

为确保法官独立行使司法权,法律要求法官必须保持政治立场中立、遵守宪法和法律;法官凭良心独立行使审判权;法官除被控犯罪、受到弹劾,不得被免职、停职或者减少俸禄。①

根据《法院组织法》的规定,韩国实行大法院、高等法院、地方法院三级三审制度。地方法院为一审法院,不服地方法院判决可上诉到高等法院进行二审,三审终审法院是大法院。

法院行使审判权,遵循不告不理、无罪推定、被告辩护、法官保障等原则。

第二节 法院的性质、分类与设置

作为国民权力的保障机关,法院负责审判民事诉讼、刑事诉讼、行政诉讼、选举诉讼以及其他法律争讼案件。管理非诉讼事件及其他法律规定属于法院的事务。

除军事法院外,所有案件在审理和判决过程中,完全由法官负责。

---

① 《宪法》第 101 条。

不过，自 2008 年 1 月开始，韩国正式实行国民参与陪审制度，即普通国民可直接参与司法审判的制度。国民参与审判结合了陪审团制和参审制要素，虽然陪审员和法官独立裁决和审判，但法官作出的最终判决，不受陪审员裁决或量刑意见约束，即在韩国，陪审员的裁定只具咨询、建议意义。

一、法院的职责与审级

韩国法院实行三审终审制，地方法院为一审法院。根据法律规定，地方法院受理的案件一般由法官 1 人单独审判，但审理涉及社会团体的案件则应由 3 名法官组成的合议庭审判。

高等法院是二审上诉法院。对一审地方法院或是家庭法院单独审判不服的当事人，在向地方法院本院合议部或家庭法院本院合议部提出上诉后，由地方法院或家庭法院的一审合议部向高等法院提出上诉；高等法院通过行使中级上诉裁判权，审理不服地方法院和家庭法院所作出的判决、决定、命令的上诉案。高等法院审理的所有案件须由 3 名法官组成的合议庭进行审判。

大法院是三审终审上诉法院，主要审理不服二审审判的案件。法律规定：不服高等法院判决的当事人可以上诉到大法院，由大法院审理；大法院作为三审，只审查相关审判所适用的法律是否正确；大法院作出的判决为终审判决。大法院一般由 4 名大法官组成合议庭进行审判，但重要的案件则须由全体 14 名大法官共同审判。

二、法院的设置

《法院组织法》第 3 条第 1 项规定：法院分为普通法院、专门法院和特别法院，分别负责有关刑事、民事、行政、选举和其他法律事务的裁决，同时负责有关房地产登记、人口普查登记、债权担保登记，家族关系登记，提存等方面的业务。

普通法院包括大法院、高等法院和地方法院；专门法院包括家庭法院、行政法院、破产法院和专利法院；特别法院包括宪法法院和军事法院。宪法法院独立于其他法院，独立行使审判权。大法院、高等法院、地方法院构成基本的法院三审结构。专门法院系列中的专利法院与普通法院的高等法院同级，家庭法院、行政法院、破产法院等与地方法院同级。

此外，为处理地方法院和家庭法院的部分事务，相关法院还可以在其辖区内设立支院、市郡法院或登记所。

（一）普通法院

韩国的普通法院包括大法院、高等法院和地方法院；全国只在首尔设有 1 个大法院。大法院是韩国最高法院、最高审判机关。高等法院是地方法院的上级法院、大法院的下级法院。全国设首尔、大田、大邱、釜山、光州、水原 6 个高等法院。地方法院负责一审诉讼，并负责一定范围内的二审诉讼。

1. 大法院

全国在首尔设有1个大法院。大法院是韩国最高法院、最高审判机关。

作为最高法庭，大法院案件的受理范围或所拥有的专属管辖权包括：审理高等法院、上诉法院、专利法院、家庭法院，及军事法庭所审理的有关民事、刑事、行政、破产、专利及家事等案件判决的上诉案件，审理对决定、命令的抗诉案件；对总统及国会议员选举及当选效力提起的诉讼案。

大法院最终审判权的适用范围包括：（1）对高等法院或上诉法院、特许法院作出判决的上诉案件；（2）对高等法院、上诉法院、特许法院的决定、命令的再上诉案件；（3）根据其他法律，属于大法院权限的案件。大法院对行政令、规定和处置的合法性有最终裁决权。

作为最高法院，大法院的判决或决定为最终判决，当事人对大法院的判决必须服从，不能要求重审。大法院的审判遵循全员2/3合议制过半数原则，即全体大法官2/3以上出席，并经出席法官过半数以上通过方属有效原则。在合议审判中，由大法院院长行使裁判长职权。①

大法院由包括大法院院长在内的14名大法官组成。大法院院长由总统任命，但须经国会同意；大法官的任命，由大法院院长提名，经国会人事听证批准同意，总统任命；法官的任命，经大法官会议决议，由大法院院长提名，总统任命。大法院院长与大法官的任期均为6年，普通法官任期为10年。大法院院长任期实行单任制，不得连任。大法官与普通法官，根据法律规定可以连任。

---

① 大韩民国法院，https://www.scourt.go.kr/judiciary/organization/supreme/index.html。

为有效处理除审判业务以外的、应由大法院处理的行政事务和法律、规则的修订业务,大法院设有大法官会议。大法官会议是由大法官组成的决议机构,大法院院长担任大法官会议的主席。大法官会议对事项的决议,须全体大法官2/3以上出席,并经出席法官过半数以上通过方可有效。

大法院全体法官(大法官、法官)组成法官会议,大法官为法官会议的议长。

大法院为方便审判,可设立"部"。目前大法院共设立3个审判部处理相关审判业务。

大法院院长认为必要时,可设立司法政策咨询委员会为其咨询机构。司法政策咨询委员会是非常设机构,可由大法院院长决定设立与否。司法政策咨询委员会由大法院院长委托的、对司法政策有较高学识并德高望重的7人以内的委员组成,其组织与运营事项以大法院规则加以规范。

2. 高等法院

高等法院是地方法院的上级法院、大法院的下级法院。全国设首尔、大田、大邱、釜山、光州、水原6个高等法院。

高等法院由高等法院院长和法官组成。高等法院院长由大法院院长从法官中选任。高等法院院长管理法院的司法行政事务,指挥、监督所属公务员。高等法院院长缺位或因故无法履行职责时,以首席部长法官、选任部长法官的顺序代位履行职责。高等法院院长要求有10年以上的法官经历,高等法院法官的资格要求有5年以上法官经历。

韩国高等法院主要审判对地方法院判决不服的抗诉案件,对地方法院合议庭、家庭法院合议庭、破产法院合议庭或行政法院一审判决、决定或命令进行上诉或申诉的案件,以及根据法律规定属于高等法院权限的如行政诉讼、选举诉讼等方面的案件。

高等法院设民事部、刑事部和特别部作为审判机构,各部设首席法官。首席法官须有10年以上的法官经历。高等法院审理案件实行3人合议制,即高等法院的审判权由3名审判员组成的合议庭行使。

3. 地方法院

地方法院负责一审诉讼,但在一定范围内,也可以履行二审法院的职能。

目前,在首尔特别市设民事地方法院、刑事地方法院以及家庭法院,在各广域市、道、厅共设18个地方法院。①

依据韩国《法院组织法》第3条第2项规定,地方法院可在辖区内设立分支法院。地方法院支院履行与地方法院相同的职能,负责地方法院的审判。各地方法院在全国分别设有44个地方法院支院。地方法院可以设少年部法院及巡回审判所、登记所。

地方法院由院长和法官组成。

地方法院院长、支院及少年部支院院长由法官担任。地方法院法官从司法考试合格且完成司法研修院所定课程者以及有检察官或律师资格者中任用。地方法院院长由拥有10年以上法官经历者担任。地方法院院长负责本法院及所属支院和巡回法院的司法行政事务,指挥、监督所属公务员。

地方法院内部设有负责民事、刑事等审判事务的部,各部由1名部

---

① 地方法院,https://terms.naver.com/entry.naver?docId=561659&cid=46625&categoryId=46625。

长法官和若干法官组成,部长法官履行该部审判长职责。①

地方法院的审判权,原则上由法官单独行使,有合议审判要求时,则由3名法官构成的合议部行使审判权。地方法院合议部可进行二审审判的案件包括:对地方法院法官单独判决的抗诉案件,对地方法院法官单独决定、命令的抗诉案件,巡回审判所管辖并交由地方法院或地方支院法官裁判的、适用小额案件审判法的民事案件,有关和解、督促、调解的案件,10万韩元以下的罚款或者拘留等案件。

地方法院及其支院的合议部负责管辖审理案件范围包括:合议部决定在合议部审理的案件;对合议部审理的案件提出上诉或与第三方案件有牵连的案件;对地方法院判决的抗诉案件;对地方法院独任法官的决定、命令的抗诉案件;死刑、无期徒刑或1年以上有期徒刑及应当拘役的案件,以及其他依法属于地方法院合议部权限的案件等。

(二) 专门法院

除大法院、高等法院以及地方法院外,韩国还设立了家庭法院、行政法院、专利法院以及破产法院4类专门法院。

1. 家庭法院

家庭法院设立于1963年,目前在首尔、大田、大邱、釜山、光州设有家庭法院。

家庭法院专门受理婚姻家庭和青少年犯罪案件。家庭法院与地方法院同属一级,行使与地方法院类似的审判权,设有审判部、合议部。合

---

① 《法院组织法》第30条。

议部内设首席法官（部长法官），首席法官须拥有 5 年以上法官经历。首席法官在家庭法院院长指挥下监督本部事务。

家庭法院审判案件和负责的事务包括：家事案件、少年保护案件、家庭保护案件、儿童保护案件以及家庭关系登记。家庭法院审判的范围主要包括：家事诉讼案件，家事调整案件，少年保护案件（未满 19 岁少年犯罪案，以及为改变少年成长的环境、端正少年品性和行动而进行的保护处分的案件），家庭保护案件（对家庭成员之间的家庭暴力案件等进行的刑事处罚，恢复被家庭暴力犯罪破坏的家庭和平与安定审判，保护家庭暴力受害者及其家庭成员的案件），儿童保护案件（保护受害儿童免受可能损害其健康或阻碍其身心正常发育，以及造成性暴力等伤害的案件）。此外，家庭法院还负责主要用于公示国民身份事项的家庭关系登记事务。

2. 行政法院

韩国只设有一个行政法院，即首尔行政法院。行政法院于 1998 年 3 月在首尔建立，级别相当于地方法院，主要审理行政诉讼法规定的行政案件和其他法律规定的由行政法院管辖的案件。根据《宪法》第 107 条第 2 项的规定，行政诉讼案件与其他案件一样，由大法院履行最终裁判权。

行政法院设立之初，除首尔特别市以外，其余地区有关行政诉讼案件由管辖该地区的地方法院中的行政部管辖。由于部分中央行政机关迁移到世宗大楼，大田地方法院行政部门的案件数量不断增加，首尔行政法院的案件数量相应减少，因此为方便原告诉讼，修订后的《行政诉讼法》规定，自 2014 年 5 月起，被告人可以向首尔行政法院提起诉讼，也可以向相关机关所在地的地方法院提起诉讼。

韩国行政法院设法院院长1名、部长法官10名和法官31名，设行政合议部和秘书处，以及总务科、行政科、法院保安管理事务局等机构。

3. 专利法院

韩国专利法院于1998年3月成立，最初设在首尔，2000年搬迁至大田广域市。专利法院专门管辖与发明专利、实用新型专利、外观设计专利、商标法等相关的专利审判及再审诉讼案。[①] 根据《法院组织法》《专利法》相关规定，专利法院专属管辖的案件有：有关专利权、商标权及品种保护权的二审民事诉讼案件，对撤销专利决定、专利申请书、审判请求书、再审请求书的驳回案件等。[②]

专利法院作为专门法院，其级别等同于高等法院。根据新修订的《法院组织法》，自2016年1月起，专利侵害案件由地方法院合议部（首尔、釜山、大邱、光州、大田地方法院）负责一审，专利法院负责二审；涉及专利案件实行三级三审制，当事人如果不服专利法院的判决，可以向大法院上诉。

专利法院设法院院长1名、部长法官5名及10名法官。专利法院院长由法官担任，掌管法院的司法行政事务，指挥和监督所属公务员。

专利法院内设5个审判部，以及事务局（总务科、专利科）、国际知识产权法研究中心、科学技术咨询委员会、司法行政咨询委员等机构，此外还设有负责处理当事人纠纷的调解委员会。[③]

专利法院的案件审判由3名法官组成的合议部负责进行。

---

① 专利法院，https://terms.naver.com/entry.naver?docId=1201033&cid=40942&categoryId=34526。
② 《法院组织法》第28条，《专利法》第186条。
③ 专利法院，https://patent.scourt.go.kr/patent/intro/intro_03/group_01/index.html。

为了体现和完善技术专业性，提升国民信任，专利法院引进了技术审理官制度，即将长期在专利厅担任审查官的有经验的专利厅所属公务员，派遣到专利法院工作。自 2016 年 1 月开始，引进了法院技术调查官制度。技术调查官负责根据法官的命令，收集专利审判所需的研究资料。技术审理官和技术调查官均由在机械、电气、化学、药学、电子通信等科技领域获得硕士以上学位的专家担任。

4. 破产法院

根据新修订的法院组织法，在借鉴美国 1984 年成立的破产法院组织体系基础上，韩国国会法制司法委员会通过了"破产法院"法案。2017 年 3 月，韩国成立首尔破产法院。破产法院专门负责有关破产案件的一审、单独案件（个人相关破产案件）的二审案件审判。

韩国破产法院级别与地方法院相当。破产法院的审判权由法官单独行使，需要协商审判时，由 3 名法官组成合议部行使审判权。① 破产法院设立审判部和事务局（总务科、破产科）等机构。

根据《法院组织法》②的规定，由破产法院合议部进行一审审判的案件包括：根据《债务人回生及破产相关法律》属于破产法院合议部权限的案件；由合议部审判的案件；对破产法院法官应回避，以及根据相关法律规定实行管理委员回避的案件；根据其他法律规定，属于破产法院合议部审理权限范围内的案件；③ 以及对法官单独判决、决定、命令进行上诉或抗诉的二审的案件。

---

① 《法院组织法》第 7 条。
② 《法院组织法》第 40 条。
③ 破产法院，https://namu.wiki/w/회생법원。

（三）特别法院

韩国的特别法院是指与行使司法权的普通法院无关、对拥有特殊身份的人或具有特殊性质的案件进行审判的法院。[①] 特别法院主要包括宪法法院和军事法院（宪法法院相关内容，参考本书第一章韩国宪法部分的内容）。

军事法院是为管辖军事审判、对军人进行刑事审判而设立的特别法院，为宪法规定的特别法院。军事法院法官根据宪法、法律及良知，进行独立审判，实行公开审判制度。

根据《军事法院法》第6条第3项的规定，军事法院设高等军事法院和普通军事法院。作为上诉法院的高等军事法院，设在国防部内；作为一审法院，普通军事法院设在国防部、陆军本部及各司令部。在战时、事变或国家紧急状态时，编制部队中可以设立普通军事法院。

高等军事法院由3名或5名法官组成；普通军事法院由1名或3名法官组成。

军事法院设有管辖官。管辖官掌管该军事法院的行政事务。高等军事法院的管辖官由国防部长官担任，主要掌管该军事法院的行政事务，指挥和监督普通军事法院的行政事务。普通军事法院的管辖官由部队和地区的司令官或责任指挥官担任，但国防部普通军事法院的管辖官由高等军事法院的管辖官兼任。

军队组织是特殊团体，以战斗为根本任务、以国防为终极使命，因

[①] 特别法院，https://terms.naver.com/entry.naver?docId=1153940&cid=40942&categoryId=31721。

此，军事法院因其特殊的权力关系、特殊的目的和任务，与一般刑事诉讼程序不同，采取特殊诉讼程序。韩国的军事法院制度在借鉴美国制度的基础上，在非紧急情况下，实行由权限集中的军事指挥官、非法律专家人士参与审理的陪审审判等特征。①

根据《军事法院法》第5条的规定，军事法院分为高等军事法院和普通军事法院两类。军事法院实行三审制，其所判决的上诉案件，由大法院管辖。大法院是军事审判的终审法院。②

第三节 审判制度与原则

韩国审判制度的基本框架主要是在日帝殖民时期，由日本政府与朝鲜总督府协调后所确立的。解放后，美国的司法原则和精神，开始影响韩国审判制度的发展走向，并奠定了今天审判制度的基础。司法的审判原则，指司法机关在审判活动和过程中必须遵循的基本行为准则。根据韩国宪法和三大诉讼法规定，法院审判除必须遵循的基本原则外，还包括一些特有原则，如辩论主义原则、不告不理原则、审判权独立行使原则、直接言辞原则、审判及时原则、集中审理原则等。

---

① 军事法院，https://namu.wiki/w/군사법원。
② 《宪法》第110条第4款。

第四章　司法制度

一、必须满足司法审判的前提条件

根据《宪法》第 107 条的规定，司法审判须满足以下条件：第一，当法律是否违反宪法成为审判前提时，法院提请宪法法院就其是否违宪进行审判；第二，当命令、规则或处分是否违反宪法或法律成为审判前提时，大法院享有最终审查权；第三，行政审判可以作为审判的前审程序。行政审判程序的启动，由法律规定，司法程序应可准用。

二、陪审制度

陪审制度是由普通市民组成陪审团，与职业法官一起，在刑事案件中对事实问题展开判断，对嫌犯是否有罪作出裁决，再由法官根据陪审团意见判断量刑的制度。[1]

韩国于 2008 年正式实施国民参与陪审团审判制度。陪审员随机选出，随机解散。通常为 7 位。不过与美国式陪审团制度不同，韩国模式的陪审制度属于咨询性的国民参与审判，即陪审员的评决、裁定只具有咨询、建议效力，如此可避免因侵犯法官最终裁判权而引发违宪争议。另外，韩国国民参与陪审制度，不实行国民起诉陪审，其根本原因在于，韩国"检察共和国"特征，即检察官拥有较大的司法权力，能够

---

[1] 陪审制，https://terms.naver.com/entry.naver?docId=1099850&cid=40942&categoryId=31721。

独立行使起诉权、搜查权与侦查权。

国民参与陪审团制度，旨在防止司权力垄断，增进民众对司法程序和司法结果的信任，提升国民对司法公正性的信心，是国民主权在司法领域的具体实践，在公民的法制教育方面也发挥深远影响。

三、三审终审制

韩国于1949年9月制定并通过的《法院组织法》及《各级法院的设立和管辖法》规定了韩国司法审判的三审终审制度，即地方法院、高等法院及大法院分别负责案件的一审、二审和三审，地方法院为一审法院、高等法院为二审法院（上诉法院）、大法院为三审法院；在各级法院败诉的当事人可以向上级法院抗诉；在一审法院败诉的当事人可向上级高等法院抗诉，在二审法院败诉的当事人可上诉至大法院，实行三审终审制；大法院负责统一的最终法令解释。

四、审判公开原则

《宪法》第109条规定，案件的审理和判决实行公开原则。但如果审理涉及妨害国家安全保障、安定秩序或善良风俗的案件时，可由法院决定不公开审理。

五、宪法法院裁判规则

《宪法》第 113 条规定，宪法法院在作出法律违宪决定、弹劾决定、政党解散决定或宪法诉愿承认决定时，应由 6 位以上法官赞成通过。

第五章

中央政府行政制度

行政制度是一个国家为有效执行宪法和法律而制定的一系列规范、惯例和准则，内容涉及有关国家行政机关的组成、权限、领导体制以及活动方式等。行政制度作为政治制度的重要组成部分，也是一个国家中央与地方关系互动模式的产物。

中央政府是韩国国家中央行政权主体，由总统、国务总理、国务委员，以及政府各行政部门组成。中央行政机关由各部、厅、处所构成的本部组织，以及所属机关构成。本部组织，由最高管理层（各部长官、处长、厅长）以及下属组织（直属辅助机关和参谋辅佐机关）构成；所属机关则由附属机关（培训、研究机构等）以及特别行政机关组成。

第一节 韩国中央行政制度的渊源

韩国政府制度也称官僚制度。官僚制在韩国有颇为深厚的历史文化基础。韩国官僚制传统在价值理念、思维方式方面深受中国政治文化影响，与儒家思想一脉相承。早在高丽王朝时代就曾借鉴中国唐、宋时期的中央统治制度，并结合自身国情，形成韩国特有的高度中央集权特征的政治制度。韩国官僚体制传统缺乏现代法制和行政基础，家长式父权君主制伦理体系特征突出，统治者与被统治者之间是统治、管理与服从的关系。

一、历史传统与韩国政府制度的发展

1910—1945年，在日本殖民统治期间，基于日本从西方引入的模式，形成了日据时期的朝鲜官僚体制。日本殖民统治下的朝鲜政府成为压迫人民而非服务人民的统治机器。日本委派的总督掌握了绝对权力，朝鲜政府的重要法律和行政规定、高级官员的任命等，须获得日本总督的同意和认可。日本殖民统治塑造的政治、国家与社会、政府与民众的关系，对朝鲜的政府制度、人事管理制度等都产生深远影响。

美国军政时期（1945年9月至1948年8月），西方民主思想以及理性主义，对韩国政府制度产生了深刻影响。在行政制度方面，按照美式职位分类原则，建立了现代人事制度。1959年，在美国支持下，国立汉城大学成立行政学院，行政管理专业开始成为社会科学领域的热门学科，大批人才得以培养，政府行政管理的专业水平随之得到提升。但因历史传统的影响，现代基于理性、科学原则的人事管理制度，仍然深受中央集权和血缘、学缘、地缘、宗族等因素的影响，韩国政府制度的现代化、西方化问题没有得到充分解决。不仅如此，当时各种错综复杂的政治、经济、社会矛盾及其所造成的一系列难以解决的问题，发展主义、经济增长造成的压力及其所引发的社会紧张和冲突，使权威主义的意识形态、价值观念和政治思潮，得到了社会广泛的认可，强人政治、精英政府的理论和制度被寄予很高的期待，人们期望能有强有力的政府推动经济发展、社会进步，解决各种问题，实现现代化。在这样的社会和思想背景下，20世纪60年代，朴正熙一方面将大批军人引入政府，建立军人政权，另一方面实行公职人员年轻化、专业化，形成文武混合体制。同时，强化政府能力，建立权威主义政体。权威主义政治体制在带来韩国经济快速增长的同时，也为社会冲突埋下了伏笔，最终引发了大规模严重社会政治冲突。权威主义政治统治一直持续到20世纪80年代末政治转型之前。

韩国政治转型后，民主政治的理念和价值迅速普及，政府制度随之发生深刻的变化。政府、官僚的自我认知、自我意识，从统治民众转变为政府、官僚是纳税人的公仆、为纳税人服务，政府的伦理基础发生根本性转变，公职人员的服务意识逐渐增强；在政府管理方面，功绩制原则与伦理逐渐占据主流，官员个人职务晋升等更多地与工作经验、经历、业务实绩相关联，传统价值和社会人脉因素的影响开始下降。[①] 社会价值现代化、理性化、西方化的趋势持续推进。

在政府观念、制度逐步现代化的同时，传统社会的腐败因素、官僚制度内在固有的消极因素等，成为韩国政府制度建设发展面临的新的危机和挑战。其中尤为突出的是深入社会骨髓的腐败，反腐败成为社会发展、政府制度建设和社会政治稳定不得不面对的突出课题。进入21世

---

① 안병만, 2008. 『한국정부론』 파주: 다산출판사, 120.

第五章　中央政府行政制度

纪,特别是金大中政府上任后,韩国制定了《腐败防止法》,成立了"腐败防治委员会",进行了大规模的腐败整肃,取得了积极成效,政治腐败现象受到极大遏制。韩国政府推进的旨在提高公务员清廉行政的制度建设取得了积极的成效。

目前,韩国政府的制度建设仍然处于不断改革、进步过程中。建设尊重法律权威,提倡民主与效率,对民众负责的、先进的现代政府,更好地管理国家公职人员等,依然是政府制度建设和行政改革的主要问题。

二、政治转型前的韩国政府制度

政治转型前的韩国政府制度一方面奠定了当代韩国政府制度的基础和结构,另一方面也为当代韩国政府制度的建设积累了丰富的经验。

大韩民国建国之初,韩国刚刚摆脱日本殖民统治,政府的人力资源、组织结构十分脆弱,官僚机构的资源、能力、职能基本上仅能够维持最基本的国家安全和秩序稳定。李承晚政权在政治资源不足的情况下,在政权建设、政治控制、政府职能完善、公共服务供给等方面,采取了以维护权力为目标,最低限度应对、回应内外部政治、社会、经济需求与挑战的策略;而在确保长期掌权方面,则试图通过操弄选举实现其目的。在矛盾深重、复杂多变的国际国内环境下,一个以维持自身权力为主要目标,最低限度回应内外部压力与挑战的政权,其政府职能的设定、政府制度的建设也必然是以掌握权力、维护政权、实现政治安全为导向的。显然,这种导向的政府,背离了二战后韩国发展的利益和需要，也是与相当多的政治主体的利益和意志相冲突的，因此难以在复杂多变的政治环境中，寻找到真正的立足之地。1960年，李承晚政权因"3·15"不正当选举丑闻引发的4月19日学生运动（"4·19"革命）而被推翻。

如果说李承晚政权是以相对消极的方式回应韩国社会急迫的经济社会发展需要，那么朴正熙政权可以说是以相当积极、主动方式回应外部压力，建立权威主义政府，实现韩国经济社会发展的。李承晚政权结束后，民选政府应对局势无能，政治混乱、经济凋敝。朴正熙发动"5·16"军事政变，建立了军事权威领导一切的新型政治格局。同时，通过引入科技、经济等方面的精英人才，改造、优化了政府的人力资源结构、官僚结构，形成了具有专业优势的技术官僚、高度集权的军人政权、严格的军事指挥体制，以及权威主义价值观相结合的，能够有效无视、排斥、消除外部压力和影响，充分发挥专业化官僚超强执行力和超高效能，高度专注于经济发展目标的权威主义政府。朴正熙及其以后的权威主义政府以经济发展为导向，优先发展经济，实现了经济增长和韩国经济的现代化。

朴正熙及其权威主义政府，虽然较好解决了政府经济发展问题，但没能同步解决诸如政府公共性的加强，公众利益的保障，多元社会主体权利维护，个人、社会主体对政府事务的参与等涉及个人和多元社会主体的利益、权利方面的问题。这些问题的存在反映了权威主义政府制度的内在问题，如日趋严重的行政优先倾向，官僚体系在国家政策制定、政府职能实现、政府制度建设等方面一权独大倾向，政党、国会边缘化、利益集团、市民社会被排除在决策系统外、利益和诉求表达日趋受限，威权当局限制和封锁言论、镇压持不同意见者等。这些问题虽然能够加强政府的权威程度，但同时也能够严重损害政府的合法性，削弱政府吸纳外部政治资源、从根本上维护自身政治安全的能力。事实上，过度的权威主义政权实行的以政府为绝对中心、对公众和社会进行单向的统治和管理，不仅缺乏政府与社会、公众的回馈渠道和机制，而且有时候极容易将自己置于公众的对立面，因此，当社会、政治矛盾激化到一定程度的时候，权威主义政府必然会陷入巨大的危机。

朴正熙政权时期政府制度的权威主义特征是执政党内部政治状况以及权威主义的社会、政治生态的反映。政党以领袖为中心，政党总裁、为数不多的政党领袖及党内官僚体系，掌握、操控了大量的政治资源；政党尤其是执政党通过掌握、行使公职候选人的推荐权，形成了政党领袖、党官僚机构对党员、干部和官僚体系的控制；执政党党首担任总统，同时领导、控制执政党的与国家的官僚系统，实现具有高度效能和能力的一体化统治；在政府与社会的关系方面，政府控制了大部分利益集团的成立、活动和表达，利益集团只能根据政府的需要，按照政府的意志，扮演政府允许扮演的角色；在中央和地方关系方面，权威主义政府实行中央权威主导的上下级之间的领导服从关系，中央严格控制地方，地方严重缺乏自主权力意志和行动空间。

朴正熙军事权威主义官僚政治的发展在政府组织建设、政府决策模式、政府与其他国家机构的关系、政商关系等方面，都留下了不少值得关注的经验和教训。在政府组织建设和政府运作、决策方面，权威主义的、以总统为核心的中央集权体制使总统能够控制整个官僚系统，总统的权力和意志至高无上，贯穿到政府和政策的全部过程。国会虽有宪法赋予的法律地位和财政职能，但由于政府权力过度压制国会权力，因此国会的宪法权力得不到充分发挥，国会对财政的管理职能萎缩。在国会立法过程中,政府为方便通过有利于政府的法案,往往使用各种方法,绕开在野党,因此使得国会审议、评估和牵制政府的职能难以发挥,使宪法规定的权力分立、均衡的政治理念和制度设置无法正常运行。在官僚集团与民众的关系方面,由于官僚组织权力的不断强化,组织规模和特殊利益的日益扩张,政策制定结构与过程的日益封闭,官僚集团与社会、公众的距离逐步加大,官僚集团摆脱公众监督制约的能力日渐增强,社会、公众利益诉求和意愿越来越难以被政府采纳,政府对公众的敌意和公众对政府的敌意日益加深。在政府经济发展职能不断强化、韩国经济飞速增长的情况下,政府腐败、官商勾结进一步加剧。

三、政治转型后的韩国官僚政治

20世纪80年代韩国政治转型后,集权封闭的决策过程和体系开始改变。伴随民主化的不断巩固发展,一度被抑制的诉求和呼声有了发声通道,政党、国会对政府进行牵制、监督的功能逐渐开始发挥,利益集团等社会力量逐渐摆脱了过去被动的地位。

在政府与国会关系方面,从卢泰愚政府开始,虽然国会内的提案依旧以政府为主,但国会的自主性开始恢复。金泳三政府推动了《政党法》《政治资金法》《选举法》等法律的修正。卢武铉政府在第16届国会设立了国会预算政策处,实行了国会改革,强化了国会的功能。这些改革和变化的积极效应,尤其反映在政府预算审议过程中。在预算审议时,不同政党矛盾尖锐,对抗激烈,有时甚至会发生肢体冲突。这些现

第五章　中央政府行政制度

象一定程度上说明，国会功能已经在开始发挥作用了。①

政治转型后，韩国的社会力量也得到了极大的发展。以工会为代表的诸如全国工会联合、全国教育工会等团体势力不断壮大；兴起和发展的其他类型的非营利、非政府组织，与市民社会一起推动社会和政治的发展。社会力量的壮大及其作用的发挥，改变了政府官僚在政策过程中的垄断地位。

在政府制度建设方面，针对朴正熙政权时期开始的政府权力扩张、机构规模膨胀和官商勾结、贪污腐败等问题，金泳三政府开始大力推进小政府理念，精简机构，放宽行政规制，积极进行反腐运动。从金泳三文人政府开始，官僚对政策过程的影响开始呈现弱化趋势，总统与政府官僚之间的互动进一步规范化、制度化。1998年开始，金大中政府进一步进行政府改革，通过立法，积极推动电子政府的建设，建立小而高效的服务型政府，提高对民服务能力，提升政府竞争力和管理绩效。金大中政府在政府信息基础设施的建设、反腐倡廉、提高政府运作效率与透明度等方面，取得了显著成效。卢武铉政府实施了强有力的政府人事制度改革。

由此可见，政治转型后，尽管历任政府的执政理念和施政纲领各有不同，但对政府体制和官僚组织进行改革，几乎是历任总统共同的选择。韩国历届政府对政府体制、官僚体制的改革，在顺应时代发展的同时，也使政府体制进一步合理化和优化，官僚系统在应对内外部压力和挑战的时候，更具活力和适应力。②

---

① 洪静：《韩国国会肢体冲突与民主转型研究》，社会科学文献出版社，2016，第276页。
② 이대희외, 2014. 『한국정부론』, 서울：법문사, 178.

第二节　中央政府行政机构

韩国政府组织法对总统、总理、国务会议以及各部的职权范围、所辖事项明确做出了全面、系统的规定。这些规定是推进国家中央政府行政事务系统化、效率化的重要支撑。依照该法，中央行政机关由部、处、厅及若干委员会组成。各行政部门长官统辖所管事务，指挥和监督所属公务员工作，次官或次长辅佐该部门长官处理所辖业务，指挥和监督所属公务员，如长官因故无法履行职务，将代行其职务。

韩国历任政府自上任伊始，都会进行组织结构改编，实行机构改革。历次改革体现、表达了历届政府所秉持的政治哲学倾向以及国政运营与国家治理的立场、方式和手段。

一、中央政府组织结构的历史演变

1948年大韩民国政府成立之初，首先成立了外交部和国防部，以优先恢复被日帝掠夺的国家外交和国防职能。首届李承晚政府设置了11部、4处、3委员会[1]。

1960年，李承晚政府被"4·19"革命推翻后，韩国进入第二共和

---

[1] 이대희외, 2018.『한국정부론』, 서울: 법문사, 145.

第五章 中央政府行政制度

国时期。第二共和国实行内阁制,设国务总理和国务委员。中央政府行政机构设1院、12部、1处、3厅、2委员会。

1961年,朴正熙发动"5·16"军事政变,张勉内阁垮台。朴正熙执政后,将经济快速发展视为国家发展第一目标,专门成立了国家经济企划院,大力强化政府职能,改革政府机构设置,在不到3年的时间里,进行了12次的政府组织改编。第三共和国初期(1963—1972年),中央行政机构设有2院、13部、3处、6厅、7个外局;第四共和国时期,新设国税厅、关税厅、水产厅、山林厅、工业振兴厅、港湾厅等以厅为单位的机构,形成了2院、13部、4处、13厅、5外局的中央行政机构体系。① 朴正熙政权确立的第四共和国中央行政机构框架,一直延续到卢泰愚政府时期(第五共和国时期),中央行政机构体系改为2院、15部、4处、14厅、1委员会。第六共和国时期的卢泰愚政府设2院、16部、6处、15厅、2外局。

1994年金泳三执政后,作为韩国政治转型后首个真正意义上的"文人政府",金泳三努力探索全面重组建立国家和社会新秩序,展开了自上而下的政府组织机构重组改革,将经济计划院与财务部合并为财政经济院,整合建设部和交通部为建设交通部,增设海洋水产部,中央行政机构共设有2院、14部、5处、14厅、1外局。②

1998年,金大中政府上任后,为尽快扭转金融危机困境,发展经济,积极推动开放化、民主化、分权化。在政府机构改革方面,为摆脱过去产业化时代的政府组织体制,进行了3次政府机构职能部门的整合

---

① 이대희·김호섭·박천오·이원희·김익식·이승종, 2018. 『한국정부론』, 서울: 법문사, 146.

② 위와 같다.

改编：恢复副总理制度，将财政经济部长官、教育部长官升级为经济副总理和教育副总理；将内务部与总务处合并为行政自治部；新设企划预算委员会、国务调整室、预算厅；为提高保障女性地位和权益，新增女性部，形成18部、4处、16厅、9委员会的中央行政机构体系。

2003年执政的卢武铉政府被视为具有中间左翼政治倾向的"参与政府"。卢武铉政府在全球化信息通信技术极具发展的时代趋势和背景下，摆脱了自第五共和国以来历届政府奉行的小政府理念和缩小政府规模、精简机构的惯常做法，而更关注政府执政效率、执政能力的建设，强调不同层级政府间的分权和有效运营政府问题。由于与金大中有着基本相同的政治立场和政策倾向，卢武铉政府继承了金大中政府的中央行政机构体系，仅在个别领域进行了调整，如将婴幼儿业务从原来的保健福祉部整合进女性部，将企划预算处的行政改革职能整合进行政自治部等，供设有18部、4处、18厅、13委员会。①

2008年，以行政效率著称的李明博上任后，为了改变具有左翼进步倾向的金大中、卢武铉两届政府10年来的政府政策基调和国政氛围，确立了具有保守主义倾向的新政府政策基调。在实用型小政府理念指导下，李明博对中央政府机构进行了大幅度改编，废除了卢武铉政府时期实行的副总理制度（经济副总理、教育副总理以及科学技术副总理）；合并了海洋水产部、信息通信部、科学技术部的相关职能；废除了企划预算处、国政宣传处，并将其职能整合进企划财政部与文化体育观光部。

2013年，朴槿惠执政后，提出了"创造型经济政府"的国政目标，

---

① 박중훈，「역대정부 조직개편에 대한 성찰과전망」，『KIPA 연구보고서』2016: 262.

为此对中央政府机构进行了调整：将外交通商部的通商职能整合到知识经济部，并将知识经济部更名为产业通商资源部、外交通商部更名为外交部；将农林水产食品部的水产职能与国土海洋部的海洋职能分离，成立海洋水产部；国土海洋部改设为国土交通部，农林水产食品部改设为农林畜产食品部。2014年，"世越号惨案"发生后，设立直接隶属于总理的国民安全处。朴槿惠政府设立的中央政府机构有17部、3处、17厅。

2017年5月，文在寅以"就业政府"为标志开始执政。文在寅政府的执政理念、政策及战略方向基本与金大中、卢武铉总统一脉相承，以"创造就业机会、激活经济、强化国民安保"等核心政策目标为指引，进行了政府机构改革，以2022年为基准，文在寅政府共设有18部（企划财政部等），18厅（国税厅等），4室（总统直辖的总统秘书室、国家安保室；国务总理直辖的国务调整室、国务总理秘书室），5处（总统直辖的总统警卫处；总理直辖的国家报勋处、人事革新处、法制处、食品医药品安全处），7委员会（总统直辖的广播通信委员会、总理直辖的公平交易委员会、金融委员会、国民权益委员会、个人信息保护委员会、原子能安全委员会，以及作为独立机构的国家人权委员会）和2院（总统直辖的国家情报院、监查院）共54个机关构成。

二、国务总理

韩国宪法规定设置国务总理职位。国务总理在政府中地位和作用仅次于总统。总理受总统之命，统管韩国中央政府各部，是总统的第一辅佐人。

由于韩国实行总统制，但不设副总统。因此，国务总理职位的设置，为韩国总统制政府形态增添内阁责任制特征，是韩国宪法下较为独特的一种政治制度。

（一）总理职位的设置与历任总理

1948年8月，大韩民国成立伊始，韩国政府即设立国务总理职位，首任国务总理是兼任国防部长官的李范奭（任期1948—1950年）。作为辅佐总统的行政部第一长官，国务总理这一职务的设置初衷，旨在辅佐总统的同时，还可以发挥一定的牵制作用，具有发挥双重作用的政治地位。国务总理制虽然有较深的历史渊源，但现行制度构成是政治势力之间妥协的产物，从开始就具有双重特殊性。韩国政治历史一直维持着王政统治，国务总理是其政治体制中"宰相制"的遗产。在并无特定职能作用的情况下，宰相扮演辅佐国王和牵制国王、统辖朝廷的双重角色。这一传统后延续为内阁总理。①

1954年，李承晚为谋求连任，以"四舍五入"修宪方式取消了有名无实的总理职务，同时新设由外务部长官兼任的首席国务委员制度（首席国务委员按外务部长官、内务部长官、财务部长官顺序任命）。"4·19"革命革命后，第二共和国实行议会内阁制，恢复了国务总理职位。朴正熙政权制定的第三共和国宪法，规定总理由总统任命，确立了总统、总理关系的基本格局。第三共和国宪法确立的总理制度，其基

---

① "차라리국무총리가없었으면좋겠습니다"，https://www.hani.co.kr/arti/politics/politics_general/688161.html.

第五章　中央政府行政制度

本模式一直延续至今。

韩国自1948年8月开始有国务总理职位以来，共产生了47届、74任总理、代总理。参见表5-1。①

表5-1　韩国历任总理

任次	届次	在任总统	总理	在任时间	备注
1	1	李承晚政府（第一共和国）	李范奭	1948年8月2日至1950年4月20日	
2			申性模	1950年4月21日至1950年11月22日	代理
3	2		张勉	1950年11月23日至1952年4月23日	
4			许政	1951年11月6日至1952年4月9日	代理
5	3		张泽相	1952年5月6日至1952年10月5日	
6			白斗镇	1952年10月9日至1953年4月23日	代理
7	4		卞荣泰	1953年4月24日至1954年6月17日	
8	5			1954年6月27日至1954年11月28日	

---

① 국무총리, https://www.opm.go.kr/opm/prime/past-oversea.do；대한민국 총리 열전, https://news.kbs.co.kr/news/view.do?ncd=3064294.

续表

任次	届次	在任总统	总理	在任时间	备注
9	6	（第二共和国）	许政	1960年6月15日至1960年8月18日	"4·19"革命后，代行总统权力
10	7		张勉	1960年8月19日至1961年5月18日	
			张都映、宋尧赞、朴正熙、金显哲先后担任国家再建最高会议内阁首脑（1961年5月至1963年12月）		
11	8	朴正熙政府（第三、第四共和国）	崔斗善	1963年12月17日至1964年5月9日	
12	9		丁一权	1964年5月10日至1970年12月20日	
13	10		白斗镇	1970年12月21日至1971年6月3日	
14	11		金钟泌	1971年6月4日至1975年12月18日	
15			崔圭夏	1975年12月19日至1976年3月12日	代理；"10·26"朴正熙遇刺事件后，代行总统权力
16	12			1976年3月13日至1979年12月5日	
17	13		申铉碻	1979年12月13日至1980年5月21日	
18			朴忠勋	1980年5月22日至1980年9月1日	代理；全斗焕上任前代行总统权力

续表

任次	届次	在任总统	总理	在任时间	备注
19	14	全斗焕政府（第五共和国）	南德佑	1980年9月22日至1982年1月3日	
20			刘彰顺	1982年1月4日至1982年1月22日	代理
21	15			1982年1月23日至1982年6月24日	
22			金相浃	1982年6月25日至1982年9月20日	代理
23	16			1982年9月21日至1983年10月14日	
24	17		陈懿钟	1983年10月17日至1985年2月18日	
25			申秉铉	1984年11月7日至1985年2月18日	代理
26			卢信永	1985年2月19日至1985年5月15日	
27	18			1985年5月16日至1987年5月25日	
28			李汉基	1987年5月26日至1987年7月13日	代理
29			金贞烈	1987年7月14日至1987年8月6日	代理
30	19			1987年8月7日至1988年2月24日	

续表

任次	届次	在任总统	总理	在任时间	备注
31		卢泰愚政府（第六共和国）（1988年2月至1993年2月）	李贤宰	1988年2月25日至1988年3月1日	代理
32	20		李贤宰	1988年3月2日至1988年12月4日	
33			姜英勋	1988年12月5日至1988年12月15日	代理
34	21		姜英勋	1988年12月16日至1990年12月26日	
35			卢在凤	1990年12月27日至1991年1月22日	代理
36	22		卢在凤	1991年1月23日至1991年5月23日	
37			郑元植	1991年5月24日至1991年7月7日	代理
38	23		郑元植	1991年7月8日至1992年10月7日	
39	24		玄胜钟	1992年10月8日至1993年2月24日	
40	25	金泳三政府（1993年2月至1998年2月）	黄寅性	1993年2月25日至1993年12月16日	
41	26		李会昌	1993年12月17日至1994年4月21日	
42	27		李荣德	1994年4月30日至1994年12月16日	

续表

任次	届次	在任总统	总理	在任时间	备注
43	28	金泳三政府（1993年2月至1998年2月）	李洪九	1994年12月17日至1995年12月17日	
44	29		李寿成	1995年12月18日至1997年3月4日	
45	30		高建	1997年3月5日至1998年3月3日	
46		金大中政府（1998年2月至2003年2月）	金钟泌	1998年3月3日至1998年8月17日	代理
47	31			1998年8月18日至2000年1月12日	
48	32		朴泰俊	2000年1月13日至2000年5月18日	
49			李宪宰	2000年5月18日至2000年5月23日	职务代行
50			李汉东	2000年5月23日至2000年6月28日	代理
51	33			2000年6月29日至2002年7月10日	
52			张裳	2002年7月11日至2002年7月31日	女；代理
53			张大焕	2002年8月9日至2002年8月28日	代理
54	34		金硕洙	2002年10月5日至2003年2月26日	

续表

任次	届次	在任总统	总理	在任时间	备注
55	35	卢武铉政府（2003年2月至2008年2月）	高建	2003年2月27日至2004年5月24日	卢武铉弹劾诉讼期间，代行总统权力
56			李宪宰	2004年5月24日至2004年6月29日	职务代行
57	36		李海瓒	2004年6月30日至2006年3月15日	
58			韩德洙	2006年3月16至2006年4月19日	职务代行
59	37		韩明淑	2006年4月20日至2007年3月7日	女
60			权五奎	2007年3月6日至2007年4月2日	职务代行
61	38		韩德洙	2007年4月3日至2008年2月29日	
62	39	李明博政府（2008年2月至2013年2月）	韩升洙	2008年2月29日至2009年9月28日	
63	40		郑云灿	2009年9月29日至2010年8月10日	
64			尹增铉	2010年8月11日至2010年9月30日	职务代行
65	41		金滉植	2010年10月1日至2013年2月25日	

续表

任次	届次	在任总统	总理	在任时间	备注
66	42	朴槿惠政府（2013年2月至2017年3月）	郑烘原	2013年2月26日至2015年2月16日	
67	43		李完九	2015年2月17日至2015年4月27日	
68			崔炅焕	2015年4月27日至2015年6月17日	职务代行
69	44		黄教安	2015年6月18日至2017年5月11日	朴槿惠弹劾案后，代行总统权力
70		文在寅政府（2017年5月至2022年5月）	柳一镐	2017年5月12日至2017年5月31日	职务代行
71	45		李洛渊	2017年5月31日至2020年1月14日	
72	46		丁世均	2020年1月14日至2021年4月16日	首位国会议长出身的总理
73			洪楠基	2021年4月16日至2021年5月13日	职务代行
74	47		金富谦	2021年5月14日至2022年5月11日	

资料来源：韩国国务总理，https://namu.wiki/w/국무총리。

历届总理中，任期超过1年的不超过22位，超过2年的9位（张勉2个任期相加超过2年），任期最长的超过6年，最短的仅5天。

依据宪法规定，总理不得连任，但可多次出任总理。多次出任总理的有张勉（第2、第7届）、白斗镇（第4、第10届）、金钟泌（第11、第 31 届)、高建 (第 30、第 35 届), 曾先后两次出任过总理。①

历届总理中, 来自首尔大学的 19 名, 陆军士官学校的 5 名, 成均馆大学、早稻田大学的各 3 名, 延世大学、高丽大学的各 2 名, 梨花女子大学、国民大学、东京大学、筑波大学、旧满洲建国大学的各 1 名。绝大多数总理担任过经济官员, 也有总理曾经担任过国会议员、广域团体长、法官、将军或大学校长。②

第二共和国时期, 韩国实行议院内阁制, 此时担任总理职务的许政、张勉与其他历任总理的宪法和政治地位不同, 是韩国政府最高首长, 履行政府首脑职责。

历届总理中, 由总理转任总统的仅崔圭夏 1 人, 崔圭夏是在朴正熙遭遇暗杀后, 代行总统职务, 后参加总统竞选, 并当选韩国第 10 届总统。

(二) 国务总理的地位

现行韩国宪法下的国务总理一职, 与第二共和国时期宪法所规定的议会内阁制下作为国务院责任者的国务总理不同。现行宪法框架中的国务总理, 具有辅佐总统的政府第二人政治地位。

《宪法》第 86 条第 1 款规定: 国务总理人选必须为普通国民, 而非职业军人; 国务总理人选由总统向国会提名, 经在籍国会议员过半数出席, 且出席议员过半数赞成通过。总统无须国会同意, 可随时解除国务总理职务。

---

① 国务总理列传, https://news.kbs.co.kr/news/view.do?ncd=3064294。
② 国务总理, https://namu.wiki/w/국무총리。

韩国《政府组织法》规定：国务总理与总统、国务委员组成国务会议，是国务会议副议长；国务总理在总统领导下，监督政府各部工作，管理国务调整室的运营；国务总理有权参与制定重要的国家政策；出席国会举行的各种会议，通过发言、答辩，推动国会和政府之间的业务沟通交流。

国务总理设有国务调整室、国务总理秘书室等机构辅助总理履行职权；设有2位副总理处理总理所委派的特别事务，其中企划经济部长官担任经济副总理、教育部长官兼任教育副总理。国务总理因故不能履行职务时，由副总理代行总理权限。

（三）国务总理的权限

国务总理的主要权限如下。

国务总理拥有对国务委员和行政各部部长提名权、对国务委员的罢免建议权。[①] 总统在没有国务总理提名时，不能任命国务委员和行政各部长官。

代行总统职务权。在总统缺位或因故不能履行职务时，国务总理以第一顺位人代行其职务。国务总理代行总统职务在韩国历史上多次出现。1960年4月，李承晚海外流亡后，许政代行总统职权；1979年12月，朴正熙被暗杀后，崔圭夏代行总统职务；2004年3月，卢武铉总统弹劾案在国会通过后，高建代行总统职务；2016年12月，朴槿惠弹劾案通过后，黄教安代行总统职权。

---

① 国务总理，http://encykorea.aks.ac.kr/Contents/Item/E0006274。

副署权。国务总理有权副署总统令等相关国政文件。

国务会议审议权。国务总理作为国务会议副议长,有权审议国务会议的相关重要政策。

行政监督权。国务总理负责执行总统决策,统管各部工作;根据总统命令,指挥、监督行政各部及其官员的工作;国务总理认为中央行政机关官员的命令或处理违法或不妥当时,经总统同意可令其终止或取消。

出席国会发言权。总理有权出席国会全院大会以及委员会的会议,报告政务处理情况、陈述意见、回答质问等。

总理令的制定和发布权。国务总理有权根据法律或总统的委托,针对所主管的国政事务,制定、发布总理令;可以依据总理的职权制定发布总理令。总理根据法律或总统委托制定的总理令,属于委任命令;依据总理职权制定的总理令属于职权命令。①

文在寅政府上任后,宣布实行总理责任制,并扩大了总理职权。除由总统直接负责的外交、国防、统一领域及总统特别关注的国政领域外,赋予总理在日常国政运行方面更多的权责,国务总理的功能和职责范围逐渐扩大。

(四) 国务总理的工作机构

国务总理的工作机构主要是国务调整室。根据韩国《政府组织法》第20条的规定,韩国设立国务调整室辅佐和支持国务总理履行职责。

---

① 中央办事业发展中心、北京大学电子政务研究院编著:《世界百国政府机构概览》,北京出版社出版集团,2006,第88页。

1973年，韩国首次设立国务总理所属的行政调整室，其前身为1960年设立的国务总理秘书室、1962年设立的内阁首脑秘书室。1998年，行政调整室改编为国务调整室。2008年李明博政府将国务调整室和国务总理秘书室合并，设立国务总理室。2013年朴槿惠上任后，再次将之分离成国务调整室和国务总理秘书室。文在寅政府上任后，由于国务总理功能和职责范围的扩大，国务调整室的业务和功能也得到相应的扩大和强化。

《政府组织法》第20条第1款明确规定了国务调整室的业务范围：指挥、监督涉及中央各部事务的职责履行、权力行使，负责政策调整，管控社会危机与矛盾，负责政府业务评价、规制改革等方面的工作。[①]

国务调整室设置1名室长、2名次长。室长和次长均为政务职公务员。基于国务调整室的业务职责和权限，国务调整室长享受部长级待遇，并担任次官会议的议长。

为扩大国民知情权，提高国政运营透明性，依据1996年制定颁布、1998年正式实施的《公共机关信息公开相关法》，国务调整室实行政务公开，即在执行业务时，国务调整室须向国民公开信息，以保障国民的知情权，鼓励国民参与国政运营。[②]

（五）国务总理的政治角色及其改进

在韩国政府中，国务总理是最高政府公职人员，被视为国政第二号

[①] 《政府组织法》，https://www.law.go.kr/LSW/lsInfoP.do?efYd=20220101&lsiSeq=225467#J20:0。

[②] 国务总理秘书室，https://www.opm.go.kr/opm/open/institution.do。

人物。国务总理接受总统命令，统管政府、负责运营内阁；兼任国务会议副议长。国务总理是总统的第一辅助机构，是韩国政府中举足轻重的职位，但因不掌握人事、预算等重要实权，只辅佐总统并统管各部工作，因此实际权力是相当有限的。总体来看，除少数极具实力型总理外，在先后约70多位的总理中，大部分总理在政治实践中并不具有突出的政治重要性。这些为数不多的实力型总理之所以能够掌握、行使一定的权力，大部分也是由于其与总统有着超乎常规的紧密、信任关系，而非缘于总理职位本身的政治和法律地位，如出任金大中政府总理的金钟泌，事实上是金大中强有力的政治合作伙伴，曾与金大中联合竞选总统、共同组建政府，因此得以与金大中分享重要权力，甚至可直接任命政府各部长官，被认为是韩国史上最有权力的总理；卢武铉政府时期的李海瓒总理，获总统高度信任，其在推进国政过程中，代替总统与在野党多次展开正面交锋，掌握实际权力，因此也属于强势总理。

　　国务总理权力的弱势还表现在国务总理任职的不稳定性上。国务总理任职的不稳定主要是由国务总理在韩国政治中实际充当、扮演了总统"挡箭牌"作用引起的。按照宪法规定，国务总理的任命，以总统信任和国会信任为基础，在程序上由总统提名、国会通过，而总理的免职则完全由总统决定。这种规定使总理一职极易成为总统的政治"挡箭牌"，即总理常常需要为总统承担部分政治责任，发挥保护总统权力、维护总统权威的作用，即出现政治风波、动荡或突发政治事件时，一旦反对党、国会、媒体追责政府，总统即可通过罢免总理或总理辞职方式，疏解社会、民众以及反对党对总统执政不力的指责和诟病，从而起到总统免于直接承担政治责任的作用。1982年6月，全斗焕政府时期的刘彰顺总理，因李哲熙、张玲子票据诈骗事件辞职；1991年5月，卢泰愚政府时期，卢在凤总理因姜庆大死亡事件辞职；李明博任期内，第一任总理韩升洙因政府进口牛肉导致全国范围抗议辞职，第二任总理郑云灿因世宗特别自治市的迁都问题辞职；2014 年 4 月，朴槿惠政府的郑烘原总理，因世越号惨案辞职。

韩国总理的这种政治角色和实际政治作用，是总理任期较短的重要原因之一。总体上，相较于韩国总统较长在任时间而言，韩国历任总理的平均任期为 1 年 5 个月，而 1987 年实行总统直选制后的总理平均任期仅为 1 年 1 个月。实行总统直选制前，在任时间最长的是第三共和国时期的丁一权总理，达 6 年 7 个月（总统朴正熙在任 18 年），其任职时间之所以如此之长，显然很大程度上是由权威主义政府几乎不受任何反对党牵制所致；任期最短是第二共和国时期的许政总理，仅 64 天。实行总统直选制后，任期最长的是李明博时期的金滉植总理，为 2 年 5 个月；任期最短的总理是朴槿惠政府时期的李完九总理，在任仅 63 天（官方登记是 70 天）。现任文在寅政府执政以来，已先后有过 4 位总理，其中李洛渊总理在任 2 年零 228 天，是韩国转型后，第六共和国时期在任时间最长的总理；代行总理职务的洪楠基则在任仅 27 天。在所有任内免职、辞职的总理中，仅有 1993 年 12 月金泳三政府的李会昌总理因与总统执政理念有分歧，以及 2020 年 1 月文在寅政府的李洛渊总理因准备参加 2022 年韩国总统大选而提出辞职，其余总理的去职事实上都是因为充当总统政治"挡箭牌"所致。

总理成为总统的政治"挡箭牌"，还表现在总理执行总统决策过程中，常常成为政治反对派攻击的"靶子"和党派政治争斗的"焦点"。对总统提出的总理人选的质疑、阻挠、否决常常是反对派进行政治斗争的有力工具。通常从总理任命案开始，只要一启动听证程序，总理人选便会成为反对党质疑和攻击的对象。由于通常的政策争论不一定会取得明显的效果,因此,候选人个人、家庭、公职生活的各个方面,往往会成为反对党质疑和攻击的目标,相关内容成为各派力量斗争的重要题材,成为党派博弈、抗衡的角力场和重要机会。对候选人个人的质疑、攻击能够转移、减缓反对党对总统政策的注意力和火力。这种逻辑和情况也反映在总理与国会的关系上。因此,针对总理候选人或在任总理激烈的造谣污蔑、恶意中伤和刁难,事实上是反对党质疑和排斥总统政策的具体体现;而对总理的攻击越激烈,总理职位所具有的隔离、保护总统免于反对党直接攻击的"防火墙"功能就越突出、越有必要、越有效。这种异常激烈的质疑和攻击,会迫使一些无法承受反对党、社会舆论高压的候选人或在任总理,不得不放弃提名或主动辞职。

作为总统的重要辅佐支撑,国务总理对国政运营及其成效影响深远。因此,如何稳健推动总理制度的运行,是韩国政府制度建设中需要面对的现实课题。事实上,针对总理频繁更迭的现象,学界和政界一直努力进行责任总理制度的改革探索,探讨赋予总理一定的权力,增强其独立性,充分发挥总理的能力和作用,使总理在与国民、与在野党展开有效沟通、统率内阁、推进国政运营方面,真正有效地发挥作用。

三、中央行政机构

根据韩国《宪法》和《政府组织法》的规定,中央政府行政机构依照法律设置。《政府组织法》作为国家行政机关设置基本法,对有关中央行政机关的设置、组织和职权范围做出具体规定。文在寅政府的中央行政机构，总共设有18部、18厅、5处、4室、2院、7委员会，共54个机构。

（一）中央行政机构的设置

根据《宪法》和《政府组织法》的规定，总统是政府首脑，领导中央行政机关；国务总理受总统之命，具体统筹、指挥、监督中央行政机关各部的工作。中央国家行政机构包括部、厅、处，以及作为合议制行政机关的委员会。其中，厅虽然是隶属于部的中央行政机构，直接受部长指挥，但由于在部所辖行政业务中，具有较高独立性，因此具有独立执行机构特征。厅长无权向国务会议直接提案，但可以向所属部长官提出议案建议；虽然不是国务会议成员，但也可以出席国务会议并发言。处是幕僚机构，多为国务总理直属。除总理直属的处外，总统也设有1个直属处。处长虽不是国务委员，但有权向总理提出议案；不是国务会议成员，但有权出席国务会议并有发言权。此外，总理直辖机构还设有室、委员会及少量的独立机构。

不同类型、职能的政府机关，在政府机构体系中的角色和职责不同。其中，上下垂直、由上级直接领导的机构承担辅助上级机构工作的职责，被称为辅助机关；为其他机构提供幕僚或参谋支持的机构，被称为辅佐机关；特定机构附设的培训、研究及执行特别地方行政职能的机构，被称为附属机关。在所有中央政府机构中，部、厅属辅助机关，室、处、院、委员会等属于辅佐机关。

文在寅政府共设有18个职能部及所辖的18个厅；5个处，即总统直辖的总统警卫处和总理直辖的国家报勋处、人事革新处、法制处、食品医药品安全处，其中国家报勋处处长享受长官级别待遇，其他处属于次官级享受副部长待遇；4个室，即总统直辖的总统秘书室、国家安保室和国务总理直辖的国务调整室、国务总理秘书室；2个总统直辖的院，即监查院、国家情报院；7个委员会，即总统直辖的广播通信委员会和总理直辖的公平交易委员会、金融委员会、国民权益委员会、个人信息保护委员会、原子能安全委员会，以及独立机构国家人权委员会。

（二）行政各部是依据宪法和相关法律行使行政权的中央行政机关

根据韩国《政府组织法》①的规定，各部负责执行国家行政事务，是管辖权范围涉及全国的行政机关。各部接受总统命令、指挥，受国务总理及国务总理特别委任的副总理监督。政府各部设长官（部长），长官由总统在国务委员中任命，无须国会同意。② 各部内设副部长1—2人。根据政府组织法，部下设直属机构厅。③

行政各部长官的权限包括：长官令的发布，长官有权提请、发布长官令；长官统筹管理所主管的事务，指挥、监督所属公务员和有关地方行政长官；长官有权依法决定、处理所主管的事务，也可以将所主管的部分事务委任下级机关处理。长官就所管事务，对地方行政长官履行指挥、监督功能。

各部设1名长官和1名次官（企划财政部、科学技术信息通信部、

---

① 《政府组织法》行政各部，https://www.law.go.kr/LSW/lsInfoP.do?efYd=20220101&lsiSeq=225467#0000。

② 大韩民国长官，https://namu.wiki/w/대한민국의%20장관．

③ 《政府组织法》第2条。

外交部、文化体育观光部、产业通商资源部、保健福祉部、国土交通部设2名次官)。① 各部长官均为国务委员，次官为政务职。

各部长官有很高的法律和政治地位。在总理因故缺位不能履行职责时，各部长官可代行总理权限。根据《政府组织法》规定，总理因故不能履行职务时，按照兼任副总理的企划财政部长官、兼任副总理的教育部长官顺序代理职务；国务总理和副总理均因故不能履行职务时，由总统指名的国务委员代理职务；没有指名时，则根据《政府组织法》第26条第1款规定的顺序由国务委员代理职务。②

文在寅政府共设有18个行政部，分别是：企划财政部、教育部、科学技术信息通信部、外交部、统一部、法务部、国防部、行政安全部、文化体育观光部、农林畜产食品部、产业通商资源部、保健福祉部、环境部、雇佣劳动部、女性家庭部、国土交通部、海洋水产部、中小风险投资企业部。企划财政部主要负责统筹制定和调整国家经济政策；教育部负责人力资源开发以及学术事业与研究开发等事务；科学技术信息通信部负责统筹基础科学研发以及科技发展事务；外交部负责外交事务；统一部负责制定统一政策及韩朝对话与交流合作事务；法务部负责对指挥监督检察机关及刑罚执行、出入境管理等与法务相关的事务；国防部主要负责与国防相关的军政、军令及其他相关事务；行政安全部负责公务员人事管理及福利、政府组织、地方自治团体管理、国家治安、灾难管理与预防等事务；文化体育观光部负责文化艺术、海外文化宣传及旅游等事务；农林畜产食品部负责粮食、农产品流通及畜产、城市和农渔村链接相关事务；产业通商资源部负责培育新产业、中小企

---

① 《政府组织法》第26条。
② 《政府组织法》第22条。

业、促进地区经济、吸引外国投资等事务；保健福祉部负责儿童、老人、残疾人福利及公共医疗卫生等事务；环境部负责环境保护、防止环境污染等相关事务；雇佣劳动部负责劳动条件标准设定、职业稳定、职业训练政策制定及雇佣保险相关事务；女性家族部负责伸张女性人权、开发女性人力资源等事务；国土交通部负责制订国土综合开发计划、保护和开发国土资源等事务；海洋水产部负责制定并实施海洋水产政策；中小风险投资企业部主要负责为中小风险企业创造就业机会以及革新支援等事务。

（三）行政各部的部内机构设置

行政各部的部内机构设置有所不同。根据《政府组织法》的规定，行政各部一般下设室、局、科。中央行政机关的辅助机关，设次官（相当于副部长）、次长、室长、局长及科长。部长的辅助机关设置以及事务分工根据总统令规定，科、室设置和事务分工可由总理令或部令决定。

文在寅政府的18个部中，设厅的部有：企划财政部、法务部、国防部、行政安全部、文化体育观光部、农林畜产食品部、产业通商资源部、保健福祉部、环境部、国土交通部、海洋水产部。其中，企划财政部下设国税厅、关税厅、调达厅、统计厅，法务部下设检察厅，国防部下设兵务厅、防卫事业厅，行政安全部下设警察厅、消防厅，文化体育观光部下设文化遗产厅，农林畜产食品部下设农村振兴厅、山林厅，产业通商资源部下设专利厅，保健福祉部下设疾病管理厅，环境部下设气象厅，国土交通部下设新万金开发厅、行政中心综合城市建设厅，海洋水产部下设海洋警察厅。

各部依照部内职责、功能特点，可以设置相应类型的辅助和辅佐机构。以国防部为例，根据韩国《政府组织法》和《国防部及其所属机关职制》，国防部的职责是保卫领土安全、威慑敌国侵略，制定和改善国防法、国防体系、国家防卫计划和具体政策，获取、分配、管理国家的防卫资源，统辖国家军事及国军各部队、各部门，管理军事秩序、军事事务及与国防相关的军政军令等。① 依据这些功能和职责，国防部内部设置企划调整室、国防政策室、人事福利室、战力资源管理室和国防运营改革推进室；设军事辅佐官、部长政策辅佐官、军队结构改革推进官、国防运营改革推进官、法务管理官、监察官、企划管理官、计划预算官、信息化企划官、政策企划官、国际政策官、国防教育政策官、保健官、人事企划官、动员企划官、军需管理官、军事设施企划官、电力政策官；设立由议长主持的联合参谋本部会议，由陆军参谋总长、海军参谋总长、空军参谋总长组成成员；② 设立国军指挥通信司令部、国军医务司令部、国军情报司令部、军事安保支援司令部、国军网站司令部。为接受国防部长官有关国防政策的咨询、审议，讨论相关事项，设置由国防部长官和次官、联合参谋议长、各军参谋总长、国防部企划调整室长、国防政策室长、人事福利室长、电力资源管理室长等组成的军务会议。此外，还设立若干附属机构和直属机构，包括国防宣传院、国防大学、高等军事法院、国防部检察团、国防电算信息院等机构。

法务部的内部机构设置与一般行政部差别更大。法务部是依据

---

① 国防部，https://terms.naver.com/entry.naver?docId=1066950&cid=40942&categoryId=34709。

② 国防部，https://www.mnd.go.kr/mbshome/mbs/mnd/index.jsp。

《政府组织法》规定设置的，主管与法务、预防犯罪、检察、矫正、人权、出入境管理相关的业务，①具体包括：主管民法、刑法、商法、行政诉讼法、民事诉讼法、刑事诉讼法等基本法和有关法律法令的实施与执行，负责民事、刑事、行政诉讼及国家补偿等相关法律的解释，处理诉讼、公证事务；制定和改善检察管理规划，代表国家履行国家诉讼功能；负责未成年人保护、刑满人员保护、人权保护；管理国籍的脱离与恢复、大韩民国签证签发、在外同胞管理、滞留韩国的外国人管理及难民事务；管理机场、港口出入境审查；主持司法考试、军队法务官任用考试，国家保安司法事务报道等。

依据这些职责，法务部设置了适应不同业务性质的机构。法务部下属机构包括法务室、诉讼审议官室、检察局、犯罪预防政策局、人权局、矫正本部、出入境与外国人政策本部及企划调整室、运营支援科。在法律实施与执行方面，设立法务室分别负责不同领域法律事务：由法务室下属的法务审议官室负责民法、民事诉讼法、民事执行法、家事诉讼法等民事法律的实施与执行，由商事法务官负责商事法，由检察局刑事法制科负责刑法和刑事诉讼法的实施与执行，由矫正本部执行法院判决、负责对判刑罪犯的矫正事务。此外，法务部代表国家履行国家诉讼功能，如果国家成为诉讼当事人，根据有关诉讼法律，法务部长官为国家代表参加诉讼。

法务部内设机构与其他部最大的不同是设于部内的检察机关。作为社会正义的守护者、法律秩序的维护者，检察机关的基本任务是严惩犯罪，维护法律秩序，保护国家、国民免受犯罪侵害，为全体国民提供安

---

① 法务部，https://namu.wiki/w/대한민국%20법무부.

定生活。检察机关的主要职责是统筹、指挥犯罪调查,提起和维持公诉,进行以国家为当事人或参加人的诉讼和行政诉讼;指挥、管理、监督司法警察的调查及其他相关工作。① 由于韩国司法体系遵循大陆法,检察机构执行国家公诉权,检察官独立侦查、判断,并做出决定,承担全责。因此,虽然检察体系隶属于法务部,但检察厅与其他部内行政机关有着本质的不同,是具有准司法功能的准司法机关。检察厅虽服从法务部长官的指挥和监督,但在收集证据、行使司法权方面,检察机关按司法独立和政治中立原则独立行事,拥有较大权力。

法务部长官是检察事务的最高负责人、是各级检察机关名义上的行政首长,有权就侦查中的个案对检察总长行使指挥监督权。法务部长官对国民、国会负责,对检察总长行使办案指挥权、监督权,但具体指挥和监督检察官的是检察总长。只有检察总长有权决定是否对具体案件进行调查和起诉。但由于检察机关毕竟与法务部存在一定的行政隶属关系,因此在实际运作中难以完全避免以总统为核心的内阁行政权对司法的干预。

按照韩国《检察厅法》第 3 条的规定,在法院所在地设立检察厅。检察厅分大检察厅、高等检察厅、地方检察厅及支厅 3 级,分别与大法院、高等法院、地方法院相对应。大检察厅位于首都首尔,是最高国家检察机关,负责管理和监督其他所有检察厅的侦查与运行;高等检察厅设在首尔、大田、大邱、釜山、光州 5 个城市;地方检察厅设于首尔的中部、东部、南部、北部、西部各所,及议政府、仁川、水原、春川、大田、清州、大邱、釜山、蔚山、昌原、光州、全州、济州等 18 个地

---

① 检察厅,https://www.spo.go.kr/site/spo/main.do#。

区；地方检察厅支厅设在检察厅所管辖的 41 个地区。检察厅设刑事部、公共调查部、反腐败调查部及公审、讼务等部门。

大检察厅设检察总长、检察次长、大检察厅检察官和检察研究官。检察总长负责处理大检察厅事务，总管检察机关事务，指挥和监督检察厅的公务员，管理和指挥所有检查工作。[①] 检察总长须有 15 年以上的各地方检察官经历，任期为 2 年，不得连任。

高等检察厅设检察长、次长检察官、部长检察官（为分管相关业务，检察厅内设部，因此有部长检察官）、检察官。检察官及以上职务，需要 10 年以上的检察官经历。

地方检察厅设检察长、支厅长，负责检察事务，指挥、监督所属检察官。[②] 在地方检察厅和总统令规定的支厅设立次长检察官。次长检察官辅佐所属地方检察厅检察长或支厅长。

检察官是刑事案件的公益代言人，履行公诉人职责。检察官拥有调查指挥权、独立调查与搜查权、申请拘捕权。案件在警察厅报案后，经警察厅调查询问，检察官认为涉嫌犯罪，有权查验犯罪事实和证据，有权拘留、逮捕、起诉嫌疑人，或决定终结侦查；有权指挥警方调查，或亲自进行调查。此外，根据检察一致原则，虽然检察官有服从上司命令的义务，但法务部长官或检察长实际上很少干预检察官的检察业务工作，因此检察官能够在案件的调查、起诉、公审等司法程序中发挥巨大作用。

除设立于法务部内的检察系统外，韩国还设有与法务部有业务关联，但实际上独立运行的特别检察制度。特别检察制度是韩国检察制度

---

① 检察厅，https://terms.naver.com/entry.naver?docId=566217&cid=46625&categoryId=46625。
② 《检察厅法》第 21—25 条。

中的特殊安排，主要是为了防止、避免政治势力介入高官腐败案件侦查，以及执行国会制定的特别检察官法案而实行的独立司法调查制度。特别检察制度是在财阀政治催生的权钱交易、政商勾结，政府高位公职人员违法收受政治献金等腐败要案屡屡发生的背景下开始施行的（1999年，韩国制定了首部特别检察官法）。到2018年，国会前后共成立过13个特别检察组，其中著名的有"朴槿惠国政垄断真相查明特别检察组""世越号真相查明特别检察组"。

特别检察制度与普通检察制度不同。为防止政治权力的干预和影响，特别检察的调查、起诉不由普通检察官负责，而由律师独立、自主完成调查和收集证据的工作。

根据法律规定，特别检察官的设立由国会制定特别检察官法案决定，特别检察官的人选由国会确定。在特别检察官的选任方面，国会在通过特别检察官法案后，成立由执政党和在野党相同人数参加的特别检察官推荐小组，由该小组推荐2名特别检察官人选；推荐小组推荐名单由国会报请总统决定，总统在2名候选人中选取1名担任特别检察官。特别检察官必须具备法官、检察官或律师资格，应具有丰富的法律实务经验。特别检察官的职务层级相当于高等检察厅检察长，享有检察官所有的法定职权，并有权依据检察一体原则指挥、监督所属检察官协助办案。此外，特别检察官还可以任命多名特别检察官助理，组成特别检察官调查组，具体人数由特别检察官根据办案需要自行决定。

韩国的特别检察官一般仅履行侦查职能，不是一般意义上的全权检察官。①

---

① 万毅：《韩国也有斯塔尔：特别检察官制度》，《检察日报》2015年4月14日。

文在寅政府机构设置参见图 5-1。

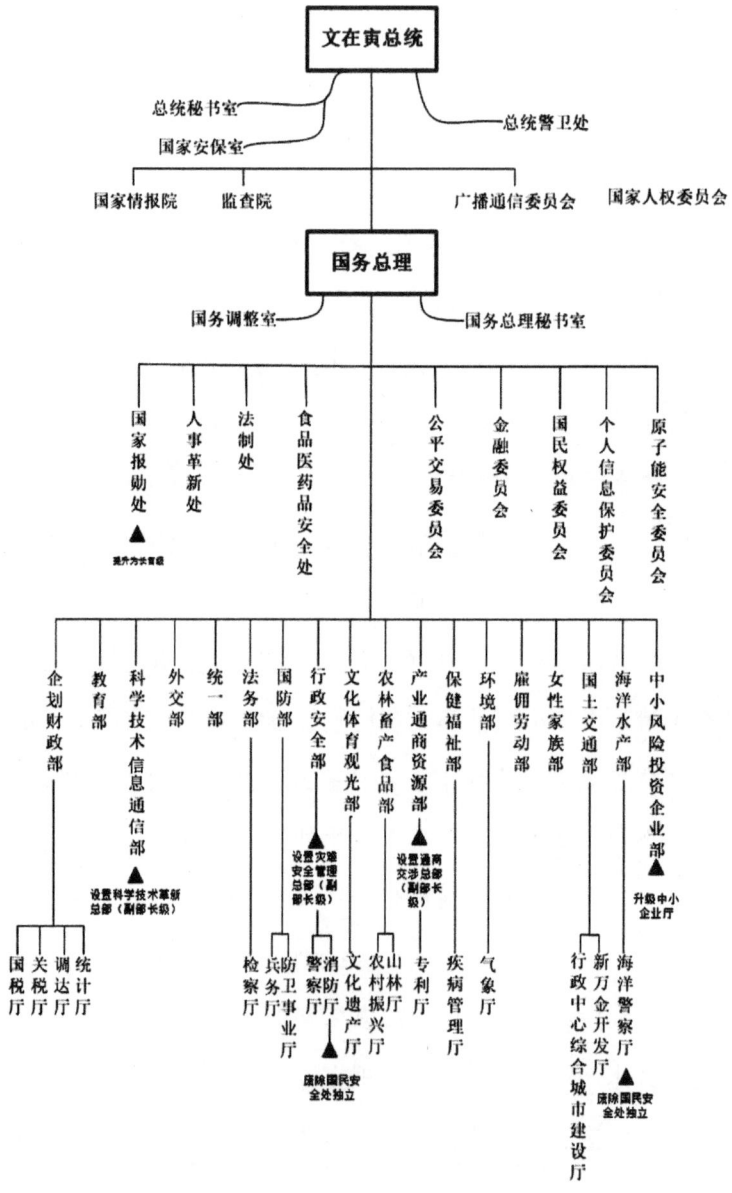

图 5-1　文在寅政府机构设置简图

资料来源：青瓦台网站，https://www1.president.go.kr/about/government-organization。

第六章

公务员制度

政府的职能在于为社会提供公共服务,增进国民福祉和公共利益。政府职能是否能够成功履行,直接与各级政府机构中行使国家行政职权、承担行政管理和执法职能的公务员的行动与思考密切相关。

根据韩国《国家公务员法》的规定,凡在政府机关,公共团体中从事公职者均称为公务员。作为韩国政治制度的重要组成部分,公务员制度是现代国家的政府人事管理制度,涉及公务员考试、任用、考绩、晋升、奖惩、退休、工资福利等有关公务员权利和义务及其管理等方面的内容。

第一节 韩国公务员制度的基本情况

1949年8月,韩国首部以西方文官制度为标准的公务员法律——

《国家公务员法》在国会通过，并于11月正式实施，自此，韩国公务员制度确立。《国家公务员法》以法律形式确立了公务员制度的民主原则和功绩制原则，公务员制度初步形成。1963年，朴正熙政府颁布新《国家公务员法》，推动了国家公务员队伍的全面整顿。1986年12月，全斗焕政府对《国家公务员法》进行修订，进一步增强了公务员的职业安全性。

一、韩国公务员制度的发展与现状

韩国公务员大都通过国家考试招录：9级为基层公务员，7级公务员多工作在检察院、国情院等政府部门。5级公务员考试难度最大，多为在高校攻读外交、行政等专业的高级人才报考，合格后在行政部门、外交部工作。通常情况下，从9级晋升到6级公务员大约需要20年时间。升为1级公务员后，则可晋级为政务职公务员。①

建立国家公务员制度以来，韩国公务员数量总体上处于稳步增长状态。1960年全国公务员尚不到20万，到1992年增至88万、1996年已超90万。目前，根据韩国行政安全部2019年公布的数据，公务员规模已达1,104,508人。② 文在寅政府时期公务员包括：经选举或国会同意方能任命的特殊资深职位132名，普通职173,727名，特定职公务员包括法官、检察官、外务公务员、警察公务员、消防公务员、教育公务

---

① 公务员制度，https://rki.kbs.co.kr/service/contents_view.htm?lang=c&board_seq=412097。
② 根据2019年数据，韩国立法机关公务员4064人，司法机关17,751人，行政部1,079,516（包括教育领域359,282人、地方公务员416,210人）、宪法法院310人、中央选举管理委员会2867人。

员、军人、军务员、国家情报院职员和其他特殊领域负责业务的公务员 571,919 名；别定职类公务员 489 名。① 根据 2020 年底韩国政府革新处公布的数据，2020 年，符合《公务员养老金法》适用对象的普通公务员共计 1,221,322 名。②

几十年来，韩国公务员制度对提升公务员素质发挥了很大作用。目前，韩国公务员总体上都是受过良好教育，有着较高文化素质，大部分为有着法律、公共行政、政治学、经济学与管理学等领域知识和经验的专业人才。

二、韩国公务员制度的基本原则

公务员制度的各项规章制度由一系列的基本原则和理念支撑。这些原则和理念体现公务员制度的法律规则和实际运行的价值与精神。韩国公务员制度的基本原则主要有：政治中立、功绩制、公开考试、择优录用、身份保障原则、效率与民主等。

（一）政治中立原则

为避免公务员卷入政党竞争，影响政府工作的公正性，韩国公务员制度奉行政治中立原则。公务员不受任何党派干预，不得有任何政治倾

---

① 人事革新处官方网站，2021 年 7 月 7 日，http://www.mpm.go.kr/mpm/lawStat/infoStatistics/hrStatistics/hrStatistics03/。
② 同上。

向，不得参加任何党派活动。

韩国公务员政治中立受宪法保护。韩国《宪法》第 7 条规定，公务员是全体国民的公仆，对国民负责，为国民服务。《公务员法》第 65 条规定，公务员不得干预政党或其他政治团体的成立，不得加入任何政党或政治团体；不得在选举中做出表达支持或反对特定政党或特定候选人的行为，不得劝说诱导他人参与投票、劝说他人签名请愿、募集捐款或利用公共资源支持特定政党、特定候选人；不得劝说或反对他人加入特定政党或政治团体；不得要求其他公务员做出违反上述规定的行为，并不能因此给予其他公务员以补偿或报复惩罚。

公职人员需秉持客观、中立、超然的职业态度，是韩国现代国家公务员制度建立、发展的基本方向。公务员保持中立不是对公务员权利的压制，而是要确保政府行政的专业性与安全性。政治中立原则阐明了国家公职人员所拥有的政治权利、政治责任和职业道德。

（二）绩效评定原则

韩国现行公务员考核制度是在 1963 年颁布的《国家公务员法》基础上发展而来。

《国家公务员法》虽然经历若干次修订，但绩效原则一直没有改变，仅根据现代人事管理技术的现实需要，以及为适应公共行政管理业务范围不断扩大的实际情况，日益突出了专业性。同时，为便于公务员考核制度的具体实施和操作，韩国安全行政部又制定了《公务员绩效评定等相关规定》①《公务员评定规则》等法令，对相关内容作出更加具体的规定。

公务员的绩效原则，体现了韩国公务员制度中重视行政伦理，注重通过竞争性考试取得任职资格，以保证向政府输送专业、合格人才的理念和价值观；体现了在确保公务员专业知识、能力和技能基础上，努力克服以传统落后的裙带关系谋取职位，以个人好恶而非业绩表现评价、判断公务员能力、成就和表现等弊端，并彻底摆脱"恩赐官职制"和"政党分肥制"遗患的现代政治和人事管理的取向。

根据《国家公务员法》规定，公务员任用应根据考试结果、工作绩效和实际能力进行。《国家公务员法》第40条规定：晋升任用以工作业绩评定、经历评定以及其他经过验证的实际能力为标准；晋升1级至3级公务员及高级公务员职位的，应考虑能力、经历等因素。《国家公务员法》第41条规定：公开竞争晋升考试，仅限于5级公务员的晋升，但为保持各机关晋升机会的均衡，选出能力突出的公务员，必要时应依照《总统令》等的规定，由晋升审查委员会根据考试成绩决定合格人员。《国家公务员法》第51条规定：各机关长官应定期或随时对下属公务员的工作业绩进行客观、严肃的评定，并将结果反映在人事管理上；应根据工作业绩的评定结果，对工作业绩优异者发放奖金或给予特别晋升。

---

① 公务员绩效评定等相关规定，https://www.law.go.kr/법령/공무원%20성과평가%20등에%20관한%20규정。

（三）公开考试、择优录用原则

法律保障国民平等参与国家管理的权利，国家公共职位向所有国民开放。

为提高行政效率，在用人原则方面，公务员的录用实行严格的考试录用制度，根据公务员的考试结果、工作绩效和实际能力，择优录取；任何人不因性别、宗教及其他社会原因而受到歧视。

（四）身份保障原则

宪法和法律保护公务员的权利、地位。根据《国家公务员法》第68条，公务员非因过失及经正当法律程序不得免职、停止、降职和开除。

《国家公务员法》第46条规定，公务员依法享有获取工资收入的权利。公务员薪酬根据职位高低、工作难度、责任大小，按照级别、职位或职务进行确定；公务员的薪酬根据一般生活费、物价水平标准，尽可能保持与私营部门工资相同水平。第52条规定，为提高公务员工作效率，中央人事主管机关对公务员的保健、休养、安全、福利等必要事项制定有相应的标准，并按此标准执行。

对于侵权行为，根据《国家公务员法》的规定，公务员可以通过自己的工会组织，同政府进行谈判，要求增加工资或待遇，维护自己的利益，或者通过申诉制度，以及行政诉讼程序，进行救济。《国家公务员法》第76条对公务员苦衷处理做出相关规定，对于公务员申诉事项，应经过苦衷审查委员会审查等程序,并根据审查或咨询的结果为其解决苦衷,尽可能做到公正处理,确保公务员可以就个人的人事、组织、待遇等各种相关问题进行人事咨询或者进行申诉,并不得因此受到不公正处分或待遇。

《国家公务员法》规定:政府应依法实施必要措施,保护公务员福祉和利益,实行社会保障。根据《国家公务员法》第77条的规定,公务员遭遇患病、受伤、残疾、死亡等,应依照法律规定,向本人或其遗属支付适当补助。

第二节 公务员的权利与义务

作为执掌国家公权力的行政运营执法主体,公务员的权利是否能够得到充分保障,其义务是否明确,直接影响公务员的士气、态度与工作热情,直接关系到政府行政的公正性与效率,直接决定着国民的福祉和国家发展。同时,公务员的基本权利与义务,既是公务员作为公民而应当具有的普遍、根本的法律义务和权利,是公务员与国家之间公职法律关系的基础,也是其在法律地位上区别于普通公民的主要标志,是国家和社会监督和评价公务员的主要依据。

公务员权利义务规范是公务员制度的核心组成部分。公务员的权利义务受国家的传统文化、政治体制、法制状况等因素的影响和决定,直接反映公务员与国家间关系以及公务员在国家政治生活中的地位。有关公务员权利义务的规范以法律形式予以确定。韩国《国家公务员法》

对公务员权利与义务在法律上予以明确保障,具有重要意义,对公务员恪尽职守,履行义务具有促进作用。

一、公务员的权利

与普通公民不同,公务员是国家公权力的行使者,履行特殊义务。与义务相对,公务员同时拥有特殊权利。公务员权利是公务员主体意志和要求的体现,公务员为政府、为国民服务,维护社会秩序和稳定,其权益受国家和法律的保护和保障。

韩国公务员制度通过多种形式确保公务员的权利不受侵害,这不仅有利于公务员群体整体利益的维护、实现和发展,更利于充分发挥公务员的政治积极性,有助于推动国家政治生活的正常化展开,政府有效运行、国家和政府政治建设的稳定发展。

韩国公务员的权利主要包括以下内容。

身份保障权利。经历职公务员,拥有身份保障权、官职拥有权、执行职务权,以及不受休职、降职、免职的权利。根据《国家公务员法》第68条的规定,公务员除非被处以刑罚、受到惩戒处分,否则不得违背其意愿,进行休职、降任或免职;处分公务员,须将处分的原因和事实通知受处分的官员,并允许后者向所属部门负责人提出申诉为自己辩护。同时,公务员还拥有职名使用权、制服着用权等权利。但特殊经历职公务员,不享有这些身份保障权利。

财产经济权利。主要是指经历职公务员在工资、年金、公务灾害补偿、费用报销等方面拥有法定权利。

苦衷申述权利。如果公务员在身份和财产权利方面受到侵犯、侵害,可通过申诉、行政诉讼等方式进行权利救济。韩国专门设立公务员苦衷处理机关,包括中央苦衷审查委员会和苦衷审查委员会。根据苦衷审查制度,公务员在自身正当利益受到侵犯、工作遇到不良条件、未得到必要灾害补偿和正常工资或者个人遭到不公正待遇等情况时,可向苦衷审查委员会提出申诉。

二、公务员的义务

《国家公务员法》第56—63条内容对公务员必须履行的义务进行了具体规定。这些义务主要包括:第一,诚实的义务。所有公务员都应遵守法律,认真履行职务。第二,服从的义务。公务员在履行职务时,应服从所属机关上级下达的职务命令。第三,禁止擅离工作岗位的义务。公务员未经机关首长批准或无正当理由,不得擅离工作岗位。第四,亲切、公正的义务。作为全体国民的公仆,公务员在履行职务时应保持亲切、公正。第五,宗教中立的义务。公务员履行职务时不受宗教歧视。第六,严守保密义务。公务员在职期间、退职后都应严格保守因职务而知悉的秘密。第七,清廉的义务。公务员不得利用职务直接或者间接地给予或接受酬谢金、馈赠,不能接受与工作有关的宴请、款待。无论职务上是否有关联,公务员均不得向上司赠送礼品,也不得接受下属馈赠礼物。第八,保持尊严的义务。公务员必须爱惜荣誉,保持尊严,维护自身诚实、公正的形象。

公务员被禁止的行为包括:第一,公务员禁止从事营利性工作,并被限制兼职。《国家公务员法》第 64 条规定，公务员不得从事除公务以外的、以营利为目的的工作；未经所属机关首长批准，不得兼任其他职务。第二，禁止参加政治运动。《国家公务员法》第 65 条、第 66 条规定，公务员不得干预政党或其他政治团体的组成，不得加入任何政党或其他政治团体组织；不得在选举中做出下列表达支持或反对特定政党或特定人选的行为：（1）禁止动员、劝说他人投票或不投票；（2）禁止举办试图或主持签名运动，或劝说他人参加签名运动；（3）在公共设施等处放置或指示他人放置文件或书籍；（4）禁止募集或指示他人募集捐款，任何人不得利用或指示他人利用公共资金；（5）禁止劝说他人加入或不要加入政党或其他政治团体。第三，禁止集体行动，公务员不得从事劳工运动及与其公务责任无关的集体行动。

第三节　公务员的分类

韩国的公务员根据所属政府层级，即依据《国家公务员法》和《地方公务员法》，划为国家职（中央政府）公务员和地方职（地方政府）公务员；如果根据公务员的职位和级别划分，则可分为经历职公务员和特殊经历公务员。经历职公务员主要包括通常意义上的文官以及法官、检察官、教师、军人等在内的特定职公务员；特殊经历公务员则主要包括政务职公务员和别定职公务员等。

目前，大部分国家公务员均搬迁至韩国行政首都世宗特别自治市办公。[1]

一、公务员职位和级别

1949 年颁布的《国家公务员法》确立了职位分类制度，之后曾经参考旧官僚等级制度并进行适当修改，实行过品位分类制度，但 1963 年实施的《国家公务员法》规定，重新实行职位分类制度，并于同年 11 月颁布了《职位分类法》（1973 年被废除）。1981 年，修改后的《国家公务员法》颁布了实施细则，规定重新实施职位分类制度。韩国完善的职位分类制度为其公务员在招聘、考试、录用、考核、晋升、退休等方面提供条件，推动人事管理制度的专业化和科学化发展。

根据相关规定，公务员依其所属政府层级，划为中央政府公务员和地方政府公务员，中央政府公务员是由中央政府机关选拔录用负责处理全国性事务的公务员，地方政府公务员是由地方政府机关选拔录用负责处理地方事务的公务员。公务员还可依其所属部门的性质，划分为行政部门公务员、立法部门公务员和司法部门公务员三大类；根据公务员所承担的公务职业，可分为经历职公务员和特殊经历职公务员两大类。

---

[1] 世宗特别自治市是韩国新建的行政首都。自 2012 年起，政府机关陆续从首尔迁移至此，2014 年完成迁都。截至 2021 年底。已有 45 个中央行政机关及其所属机关、15 个政府出资科研机构以及其他 9 个公共部门搬至世宗市。韩国国务总理官邸也迁往该市。

二、经历职公务员

《国家公务员法》第 2 条规定，经历职公务员即职业类公务员。经历职公务员根据本人实际工作能力、资格、资历任用，身份和职位享有制度保障，直至退休。韩国多数政府官员属于经历职公务员。

经历职公务员分为一般职公务员和特定职公务员及技能职公务员。一般职公务员主要指为执行国会或政府通过的法案而负责技术、研究、咨询或一般性行政业务或行政工作的公务员，即通常意义上的文官。《国家公务员法》规定适用于所有一般职公务员。特定职公务员主要指包括法官、检察官、外交公务员、警察公务员、消防公务员、教育公务员、军人、宪法法院宪法研究官、国家情报院职员，以及负责特殊领域工作的公务员。此类公务员工作性质差别很大。每一个类公务员都由相应的专门法律对其录用、分类和薪酬待遇进行规定。技能职公务员则是指主要从事简单技术工作或体力工作的公务员。

《国家公务员法》第 4 条规定，除高级公务员外，一般职公务员分职群（职务性质类似的职列群）、职列（与职务种类相似，但责任与难易程度有所不同的职级群）和职类。韩国公务员职位划分共有 15 个职群、59 个职列、107 个职类。

一般职公务员的级别共分为 9 级，最高级别为 1 级公务员、最低为 9 级公务员。5 级以上公务员，主要指从事研究和指导工作的高级研究官员，由总统根据有关部、处的长官推荐任命。6—9 级公务员由各部长官任命。

特殊经历职公务员中,政务类公务员由于通常高于副部长级,因此不单独划分级别。

三、特殊经历职公务员

特殊经历职公务员即非职业类公务员,是指除经历职公务员以外的其他公务员。录用时不需要一定的业绩、资格要求,其身份和地位不受公务员法保护(但保障一定的工作期限)。

特殊经历职公务员主要分为政务职公务员、别定职公务员、合同制公务员以及雇用制公务员。政务职公务员的产生方式主要包括:通过选举产生;经任命,由国会同意产生。

政府高级政务职公务员,诸如总统、国会议员、地方自治团体长、地方议员、监查院院长、国务总理、大法官、宪法裁判官、中央选举管理委员会的常任委员与事务总长、国会事务总长、监查院事务总长、中央政府各部长官(部长)、次官(副部长)、处长、厅长、国家情报院院长和副院长、国家安全保障室室长、总统秘书室室长等,由法律或总统令确定。

别定职公务员是指工作性质特殊、负责履行特定职责的公务员,其录用标准不同于经历职公务员,其录用条件、任用程序等相关规定由《国会章程》《大法院章程》《宪法法院章程》《中央选举管理委员会章程》或总统令确定,包括秘书官、秘书、国家情报院计划和协调办公室主任等负责辅佐业务类的公务员。

合同制公务员是指以合同方式雇用、从事专业工作的公务员,包括

175

技术专家和其他根据合同在政府工作的专家。

雇用制公务员是指在政府部门从事体力劳动的公务员。

四、国家公务员与地方公务员

根据公务员所属政府层级,依据《国家公务员法》和《地方公务员法》,公务员还可以划分为国家职公务员和地方职公务员。参见表 6-1。

表 6-1　韩国国家职公务员和地方职公务员概况

概况	国家职公务员	地方职公务员
公务员人数占比	66.9 万(占 61.6%),其中教师最多	39 万(占 36%)
法律依据	《国家公务员法》	《地方公务员法》
人事任用权	总统、所属长官	地方自治团体长
公务员薪金财政来源	国家公费	地方公费
举例	中央行政机关公务员, 特别市、广域市、特别自治市的行政副市长, 道、特别自治道的行政副知事, 道教育厅的副教育监等	大部分地方自治团体的公务员

资料来源:作者自制。参见《韩国公务员制度》,https://rki.kbs.co.kr/service/contents_view.htm?lang=c&board_seq=412097。

第七章

政党制度

政党是现代政治中的重要主体,政党政治是现代民主政治的核心。一个国家政党的性质、政党的数目受该国法律规定以及长期的政治实践影响,并形成相对固定的结构模式。作为近代西方政治发展的产物,政党在现代政治中扮演重要角色、发挥着重要作用。

韩国《宪法》《政党法》及相关法律,对政党做出的相关规定构成了韩国的政党制度。政党制度是有关政党在国家政治生活中的地位和作用,政党与国家政权关系的制度、惯例与规范的总称。

第一节 韩国政党与政党制度

韩国《宪法》规定,韩国实行多党制,国家确保政党政治的民主原则;政党可以自由成立,国家保障政党成立之自由,但政党成立的目的、组织与活动必须符合民主原则,并遵循《政党法》《政治资金法》《公职选举法》等法律的约束与限制;政党依法享受国家保护,国家根据法律对政党运营予以必要的资金支持;政党如违反民主基本秩序,政府有权向宪法法院提请诉讼,并根据宪法法院的审判,予以解散。

一、韩国政党的起源与变迁

韩国历经朝鲜王朝的封建统治、日帝时期的殖民统治,解放后又陷入朝鲜半岛南北分裂局面。在这一发展历程中,韩国社会既积累了大量阶级矛盾、民族矛盾、地域矛盾,以及美苏对立、冷战对抗等各种矛盾、分歧与冲突,也形成了相应的政治集团和势力,其中有些势力发展成现代政治意义上的政党。韩国社会和政治的变动,韩国社会不同政治势力、政党,在特定历史、政治、文化与社会背景下的互动,深刻影响着韩国政党政治的结构、运行和发展。

(一) 韩国主要政党的起源

在韩国政党发展进程中,最早动员劳动阶级而赢得政权的政党是共产党。1919年,"3·1"运动爆发,朝鲜半岛民族运动开始兴起。从1921年起,朝鲜出现社会主义思潮,苏联共产党的理念、组织、制度开始传入朝鲜。1925年4月,朝鲜共产党在汉城成立。1928年,共产国际为朝鲜共产党设定了未来发展方向。1946年,具有左翼倾向的政党朝鲜共产党、朝鲜人民党、南朝鲜新民党,以朝鲜共产党为中心,合并成立了以朴宪永为核心的南朝鲜劳动党（简称"南劳党"）。南劳党主张建立人民共和国，实施没收与无偿分配土地以及国有化等政策。1946年底，南劳党内部反对势力分裂，成立了以吕运亨为核心的社会劳动党（简称"社劳党"）。1947年，吕运亨遇刺身亡，社劳党解散，但党的核心势力重新组建了勤劳人民党（简称"勤民党"）。韩国建国后，勤民党被迫解散，部分势力加入曹奉岩领导的进步党。由于进步党主张社会民主主义，党首曹奉岩又因"进步党事件"被判死刑，进步党被迫解散。

1945年"8·15"光复之后，以地主、资本家为核心的韩国民主党（简称"韩民党"）成立。韩民党推举李承晚、金九、李始荣等人为政党领袖，宋镇禹为党务首席。韩民党最先标榜保守主义，对抗左翼阵营要求进行社会经济改革；积极推行美国军政政策，提出"建立民族自主独立国家""推行民主主义""遵守国际宪章、维护世界和平"等思想理念，这些思想和理念为后来韩国保守政党的政纲、政党理念奠定了基础。韩民党保守主义的价值观和理念，对韩国其他政治势力有着强大的影响。韩民党被视为保守在野党的鼻祖。继韩民党之后成立的政党，大都标榜继承了韩民党传统。

1948年，韩民党与大韩国民党合并，改名民主国民党（简称"民国党"）。民国党在几十年时间里，虽多次更改党名，组织上不断分化、重组，但党内核心人物、基本的执政理念的保守主义立场从未发生根本变化。民国党在韩国政治发展过程中发挥过重要作用。如在李承晚执政时期，民国党作为在野党对执政党自由党展开弹劾，并联合反对势力建立民主党，民主党进行的反独裁活动，最终瓦解了自由党政权。"4·19"革命后，民主党成为执政党。

1951年12月成立的自由党被视为韩国保守派长期执政势力的源头,[①] 也是在韩国存续了近20年的保守主义政党。与其他政党不同,自由党的建立并非源于社会运动或出于政治价值和理想,而是出于执政当局最大限度掌控权力的目的。自由党在李承晚执政时期,为李承晚连任策划、实施了一系列政治行动,如在1952年总统选举中,自由党制造了国会议员绑架事件、釜山政治风波、拔萃修宪案,并不断为李承晚清除异己,实际上成为李承晚长期执政的私人工具。自由党的建立及其所作所为,尽管饱受诟病,但作为最早成立的执政党,其在韩国政党史上仍具有特殊地位。首先,自由党开了执政当局以维护执政地位为目标,以执政者个人意愿和权力意志为核心,以组建执政者政党为手段,以更好地掌控权力、维持执政地位为目的的政治样式的先例。这一样式在以后韩国政党政治中多次出现,如共和党、民正党是执政当局为维护自身统治权力和实现军队参政目的而创建的政党。[②] 其次,自由党之所以在与其他政党的竞争中常常处于优势地位,根本原因在于其与政治权力中心的紧密关系;而其他政党之所以处于竞争劣势,也并非缘于意识形态或政党的社会基础差异,主要是因为与权力中心的密切程度不及自由党而已。在意识形态、价值观、政策理念等方面没有根本区别的政党之间,尤其是执政党、在野党之间,常常发生激烈的竞争和对抗,是韩国政党政治的一个引人注目的特点。

[①] 김용호, 2001. 『한국정당정치의 이해』, 파주: 나남출판, 99.
[②] 김용호, 2001. 『한국정당정치의 이해』, 파주: 나남출판, 100.

（二）战后韩国政党的发展脉络

由不同政治背景、政治势力组成的韩国早期政党组织，在韩国的政治发展进程中发挥了重要的作用。1948年，南、北朝鲜各自组建政府。韩国实行西式民主政治，但在当时国际政治背景下，所谓民主政治更多只具形式意义，本质还是独裁体制，政权长期为政治强人所掌控。执政党为赢得政权，排挤、打压其他势力及不同的意识形态、价值观和理念，控制民众的政治自由；而只有那些顺应和服从执政党的政治势力，才被允许成立政党。因此，这一体制下的在野政党，基本都属于符合执政党利益、理念的政党。

大韩民国成立后，共产党被视为不合法政党，受到驻韩美军政府的压制。除共产党外，韩国当时也建立了一些具有社会主义、社会民主主义色彩的政党。这些政党有些是由一些具有社会民主主义理念的政治人物建立的，有些是保守政治势力利用韩国公众对社会主义、共产主义理论、概念认知的模糊，有意识组建的，目的是填补共产党被取缔后留下的意识形态和政治空白，弱化左翼政治势力的影响力，压缩共产党所代表的政治势力的存在空间。社会民主主义思潮与势力虽然在韩国替代了共产党的意识形态和组织，但由于韩国选民保守倾向的日趋强烈，以及朝鲜单方面将韩国社会民主主义势力视作朝鲜的政治盟友，使得韩国的社会民主主义势力难以立足，无法取得进一步的发展。此外，由于韩国限制了劳动阶级的政治参与，以及劳动运动内部的分裂等因素，劳动大众自身也很难独立建立一个代表自身利益的政党。这也使得社会民主主义势力在共产党被取缔后，始终无法成为现实的政治力量。因此，在进步党后，社会民主主义势力在韩国始终未能形成独立的政党势力。

20世纪80年代末，随着政治转型的成功及总统直选制的实行，韩国政党环境大为改观，政党朝生夜长、数量众多、变化多端，政党围绕选举聚散离合、活动频繁、竞争激烈。韩国政党发展进入了新阶段。

二、韩国法律对政党的主要规定

韩国《政党法》对政党的成立及其运作做出基本规定。首部《政党法》于1963年1月1日正式实施，至今经过多次修订，依旧在不断完善、实施中。《政党法》内容涉及政党成立到政党消亡的整个过程，包括政党合党、入党、脱党以及与政党运营、政党活动保障等相关的规则和内容。

韩国《宪法》和《政党法》规定：政党有活动的自由；任何人均可发起、组建政党，但创立政党需有一定人数的发起人并具备一定的条件；政党的目标、宗旨及组织活动，必须符合宪法和法律规定，即政党的组织和议事决定过程必须符合民主原则；政党须在中央选举管理委员会登记注册；政党党章、党纲必须公开；自由加入或者脱离政党是每个人自由意志的体现，禁止强迫他人入党、退党，禁止1人同时加入2个以上的政党；党章必须规定政党的名称、组织构成以及其他与权力有关的事项，要对党代表、党干部的选出方式、任期、权利与义务做出相应规定。此外，《政党法》还对党员的入党、脱党程序，党内代议机关的设置与召集程序，干部会议的组成、权限及召集程序，政党财务管理，政党提名公职候选人应遵循的民主原则、程序等事项做出了规定。

第七章　政党制度

韩国《政党法》《选举法》对政党党内的相关选举规则做出了规定：政党进行公职候选人的选举必须遵守民主程序；政党必须在各自的政党党章、党内法规中，对党内公职候选人的选举、提名程序加以规定。①

2004年，韩国国会成立的政治改革特别委员会及其属下的政党法小委员会，主持通过了《政党法》第14次修正案。该修正案首次引入了党内竞争制度，②进而规定：由政党成立选举管理委员会，承担选举运动、投票与开票等方面的管理权责；选举投票与开票的相关费用由国家承担；党内选举竞争的具体程序由各政党的党内法规加以具体规定。③

2005年8月，《选举法》新增有关政党党内竞选的规定，主要内容包括：提名推荐公职候选人，必须实行党内竞选；④政党提名、推荐候选人，必须遵守民主程序；政党在推荐比例代表国会议员、比例代表地方议员候选人时，女性候选人比例须占50%以上；在排列候选人提名顺序时，女性候选人须被置于奇数位次；在选举选区国会议员和选区地方议员时，各政党所推荐的候选人人选，女性须占全国区总数的30%以上；党内竞选当事人如对选举结果不服，不能参与违反宪法的选举活动等。同时，对非党员参与政党党内选举的可能性和方式、方法等，也做出了相应的规定。

---

① 《政党法》第31条。
② 《政党法》第31条第2项、第3项。
③ 《政党法》第31条第2—6项。
④ 《选举法》第57条。

第二节　韩国政党的主要功能

政党功能是政党在政治生活中所发挥的职能和作用,它决定政党的能力和行动方向。政党功能的履行受政治制度、政党结构、政党地位等诸多因素的影响。

由于政党是通过选举争夺政治权力的政治集团,选举是政党最主要的功能。随着韩国各种公职选举的发展,包括政党利益表达与整合、政治社会化、赋予政体合法性等诸多功能的实现,都通过选举政治,特别是透过包括总统候选人、国会议员、地方行政长官等在内的各种公职选举候选人的竞选纲领、选举宣言(Manifesto)等体现和实现的。公职候选人当选后,需要兑现向选民做出的承诺,否则选民将在下一次的选举中,利用手中的选票对其失信行为作出惩罚。

一、韩国的政党概念

关于政党,马克斯·韦伯认为,政党是"通过自由招募党员基础上的社会化,其目的是通过这一方法,为该团体的领导及积极参与者谋求机会的组织,这些机会包括:实现事务的目标,或达到个人受惠,或二者兼而有之的思想或物质的机会"。① 德蒙德·伯克在 18 世纪阐述英国政党特征时,将政党视为拥有"组织化意见"的人的集合,即"人们联合起来,根据一致认同的某种原则,通过共同努力来促进国家利益的一种团体"。② 在他看来,政党是有相似信念、态度和价值观的人的集合。艾伦·韦尔将政党定义为"通过占据政府公职来对国家施加影响力,通常涵纳不止一种社会利益,并因此在某种程度上试图凝聚不同社会利益的组织机构"。③ 可见,政党是国家内以争夺政权为目标的人们聚集在一起的制度,其最终目标是争夺政治权力,掌握国家政权。

韩国《政党法》将政党定义为:政党以实现国民利益为宗旨,通过推荐、支持公职选举候选人当选,推进本党政策或主张,形成国民政治意愿,以此为目标而自发形成的组织。④ 韩国政党最本质的政治活动是选举政治,是政党通过选举赢得选票,获取权力。选举政治是政党政治的基础。

二、韩国政党的功能

政党在现代政治生活中发挥着广泛而重要的作用,是现代社会变迁的推动力。当代世界各国虽然政治体制及其发展水平不尽相同,各式各类的政党所采取的立场和秉持的理念有差异,但政党在政治参与、整合

---

① 马克斯·韦伯:《经济与社会》上卷,林荣元译,商务印书馆,1997,第 316 页。
② Edmund Burke, "Thoughts on the Causes of the Present Discontents(1770)," in Louis I. Bredvold and Ralph G. Ross(eds.), *The Philosophy of Edmund Burke*(Ann Arbor: University of Michigan Press, 1960), p. 134.
③ 艾伦·韦尔:《政党与政党制度》,谢峰译,北京大学出版社,2011,第 11 页。
④ 《政党法》第 2 条。

和表达利益诉求、监督和牵制政府、向政治系统输出政治精英、赋予政权合法性、发展民主政治等方面,都扮演了某些共同角色、履行着大致相同的职能,发挥类似的作用。

(一) 利益表达与整合

利益表达是指国民个人或集团表达的对于政治体制的要求,利益整合是指通过制定政策所进行的民意的集中。政党履行这一功能,主要通过选举方式,将国民诉求间接转达给民意—立法机关。

在现代多元、竞争的政党体制内,选民支持特定政党,主要基于对特定政党的政纲、理念、政策以及人物的认同。而政党获得选民支持,需准确把握国民多元的利益诉求,并进行整合集中,将其内容实质化、具体化,再转化为公共政策方案向国会提出,最终完成法律和公共政策的制定。

政党履行利益表达和代言功能,主要通过选举政治来实现。政党为了在选举中获胜,必须合乎民意、代表民意。一个政党如果在复杂的利益体中起到了整合与表达的作用,就能够生存和发展,反之将被淘汰。政党通过赢得选民的支持、认可,实现其维持、稳定、发展政治体制的功能和作用。

（二）政治社会化

政治社会化是人们习得其政治取向和行为模式的发展过程。[1] 政治社会化涉及政治文化的维持和变迁，是政治共同体学习政治知识和技能的过程，也是塑造社会成员政治心理和政治意识的过程。[2] 政党通过履行社会化职能，实施对国民的政治教育和启蒙；通过宣传本党政策和理念，为选民提供有关政治争议焦点的相关知识和讯息，在宣传和教育过程中，培养国民的政治判断能力，激发国民对政治的关心，提升国民的政治参与水平。

韩国政党的政治社会化功能，主要结合包括总统选举、国会选举、地方选举等选举活动来实现。政党通过选举活动动员和组织选民积极参与投票，实现国民的政治参与。此外，政党还可以通过举办各种政策说明会、听证会，来唤醒国民的参与热情和对政治议题的关注。在对相关政治焦点议题进行讨论和判断过程中，国民的政治参与热情得到激发和提升，参与能力也得到一定训练。在这一过程中，政党结合新闻媒体、政治演讲、座谈会以及示威活动等，宣传政党纲领、政策及其相关政治主张。另外，也通过成立教育机构、支持组建成人教育课堂、青年组织等，以教育方式履行社会化职能，促进国民政治参与，推动政治的民主运行。

---

[1] David Easton and J. Dennis, *Children in the Political System* (New York: McCraw-Hill, 1969), p. 7.

[2] 阿尔蒙德、小鲍威尔：《比较政治学——体系、过程和政策》，曹沛霖等译，上海译文出版社，1987，第91页。

（三）赋予政体合法性

政党通过选举获得国民主权委托，并以此来确保政权的合法性和正统性，即政体的合法性和正当性是通过政党和选举实现的。在选举过程中，政党透过政纲理念、政策立场以及选举活动等来赢得多数选民的支持，以获得执政合法性，并在一定时间内组织成立并运行政府。

政党这一功能的实现在韩国经历了漫长的发展历程。政治转型前的韩国政治长期以来一直实行权威主义政治模式，直到20世纪80年代中期为止，执政党之外的大多数政党都不具备在选举中自由竞争的条件。尽管执政党之外，体制内也有在野党，但由于真实的自由竞争条件并不具备，政体合法性无法通过真实的选举竞争和政党的轮流执政而获得。权威主义时代，执政党几乎能在所有选举中轻松获胜，这一独享稳定霸权的政党地位，不是背后选民的真正支持，而是执政党通过承诺提供金权、职位、地区发展等各种经济福利和权力获得的。

韩国真正的政党政治和选举政治直到20世纪80年代中后期才得以实现。1998年，金大中以新政治国民会议反对党领袖身份当选韩国第15届总统，产生新一届政府，首次实现了执政党和在野党的和平政权移交。这对于韩国政党政治和选举政治的进步，具有里程碑意义。金大中的胜选，标志着韩国政党政治和民主政治发展进入了新的历史发展阶段。

第七章　政党制度

（四）遴选甄补政治精英

政党的政治遴选甄补功能即政党挖掘政治新人，扩充政治人力资源，向政治系统输送政治精英的功能。这一功能主要通过推荐公职候选人和选举来实现。为确保选民支持，政党不仅会提出符合本党利益的政策，而且会推出符合选民预期的党内候选人。在各种选举中，政党通过提名、推荐本党政党领袖或国会议员候选人，争取获得选民认可以赢得选举。政党物色、推选具有政治竞争力的候选人，对政党赢得选举胜利、对党内权力的运行都具有重要意义。

通常情况下，政党履行扩充精英的职能，主要通过推选公职候选人和选举来实现。但由于韩国长期受权威主义政治传统的影响，公职候选人的推荐、提名权长期以非民主方式，为政党内部的权势人物或政党领袖操控。同时，由于实行权威主义统治，军部、官僚组织、政府对政治的掌控，事实上已经延伸到各个政党的内部，对特定政党公职候选人的推荐及选举能够发挥很大的影响力，因此政党公职候选人的推荐及选举主要是由该党之外的力量、因素影响和决定的。换句话说，扩充政治精英，主要是军部、政府、官僚组织实际掌控、操作的，政党的权限以及可供政党推举的公职候选人的范围十分有限。因此，政党的政治遴选甄补功能实质上无法得到充分的发挥和履行。

权威主义政权垮台后，政党外部影响、决定政党内部公职候选人的推荐及选举的情况基本消除。而2002年首次引入的国民参与竞选制度，进一步改变了政党领袖操控、垄断党内提名候选人的情况，党内竞争、民主选举逐步开始成为实现政党政治遴选甄补功能的真正基础和主要方式。

（五）组建、监督和牵制政府

政党在选举结束后，根据选举结果，分为多数党和少数党、执政党和在野党，分别各自履行与政府相关的各种职能。执政党组建政府，整合国民诉求，制定公共政策，履行执政和价值创造功能。在野党则通过提出批判性的政策建议，对政府实施监督和牵制。

除通过以上方式发挥功能外，韩国政党的监督和牵制功能还以特殊的方式发挥作用，而其对韩国政治的影响更显复杂。在韩国，每到总统选举、国会选举或地方选举时，就经常会有政党解散、政党重组或议员退党等现象发生。这种现象对政党有效发挥组建、牵制政府方面的职能势必带来消极影响，但同时在一定的时候，也不可否认，因打破了固化格局，反而能够起到有效发挥政党监督、制约作用的效果。韩国政党频繁的分化、重组，以及盘根错节的政党关系，对韩国的政党与政府间的互动能够发挥多方面的影响，在韩国政治和政府制度运行中有着深远的影响和作用。

（六）发展民主与调节社会矛盾

政党具有发展民主与调节、缓和社会矛盾的功能。长期以来，韩国的政治发展充满诸如阶级间、地域间、文化间、宗教间以及代际间等多种结构性矛盾，韩国政党政治在协调社会矛盾的基础上，不断发展民主，促进权威主义体制向民主化的过渡和巩固。

第七章　政党制度

　　韩国政党发展民主、调节社会矛盾的功能，主要表现在政党对民主化及其转型的参与、推动和近年来越来越积极的对地域主义政治改革等方面。

　　1987年民主化转型前，在权威主义政治体制下，政党主要通过官僚组织和军部组织发挥政党职能，这种方式造成政党制度化水平低、合法性不足，以及政党与选民联系脆弱等一系列深刻的制度性问题，韩国政党发展民主、调节社会矛盾的功能难以发挥。

　　民主化转型后，韩国政党政治尽管在有效履行政治社会化，推动社会参与、政治队伍人才甄补、监督政府等方面还存在不少问题，但在整合国民利益、改革政治、清算权威主义各种遗留问题、确立程序民主等方面，所取得的成绩却是无可争议的。

　　以解决韩国政治中长期存在的地域矛盾为例，韩国政党政治长期深受地域主义政治观念的影响，政党政治的运行、选举，很多时候是通过煽动地域主义情感、调动地域资源、获取地域主义取向的选民支持进行的。[①] 民主化转型不仅没有解决地域主义问题，反而因为政党政治的高度发展，而进一步加剧了政党之间的地域竞争，越来越多的原先本已存在的政治、经济、社会矛盾被打上了地域的标签，不同区域国民的偏见和分裂进一步加深。同时，地域偏见还造成了政治、经济、社会问题焦点的转移，干扰了问题的解决。地域主义政治的盛行在使韩国政党获得地域主义意识和偏见利益的同时，也由于地域主义妨碍了政党的政治主张在更广大范围内得到普遍的认知和接受，从而会损害政党的利益；更由于地域主义会严重影响政党提出真正重大、事关国家民族前途和命

---

① 심지연, 2004. 『현대 정당정치의 이해』, 서울: 백산서당, 136.

运、影响全体国民普遍福利和权利的议题、方案和政策主张的意愿和能力，而损害全体国民的利益和政党政治的存在价值，危害民主政治的基础。因此，近些年来，韩国在打破地域主义政治格局方面所取得的进展，对于政党维护政治稳定，维护国家、政治社会、市民社会之间的均衡发展，调节社会矛盾，发挥了积极的作用。

三、韩国政党功能的优化

政党是维护国家、政府与市民社会均衡和谐关系的重要桥梁。成功履行政党职能，需要实现政党职能的正常化、制度化和先进化。韩国在政治转型后，政党在整合国民利益、政治改革、清算威权主义的各种遗留问题和确立程序民主等方面取得了不俗的成绩，但在进一步发挥政党功能、实现政党功能优化、党内制度建设等方面，还存在一些问题。因此，如何建设能够充分发挥功能的政党，推动政党政治合理化发展，是当代韩国政党政治面临的核心课题。

在政党性质方面，相较于西方民主国家的普通党员能够充分发挥作用的大众型政党而言，韩国的政党更多呈现出以政治精英为主的精英型政党性质。直到今天，韩国政党依旧存在着过度精英化而大众化不足的问题。

精英型政党和大众型政党的重要区别之一是政党与大众的关系，而政党与公众的关系在很大程度上可以以政党筹款制度来定义。西方国家的大众型政党，在政治和财政上主要依靠大众参与。大众政党在选举中所需费用，并不依靠少数大资本、大金主的大规模献金，而主要来自大量政治支持者的小额捐款，采取的是一种最大限度地使多数人分摊小额捐款的民主性的政党财政扩充策略；因此，大众型政党的筹款政策实际上是政党政治社会化和政治动员的组成部分，政党教育、争取、影响支持者的过程，同时也是通过筹款方式，建立与支持者更紧密的政治、财务联系的过程，更是获得支持者政治支持的过程，因此大众型政党能够充分重视、注重发挥来自草根阶层的普通党员的政治作用，从中大力培养、选拔、录用、组织未来可担任政府职务、执掌权力的精英，这样就能够更好地实现政党对公众利益和意志的整合和代表功能。

与西方国家政党形成对比的是韩国政党与公众的联系相对薄弱，政党对大众的重视程度相对不足，同时，韩国政党也很缺乏对基层社会政治力量的动员和整合，甚至一些具有相当资源和实力的社会政治群体即便如工会，也难以受到政党的充分重视，使其被纳入政党政治的框架；在韩国政党的财政构成中，党费所占比重非常有限。此外，韩国选举制度的设定也过度偏重于政党精英，其具体表现就是比例代表所占比重过低。这些都说明政党对支持者的动员和组织、对普通党员的整合和管理，是相对缺乏的，这使得政党的政治社会化功能和党员在政党组织中的重要作用，难以得到更好的发挥。

在代言利益、推动社会参与方面，韩国政党也存在一些问题。政党本应秉持为国民利益代言的理念，根据社会、利益需求的多元要求而不断调整政党理念，以适应民众要求，应对社会利益多元化和社会冲突多样化的趋势。但直到今天，政党传统的地域偏见、极端意识形态偏见造成的政治对立，严重限制和阻碍了政党为国民利益代言功能的有效发挥。

在党内制度建设方面，韩国政党也面临一系列严峻的挑战。即便到了 21 世纪，韩国政党依旧未能摆脱以少数领导者为核心的中央集中的运营模式；在政党治理结构方面，也具有明显的私党化和朋党化特征，党内大佬，尤其是党首，控制、垄断了包括公职人员、地区党委员长等党内、外职务推举权在内的一系列重要权力。

  针对以上存在的问题，优化政党功能需要加强政党党内民主和政党治理的制度化建设。韩国政党需要积极实现向多数参与的大众型政党体制的转型，需要加强与社会公众的政治和组织联系，推动政党与包括工会在内的社会组织的融合，实现社会大众对政党政治更高程度的参与；需要进一步实现政党政治基础的转型，实现从地域、重要政治人物、党内派系、传统霸权为权力基础和核心的政党政治，向既能充分体现地域利益和阶层利益，同时又能够实现国民团结，以追求普遍性政策为目标的、竞争性的、多元化的政党政治的转型；需要提升地区党组织的自主性，改变中央党过度大规模中央集权倾向，实现中央党和市、道支部以及地区党之间的分权，以及政党组织体系向以地区党为中心模式的转型；在政治人才的遴选甄补、政治职位的分配等方面，需要扩大民主参与，推进党内民主，需要在党内职务和选举等各领域，进行公推制度改革，广泛引进实质性竞选制度，排除内部非民主的、中央集权型的政治惯例和陈规陋习的影响，改变公职人员候补、地区党委员长公推由政治大佬单方决定的局面。此外，还应当进一步提升政党组织和党员的科学化、专业化水平，加强政党在政治培训、专职人才培养、专业政策研究等方面的能力，提升党员专业能力，激活政党潜能。

第七章　政党制度

第三节　共同民主党与国民力量党

韩国政党众多，但政治影响力较大、在国会内拥有席位的政党为数有限。2020年4月选出的第21届国会（2020年5月30日至2024年5月29日）的共300个议席中，共同民主党及其外围政党共同市民党共获得180个议席（包括163个选区议席和17个比例代表议席），最大的在野党未来统合党及其外围政党未来韩国党共获得103个席位（未来统合党84席，未来韩国党19个比例代表议席）。除这两大党外，还有正义党6席、国民之党3席、开放民主党3席及无党派5席。[①] 可以看到，尽管国会内呈现7党格局，但真正发挥影响力、拥有交涉团体资格的，只有共同民主党和国民力量党。[②] 可以说，韩国的政党体制实际上是多党制度下的两党制。韩国主要政党情况参见表7-1；韩国第21届国会内各政党的议席分布情况，参见表7-2。

---

① 第21届国会议员选举，https://namu.wiki/w/。
② 国民力量党，前身为未来统合党，2020年9月更名为国民力量党。

表 7-1　韩国主要政党情况（截至 2022 年 2 月）

政党名称	创立年份	党员数量	党费收入（韩元）	国会议员数	地方议员数	地方首长数	备注
共同民主党（党代表宋永吉）	2014	4,053,466（2020年12月）	26,256,821,174（2020年1—12月）	172	广域议员：636/824；基础议员：1615/2927	广域团体长10/17；基础团体长152/226	2015年12月，将原新政治民主联合更名为共同民主党
国民力量（党代表李俊锡）	2020	3,489,924（2020年12月）	3,519,260,000（2020年4月）	106	广域议员：148/824；基础议员：1047/2927	广域团体长4/14；基础团体长58/226	2020年9月2日原未来统合党更名为国民力量
正义党（党代表余永国）	2012	53,080（2020年12月）	4,811,000,000（2020年12月）	6	广域议员：11/824 基础议员：24/2927	0	2013年7月21日将原进步正义党更名为正义党
国民之党（党代表安哲秀）	2020	16,023（2020年12月）	（缺失）	3	广域议员：2/824；基础议员：7/2927	0	2020年2月23日创立，中道右翼政党
基本所得党（党代表申智惠）	2020	19,879（2020年12月）	（缺失）	1	0	0	2020年1月19日创立，中道左翼政党

续表

政党名称	创立年份	党员数量	党费收入（韩元）	国会议员数	地方议员数	地方首长数	备注
时代转换党（党代表赵廷训）	2020	6945（2020年12月）	（缺失）	1	广域议员：1/824；	0	2020年2月6日创立

资料来源：作者自制。

注：1. 本表依据 2022 年 2 月国会议席数制作。

2. 表内各政党相关数据，均依据各党百科内容介绍：

共同民主党，https://namu.wiki/w/더불어민주당；

国民力量党，https://namu.wiki/w/국민의힘；

正义党，https://namu.wiki/w/정의당；

国民之党，https://namu.wiki/w/국민의당；

基本所得党，https://namu.wiki/w/기본소득당；

时代转换党，https://namu.wiki/w/시대전환。

第 21 届国会（2020 年 5 月 30 日至 2024 年 5 月 29 日）的共 300 个议席中，共同民主党及其外围政党共同市民党共获得 180 个议席（包括 163 个分区议席和 17 个比例代表议席，参见表 7-2）。

表 7-2 韩国第 21 届国会内各政党议席数

	总议席数		合计	备注（比率）
	选区议席	比例代表议席		
共同民主党·共同市民党	163	17	180	60%
未来统合党·未来韩国党	84	19	103	34.3%
正义党	1	5	6	2%
国民之党	0	3	3	1%

续表

	总议席数		合计	备注（比率）
	选区议席	比例代表议席		
开放民主党	0	3	3	1%
无党派	5	0	5	1.7%

资料来源：作者根据2020年4月15日选举结果制作。

一、共同民主党

共同民主党（简称"民主党"）是韩国执政党（截至2022年5月），也是现任第21届国会院内第一大党。2022年党员超过350万。[①] 共同民主党旨在努力发展民生经济、清算政治积弊，倾听国民心声，完成时代任务。

共同民主党可以追溯至1955年成立的民主党（党代表申熙翼、曹炳玉），1961年朴正熙军事政变后解体，但随后在朴顺天领导下再次崛起。此后不断演变、组合，历经1965年民众党、1966年新韩党、1967新民党、1985年新韩民主党、1987年统一民主党、和平民主党，1991年民主党、1995新政治国民会议、2000年新千年民主党、2003年开放的我们党、2007年中道改革统合新党、中道统合民主党、大统合民主新党，2008年统合民主党、民主党，2011年民主统合党等阶段。2014年与以安哲秀为中心的新政治联合合并后，更名为"新政治民主联合"。2015年12月党名正式更改为共同民主党。2020年5月第21届国

---

① 共同民主党，http://theminjoo.kr/main.do。

会议员选举后，共同民主党吸收、合并了卫星政党共同市民党，2022年1月迎入合并了开放民主党。由该党产生的总统有金大中、卢武铉、文在寅。

（一）共同民主党的成立与发展

共同民主党将1955年创建的民主党视为起源，且每年举行建党纪念活动，旨在强调民主党历史性。不过，从政治理念的继承视角，共同民主党更愿意承认源于金大中总统1987年创建的和平民主党、1995年创建的新政治国民会议，以及以卢武铉总统为代表民主界人士1991年创建的民主党。

1955年9月，反对李承晚势力的大联合政党——民主国民党改组并更名为民主党。1961年2月，因尹潽善总统所代表的民主党旧派势力与张勉总理代表的民主党新派势力矛盾激化，民主党内部分裂，旧派改称新民党，新派沿用民主党名称。1961年，朴正熙发动"5·16"军事政变后，民主党被迫解散。

1963年7月，女性政治家朴顺天重建民主党。1964年，民主党与尹潽善组建的民政党联合，成立民众党。1967年，尹潽善将其更名为新民党。新民党在朴正熙第三共和国时期，成为最大在野党（执政党为朴正熙所在的民主共和党）。1974年，金大中当选新民党总裁。朴正熙被暗杀后，1979年12月12日，全斗焕发动"12·12"军事政变，新民党和民主共和党均被解散。

1985年，金泳三、金大中及其支持势力联合在野势力创建新韩民主党，新韩民主党在第12届国会选举中成为主要在野党。后因党总裁李敏雨与金大中、金泳三意见分歧，新韩民主党分裂，以金大中、金泳三为代表的原党内主流势力派组建统一民主党，其余势力则组建韩国国民党。

1987年"六月抗争"以后，卢泰愚迫于压力发表"民主化宣言"，承诺修宪，进行民主化改革。为筹备第13届总统大选，统一民主党一分为三：金大中组建和平民主党·新民主联合、金泳三组建统一民主党、金钟泌组建新民主共和党，三党在国会议员选举中均取得胜利，韩国政坛首次出现"朝小野大"局面。1990年2月，为摆脱"朝小野大"不利局势，时任总统卢泰愚领导其所在的民主正义党（民正党），与除金大中的和平民主党之外的金泳三的统一民主党、金钟泌的新民主共和党（共和党）进行合并，重新组建了民主自由党（民自党）。

1995年，因被民主自由党排除在外而被迫退出政坛的金大中重返政坛，组建了新政治国民会议。1997年，金大中联合在野的金钟泌势力，建立自由民主联合，并在大选中击败大国家党候选人李会昌，当选为韩国第15届总统。

为筹备第16届（2000年1月）国会选举，著名前国会议长李万燮等政治人物决定以新政治国民会议为核心组建新的政党，并通过迎入各界有影响人士的方式，扩大党的规模和实力，争夺国会席位。2000年初，新千年民主党正式宣布成立。新千年民主党成为仅次于大国家党的第二大政党。

2003年9月，47名新千年民主党和5名大国家党改革派议员，退出了各自的政党，在国会成立了国民参与统合新党交涉团体，并于11月将其更名为开放国民党。该党在卢武铉遭国会弹劾后，声援卢武铉，反对弹劾，支持率迅速攀升，在第17届（2004年）国会选举中一跃成为国会第一大党。国会选举获胜不久,开放国民党因党内构成复杂及在地方选举中接连败选,迅速分裂,党员纷纷退党。

2007年8月,61位开放国民党议员宣布创建大统合民主新党。大统合民主新党随后与执政的开放国民党联合,成为国会内拥有最多议席的第一大党。2008年2月,大统合民主新党和民主党合并成立统合民主党。2011年12月18日,由民主党、市民统合党、韩国劳动组合总联盟等进步阵营政党,合并组建民主统合党。2013年5月4日,民主统合党恢复民主党党名。

2014年3月26日,为迎战新一届的选举,民主党与安哲秀刚成立的新政治联合合并,组建新政治民主联合。2015年,文在寅当选新政治民主联合党魁后,将政党更名为共同民主党。在2016年的第20届国会选举中,共同民主党超过当时的执政党新国家党,成为国会第一大党。

(二) 共同民主党的政策纲领与组织

共同民主党党纲规定:共同民主党以政党纲领为基础,致力于建设正义、统一、和平繁荣的大韩民国。严格遵守道德标准,实现国家利益和政党的价值理念,为国民服务。政党所属公职人员、党职人员及党员以公益为先,以坚定的使命意识和道德观念为基础,公正廉洁地履行职责,真正赢得国民的信任和支持。

1. 主要政策主张

在政治方面,共同民主党以"公平、安全、包容、繁荣、和平"为时代的核心价值,致力于建设多元、包容、以市民为中心的政党政治、议会政治，满足市民政治参与诉求，推动议会内政党间的合作，建设人人平等的"创新包容国家"；努力消除权力腐败和权力滥用，提高公职社会的公平、正义与透明程度，建设清廉社会；政党发展以市民为根本，实现政党民主主义；积极推进政党现代化建设，实现以数字技术为平台基础的新型政党；通过政党能力建设、提升责任政府的作为担当，实现国家可持续创新经济增长，消除社会经济两极化，保护公民权利，确保国家和平与安全。

在政策方面，共同民主党对政治、自治分权与均衡发展、外交安保、南北统一、经济、科学技术、气候环境与能源、福祉、就业与劳动、教育、两性平等与社会弱势及少数者、文化艺术体育、舆论媒体、对金大中、卢武铉精神的继承等各个方面都有自己的主张。主要的政策主张包括：第一，建设公平正义的社会；第二，建设全体国民安全的社会；第三，建设包容型社会。制定包容团结的社会政策，调整、消除阶层、地区、性别、世代间的矛盾冲突。确保市民劳动权利，建设尊重劳动的社会。保障社会机会均等，使所有社会成员都能实现自己的梦想和工作。第四，以创新和包容增长方式推动国家繁荣发展。第五，实现朝鲜半岛的和平。通过推进国防改革、提升国家防卫能力，创造先进兵营文化，确立坚固的安保态势；以坚固的韩美同盟为基础，深化与周边国家及国际社会的战略合作，为韩半岛及世界和平与繁荣做出创造性、主导性的贡献；通过和平实现南北朝鲜共同繁荣的经济和平，持续稳固南北共同体基础以实现统一，致力于东亚及世界和平与繁荣的建设事业。第六，推动地方自治分权和国家均衡发展。所有国民在全国任何地方都能均等享受机会，实现最大限度的地方发展；扩大地方政府的自治立法权、自治组织权、自治财政权，为各地区的自力更生、自立发展奠定基础;推动居民自治,发展基层草根民主主义。第七,努力恢复和主动保护自然生态系统,应对气候变化。通过扩大清洁能源供应、革新能源效率、提高能源生产与消费方式,探索效率和公平性相协调的能源转换机制,建设减轻自然生态系统负担的资源循环型社会。

2. 政党的组织与结构

共同民主党的《党宪》《党规》对党的组织、结构和主要的机构做出了规定。

(1) 党员资格

截至 2022 年,共同民主党党员规模已超过 400 万人,[1]其中权利党员超过 70 万人(依据党员是否缴纳党费,将党员分为普通党员和权利党员。普通党员是只要提交入党申请即可加入的党员;权利党员是根据《党规》规定每月须缴纳 1000 韩元以上党费的党员,其中,在一定时期内一直保留党籍,且从未拖欠过党费的党员被称为"百年党员"[2],权利党员被赋予各种选举的选举权及被选举权,在党职、公职选举中有机会获得政党的推荐,相对于普通党员有更多优惠。[3]

《党宪》规定了入党、退党、复党等必要事项。《党宪》第 4 章规定:18 岁以上国民,除公务员或私立学校教员外的任何人,如没有因身份受到其他法令规定禁止加入政党或进行政治活动,认同共同民主党的纲领、基本政策,均可根据党规规定的程序申请成为党员;党员的管理由中央党和市、道党负责。

根据《党宪》《党规》规定:除在选举期间外,政党随时都可以招

---

[1] 以 2022 年为准,共同民主党党员超过 4,053,466 名,权利党员 704,656 名。共同民主党,https://namu.wiki/w/더불어민주당。
[2] 共同民主党,https://theminjoo.kr/introduce/rule/regul。
[3] 共同民主党《党宪》第 5 条。

募党员。党宪对党员入党的资格条件要求相对宽松,入党程序相当简便。申请者申请入党,须在网上提交申请或填写入党申请书,通过邮寄或传真方式发送至市、道党部;党部须在14日内对入党申请书进行处理,逾期未处理,则视为已允许申请者入党;申请者名字被录入党员名簿,即意味着其党员资格正式生效;因性犯罪被除名的人,以及申请参加公职选举的候选人,因不服党内决定而退党参选的人,不得复党。

(2) 党员的权利与义务

《党宪》第6条规定了党员的权利和义务。

党员权利主要包括:(1) 党职选举、公职选举候选人的选举权和被选举权,但被选举权只赋予权利党员;(2) 参与党的政策立案、议事决定的权利;(3) 参与党组织活动的权利;(4) 获得关于政党活动相关资料及宣传品,并提出意见的权利;(5) 党员权利受侵害时,获得救济的权利;(6) 要求传唤选举职务人员的权利;(7) 对党内重要政策及决定,申请投票的权利;(8) 对党的政策立案或《党宪》《党规》修改事项提出议案的权利。

党员义务主要包括:(1) 遵循政党纲领和基本政策的义务;(2) 遵守《党宪》《党规》、党论和党名①的义务;(3) 支持党内推荐的公职选举候选人的义务;(4) 遵守党规伦理规范的义务;(5) 接受党内教育、训练的义务;(6) 缴纳党规规定的党费的义务(只适用于权利党员);(7) 要求就党的重要政策、决定及特定事项展开讨论的权利。此外,党员还有认真实践伦理规范,在日常生活中树立榜样;尊重国民,以赢得人民信任为己任,行为方式要稳重而深思熟虑;党员之间应彼此

---

① 共同民主党《党宪》第6条。

尊重和信任，在党的发展事业中相互合作，① 以及承担在国家危机或国家灾难发生需要社会自我约束时，不得做出投机、娱乐、海外旅行等行为或其他可能伤害国民感情行为的义务。②

(3) 政党的组织机构

政党的组织结构是政党系统内部各构成部分及彼此之间的关系组合，是政党存在的前提和组织职能发挥的载体。政党通过组织机构的运行实现政党的政纲、政策和目标，完成政党的使命。

《党宪》规定，共同民主党是由党员及支持者组成的国民网络政党。共同民主党设有中央党，在首尔特别市、广域市、道及特别自治市、特别自治道设市、道党；中央党与市、道党上下分层明晰，按分权原则各自独立，实行党内民主；中央党不直接领导市、道党，下级党组织亦无须对上级党组织负责，中央党对市、道党无直接、严格、强制服从的权力。③

全国代表大会是共同民主党中央党的最高权力机构。全国代表大会由党代表组成，选举产生中央委员会、党务委员会和最高委员会。市、道党设有市、道党代议员大会，市、道党常务委员会，市、道党运营委员会，市、道党事务处。中央党设有发言人，事务总长，政策委员会、法律委员会、对外合作委员会、宣传沟通委员会、战略企划委员会，国家经济咨询会议、外交安保统一咨询会议、中央党自治分权政策协议会、世界韩人民主会议、民生联席会议、青年未来联席会议，以及若干

---

① 共同民主党《伦理规范》第2—5条。
② 共同民主党《伦理规范》第12条。
③ 在广域地方团体设市、道党，具体地：首尔市党、釜山市党、大邱市党、仁川市党、光州市党、大田市党、蔚山市党、世宗市党、京畿道党、江原道党、忠清南道党、忠清北道党、全罗北道党、全罗南道党、庆尚南道党、庆尚北道党、济州道党。

其他相关委员会（包括善治地方政府委员会，党宪、党规、纲领、政策委员会，常设与非常设特别委员会，预算决算委员会，财政委员会，跨文化委员会，人权委员会，社会经济委员会，全国农渔民委员会，全国劳动委员会，全国残疾人委员会，全国大学和委员会，全国青年委员会，全国老人委员会，全国女性委员会等）。此外，中央党根据党的任务需要，还设置有伦理审判院、党务监查院、秘书室、国际委员会、选出职公职人员评价委员会、中央党后援会以及民主研究院等机构。

中央党的全国代议员大会（简称"全代会"）是代表全国党员的党的最高机关，每2年召开1次，设有议长1位、副议长2位。全代会代表包括党代表、最高委员、常任顾问和顾问、党务委员、中央委员、党所属国会议员、政策研究所负责人，中央党全国委员会、常设委员会、常设特别委员会委员长（级）和副委员长（级）的政务职委员，市、道党委员长、党所属地方自治团体长、党所属地方议会议员等。全代会的规模，按照大会召开日前3个月内，根据地区或学校均衡分配原则，以每10位权利党员分配1名的比例确定。全代会的主要职能包括：制定及修改党章，采纳、修改党的纲领及基本政策，选举产生党代表和最高委员，表决政党的合并、解散等重要事项。①

中央委员会在全代会因故无法召开时，根据政党法行使全代会权限。作为全代会的受任机关，党的中央委员会由800名以内的委员组成，包括党代表，院内代表，最高委员（5人），国会副议长，全代会议长及副议长、常任顾问，党务委员，全国委员会委员长、秘书长，政策委员会主席，政策研究所所长，中央党常设委员会及常设特别委员

---

① 共同民主党《伦理规范》第16条。

会委员长，事务处下属委员会委员长，发言人，秘书室室长、市、道党委委员长，党所属国会议员，地区委员长，党所属市、道知事及市、道议会议长，党所属区厅长、市长、郡守，各市、道党推荐的基础议会议长，市、道党事务处处长。除以上成员外，还包括全国职能代表会议和全国妇女委员会推荐的中央委员（20名以内）。[1]

党的中央委员会权限主要包括：处理全代会委任或提交事项；审议、表决提请全代会的议案，审议、表决预算、决算案，处理党务委员会提请的案件，选举议长和副议长，投票决定比例代表国会议员候选人的推荐排名，以及处理其他重要党务，行使《党宪》《党规》赋予的其他权力等。[2]

二、国民力量党

国民力量党是韩国保守、偏右翼的政党，截至2022年5月为韩国最大在野党。

（一）国民力量党的成立与发展

国民力量党的历史最早可以追溯到1963年成立的民主共和党。1961年，朴正熙发动"5·16"军事政变。1963年2月，朴正熙军政府二号人物金钟泌受日本议会政治影响，决定创建民主共和党，并引入中

---

[1] 共同民主党《伦理规范》第19条。
[2] 共同民主党《伦理规范》第20条。

央党、事务处等近代政党组织形态。同年8月,民主共和党成立,朴正熙出任党总裁,并持续连任。民主共和党是韩国宪政史上以同一党名存续时间最长的政党(1963年2月至1980年10月)(共存续17年零8个月),是韩国保守政党的鼻祖(被视为保守政党代言人的大国家党成立于1997年11月)。1980年10月,民主共和党被解散。

朴正熙遇刺身亡后,1981年1月,军部改革势力主导创建了由全斗焕出任总裁的民主正义党(民正党)。原民主共和党的大多数成员加入了民主正义党。1981年2月,全斗焕以总统候选人身份通过间接选举,当选第12届总统,民主正义党成为第五共和国时期的执政党。

1990年2月,民主正义党卢泰愚为稳定政治局势,联合统一民主党总裁金泳三、新民主共和党总裁金钟泌协商实现了3党合党,组建了民主自由党(民自党),卢泰愚任总裁,金泳三、金钟泌任代表最高委员。1995年12月,金钟泌派系退党,金泳三为清理党内残余,将党名改为新韩国党,金泳三任新韩国党的第一任总裁。

1997年11月,为筹备第15届总统大选,新韩国党与在野党统合民主党合并,组建大国家党。大国家党在筹备2002年总统大选过程中,因党内矛盾不断激化及弹劾卢武铉失败,导致支持率大跌而逐渐式微。2004年4月,在第17届国会选举前夕,朴槿惠临危受命出任大国家党新任党代表,在朴槿惠领导下,大国家党在当年国会选举中获得了121个议席,超出人们预期,在一定程度上缓解了该党所面临的危机,扭转了局面。曾与金大中两度合作又两度分裂的自民联,在本次国会选举中不足5席,金钟泌宣布退出政坛。

2006年2月,返回政坛的金钟泌领导自民联与大国家党合并。2007年,推出李明博为第17届总统选举候选人。李明博赢得了大选的胜利。

2011年12月朴槿惠担任大国家党非常对策委员长。整顿党务。朴槿惠倡导革新大国家党，重塑政党形象，挽回国民信任。2012年2月，为即将举行的第19届国会和新一届总统大选做准备，朴槿惠将党名更改为新国家党，参选总统并最终当选为韩国第18届总统。新国家党维护了执政地位。

2016年因崔顺实干政事件的负面影响，新国家党内出现"亲朴（朴槿惠）派"和"非朴派"的对立，党内矛盾深化、对立加剧。2017年1月24日，"非朴派"集体脱离新世界党的29名成员，在首尔成立了正党。

2017年2月13日，面对支持率的不断下降，新国家党召开国会议员研讨会，决定将党名改为自由韩国党，以摆脱亲信干政事件的负面影响，重塑政党形象。3月，推举洪准杓为该党的总统候选人，代表本党竞争2017年总统大选。洪准杓最终因不敌共同民主党候选人文在寅而败选，自由韩国党沦为在野党。2019年2月，曾任韩国政府总理的黄教安当选自由韩国党党首。2020年2月，自由韩国党联合新保守党、向未来前进4.0（简称"前进党"）以及3个有议席的派别、亲李明博派、右翼公民团体、原安哲秀派势力、部分青年政党，共同组成未来统合党，原自由韩国党的党首黄教安担任未来统合党党首。未来统合党创党伊始就获了113个国会议席数，成为继共同民主党之后院内第二大党。2020年9月，未来统合党更名为国民的力量，以此希望进一步改善政党形象，为参加第20届总统大选做准备。

（二）国民力量党的政策纲领与组织

党的纲领规定了国民力量党所秉持的 10 大理念，即坚信人人都渴望获得幸福、自由和人权的保障；摒弃权威主义，坚信没有不当干涉和控制的社会更幸福；坚信只有在多样、公正的机会面前，人才能最大限度地发挥自身能力；坚信存在超越个人利益的公共善（common good），自由不得侵犯共同体利益；坚信以经验积累为基础，引领时代的前进是发展的原动力；坚信必须保障人人享有均等教育机会；坚信人人有权享受舒适的环境和安全的生活，国家的首要任务是守护国民的生命和安全；坚信国家应同社会弱势人群在一起；坚信实行政治要正直、谦虚，权力运行必须实行分权和制衡；坚信立足于自由、民主与和平统一，朝鲜半岛的繁荣和发展一定会实现。

1. 政策政纲

2020 年 9 月，国民力量党颁布了 10 项基本政策目标：(1) 致力于建设每个人都有发展机会的国家；(2) 经济改革引领未来；(3) 与弱者同行，实现经济民主化；(4) 致力于建设所有劳动者都得到尊重的社会；(5) 与国民共同实行政治改革；(6) 司法改革，致力于建设为所有人提供服务的司法体系；(7) 致力于建设干净的地球和可持续发展的大韩民国；(8) 致力于建设生活自由的国家；(9) 致力于建设两性平等、男女幸福的社会；(10) 致力于建设保障社会繁荣和安全的外交安保体系。①

---

① 国民力量党，http://www.peoplepowerparty.kr/renewal/about/preamble.do。

2. 党员

国民力量党党员总数为 3,489,924 名（2020 年 12 月统计数），责任党员数为 569,059 名。①

根据《党宪》的规定：凡符合政党法规定，认同国民力量党的理念、政纲、政策的人，均可以成为党员。②《党规》第 2 条规定：党员分为普通党员和责任党员。凡向中央党或市、道党提交入党申请，完成入党程序的党员为普通党员；履行党费缴纳义务，在 1 年内缴纳 3 个月以上的党费，且每年参加 1 次以上党的教育或相关活动的党员为责任党员。

根据《党规》的规定，党员提交入党申请后，市、道党事务处处长须在 7 日内将其申请提交党员资格审查委员会审议；市、道党事务处处长将接受入党的党员姓名登记在党员名簿上后，入党申请人的党员资格即可生效；如无特殊理由，市、道党事务处处长 7 日内未将申请人申请提交市、道党党员资格审查委员会审议，则被视为同意申请人入党。③

根据《党宪》《党规》的规定，所有党员都享有选举权、参与党决策的权利、参与党组织活动的权利，对党的处分提出异议的权利。此外，权利党员还拥有被选举权、被推荐为公职候选人的权利、成为党员协议会干部的权利。

党员需要承担的义务包括：遵守党宪、党规的义务；遵守已决定的党论和党名的义务；遵守、执行党务时，保守机密的义务；作为国民服

---

① 国民力量党，https://namu.wiki/w/국민의힘。
② 国民力量党《党宪》第 2 章，http://www.peoplepowerparty.kr/renewal/about/constitution_view.do?bbsId=PC0_000000000070096。
③ 国民力量党《党规》第 6 条、第 9 条。

务者,有维护尊严、廉洁生活的义务;有义务缴纳党费;接受党规定的义务教育等。

当选总统的党员,除名誉职外,不得兼任任何党职;在其任期内,应忠实地将本党政纲、政策反映到国政运营中;政党积极支持总统的国政运营,并对其结果与总统一起向国民负责;为推动国政运营顺利进行,党政构建紧密的合作关系。①

另外,根据《党规》规定,最高委员、党所属国会议员及党员协议会运营委员长、中央党各种委员会委员长在选举或任命后,有义务公开财产;最高委员、国会议员及党员协议会运营委员长、中央党各种委员会委员长、党所属选举公职者等,每年要接受党实施的伦理教育,并要参与捐赠、志愿活动。②

3. 党的组织机构

国民力量党中央党的组织机构包括:全党大会,全国委员会,常任全国委员会,党代表,最高委员会,事务处,伦理委员会,党务监察委员会,常设委员会,及中央研修院、政策研究所、政治大学院、国会院内对策委员会、院外党员协议会、政策委员会等。

全党大会是全国党员最高机关,设有议长1名、副议长2名。全党大会每2年举行1次,由议长召集,但遇特殊情况,可通过最高委员会决议,变更大会召开时间。全党大会代议员由10,000人以内组成:包括党代表,最高委员(包括院内代表、政策委员会议长),常任顾问,党所属市、道知事,党所属国会议员,党员协议会运营委员长,中央委员会主要负责人,国策咨询委员会委员,财政委员,中央党及市、道党

---

① 国民力量党《党宪》第7条、第8条、第9条。
② 国民力量党《党规》第3条。

事务党务人员，党所属自治区、市、郡长，党所属市、道议会议员，党所属自治区、市、郡议会议员，经最高委员会表决选任的党员，党员协议会推荐的党员，市、道党运营委员会表决推选的党员5000人以内；国会议员辅佐官推荐的3名党员，国民力量党国会辅佐官委员会推荐的责任党员10名。①

全党大会的主要职能包括：党纲、党宪的采纳和修改，处理决定有关政党解散、合并事宜，提名党代表及最高委员，总统候选人提名，以及其他主要党务相关事项的表决及批准等。②

全国委员会设1名议长和2名副议长。全国委员会委员在1000人以内，委员包括：党代表，最高委员，党所属国会副议长，全党大会议长、副议长、常任顾问、秘书长，中央委员会主席，市、道党委员长，党所属市、道知事，中央党各委员会委员长，党所属国会议员，党员协议会运营委员长，市、道议会议长。党所属市、道议会代表议员。中央党及市、道党事务处党职人员，党所属自治区、市、郡长，党所属自治区、市、郡议会议长，20人以内的国策咨询委员会干部，20人以内的财政委员会干部，市、道党大会选举的全国委员105人，中央委员会常任全国委员及中央委员会选出的全国委员，女性常任全国委员5人，及市、道女性委员会运营委员会选出的17人以内的女性全国委员，青年常任全国委员3人，及市、道青年委员会运营委员会选出的19人以内的青年全国委员，大学生常任全国委员2人，残疾人常任全国委员及市、道残疾人委员会运营委员会选出的残疾人全国委员，最高委员会表决选举产生的具有职能和阶层代表性的20名全国委员，以及国民力量

---

① 国民力量党《党规》第2条。
② 国民力量党《党规》第5条。

党国会辅佐团委员会选出的 20 人以内的全国委员。

全国委员会的职能是：采纳和修改党的基本政策；处理全党大会委任的事项；全党大会无法召开时，代行全党大会的职能；最高委员出缺时，选出最高委员；审议、表决全党大会或议员总会提交的事项，以及审议、表决其他主要党务。

第八章

韩国的选举与选举制度

选举是指享有选举权的公民,根据自己的意志,依法按照法定要求和程序,选举国家公职人员的行为。

选举制度以选举过程和选举权利为核心内容。作为国家政治制度的重要组成部分,选举制度是一系列与选举权、被选举权、选举程序、选举机构、选举经费、选举诉讼等选举政治相关的明确法律规定的总称。选举制度由《宪法》和《选举法》加以规范,对选举政治实践中的竞争主体、投票主体的行为施加重要影响,为选举政治中社会共同体成员的互动提供基本框架。韩国的选举制度,对选举活动的方式、方法、选举资金等与选举相关的所有规则进行了总体规定。

第一节 韩国的选举与现状

作为选民选举自己代言人的活动和程序,选举起着连接选民和政治精英、保障国民行使主权权利、实现政治参与的作用。选举是民主政治运行的核心制度安排，深刻地体现现代国家对公民权利的尊重和认可，是衡量一个国家民主发展水平的重要指标，是现代民主的根本制度。①

韩国作为一个新兴民主转型国家，选举及选举政治几乎进驻了其政治转型、发展与巩固的所有环节和不同阶段，对整个韩国政治、社会产生了深远影响，可以说选举政治塑造了韩国的政治特征与风格。选举是当代韩国政治实践中处于核心地位的政治发展的动力机制，被韩国民众视为最具制度化意义的政治参与机制。

一、韩国的选举

选举在韩国政治中的重要性不仅仅体现在政治转型后，即便是在军事权威主义政权时期，选举对政治体系的转变、发展也产生过重要作用。某种程度上可以说，韩国政治的重要节点几乎都与选举有关。在韩国政治中，选举既可以成为独裁政权下台的工具，有时也可以成为独裁者掌权的"通行证"。李承晚独裁政权的崩溃，就缘于民众对不公正选举的不满和抗议，而朴正熙权威主义色彩更浓的维新政权时期，也是以朴正熙在1971年的大选中，以微弱优势战胜金大中②鸣锣登场的。

韩国的选举主要包括：中央政府机构的选举，即作为行政机构的总统选举（简称"大选"）和作为立法机构的国会议员选举（简称"总选"）；地方政府即地方行政长和地方议会议员的选举，其中同时进行

---

① 한국선거학회, 2011. 『한국 선거 60 년 이론과 실제』, 서울：오름, 18.
② 한국선거학회, 2011. 『한국 선거 60 년 이론과 실제』, 서울：오름, 24.

地方行政和地方立法两类选举的地方选举,被称为全国同时地方选举。韩国选举类型参见表8-1。

表8-1 韩国选举类型

总统选举（大选）	选举总统（每5年一次）
国会选举（总选）	选举国会议员（每4年一次）
地方选举（地选）	选举地方议会议员与地方自治团体长（每4年一次）

资料来源：作者自制。

二、韩国选举政治的发展

韩国选举已有70余年的历史。政治转型前,韩国的选举是与权威主义政治下的不公正、腐败等现象联系在一起的。转型后,自1987年首次实施总统直选制以来,在逐步控制、消除了权威主义政治时期的各种不公平选举、官权选举、金权选举等不良现象的过程中,韩国已顺利举行了7次总统大选、[1] 9次国会选举、[2] 9次地方选举。[3]

1997年,金大中当选韩国第15届总统,在韩国选举史上具有重要

---

[1] 第13届（1987）总统选举之后,韩国共进行了7次总统选举,分别为第14届（1992）、第15届（1997）、第16届（2002）、第17届（2007）、第18届（2012）、第19届（2017）和第20届（2022）。

[2] 包括第13届（1988）国会,共进行的9次国会选举为第14届（1992）、第15届（1996）、第16届（2000）、第17届（2004）、第18届（2008）、第19届（2012）、第20届（2016）和第21届（2020）。

[3] 9次地方选举包括：1991年地方选举；1995年首届全国同时地方选举；1998年第2届全国同时地方选举；2002年第3届全国同时地方选举；2006年第4届全国同时地方选举；2010年第5届全国同时地方选举；2014年第6届全国同时地方选举；2018年第7届全国同时地方选举；2022年第8届全国同时地方选举。

意义。金大中的当选，实现了韩国宪政史首次朝野之间政权的和平交接。政权的和平更替，在制度上，结束了以暴力手段实现权力轮换的历史，标志着韩国政治发展进入了新阶段；在韩国的政治文化和社会政治心理方面，则标志着在开放的民主政治条件下，各种政治人物、政治组织都可以通过选举获得政治权力，实现政治理想和抱负，因而对韩国社会的文化、心理的健康发展产生了极为重要的影响。

近年来，以政策选举和"选举宣言运动"为背景的选举改革运动，使原来单纯依靠血缘、地缘关系的选举，转向以现实政策为主要竞争对象的"技术含量"更高的选举。同时，在长期的选举实践中，选民参与的意识与水平得到不断提升，对选举政治的参与更加广泛；政党、政治人物、选民的选举意识、观念、文化进一步成熟和进步；而作为选举管理机构的各级选举管理委员会，也从政府对控制中脱离出来，自主、独立、客观、公正地开展选举管理，得到了公众的普遍信任。因此，韩国选举制度目前正在朝向不断完善，韩国选举政治也日趋成熟的方向发展。

政治转型后，去"冷战"化、全球化、信息化，以及市场化、产业后期化等因素，导致韩国经济、社会发展发生了深刻而重要的变化。在政治领域也出现了一些新情况、产生了一些新问题，总统选举制度也随之发生了一些深层次的变化，同时也面临着一些新的挑战。

三、韩国选举政治的新现象

伴随韩国经济的迅速崛起、民主化的进一步发展与巩固、后物质主义时代价值观和理念的传播和普及,过去权威主义时期,靠动员、收买方式举办选举、获取选票的时代已经过去。在互联网发达的21世纪,人们呼唤公平、公正、正义的选举新时代的到来,期望摆脱狭隘的地域主义对政治的影响,在这一背景下,韩国的选举政治必然会出现一些与以往不同的新现象。

(一)新选举政治的兴起

政治转型伊始,由于城市、农村差别较小,加上小选区制度的实施,政党同质化明显;一些地区尤其是湖南、岭南、忠清等地方的地区矛盾与地域主义特点,使韩国的选举政治中充满浓厚的地域主义色彩,候选人以及选民都深受地域主义影响。

进入21世纪,由于政治文化逐渐发生变化,与物质主义时代不同的后物质主义价值观(post-material life vales)在年青一代中开始形成,理念、世代分歧开始出现。后物质主义价值观认为,在后现代社会,相对于关注经济增长,人们更加强调生活质量和生态环境,更强调个性自由和自尊。[①] 后现代主义的价值观主要表现为人们不再强调经济效率、官僚权威以及科学理性等这些标志现代化的特征,转而重视社会的人性化及是否能够为"个体自由、多样化和自我表现提供更广阔的空间",以及环境的保护和生活质量的提高,更加强调"价值性"本身而不是"工具理性"。在这一背景下,权威从宗教和国家转移到个人,政治权势人物、政治权威不再是人们敬畏的对象,人们更强调政治参与自我表

---

① 罗纳德·英格尔哈特:《现代化与后现代化:43个国家的文化、经济与政治变迁》,严挺译,社会科学文献出版社,2013,第12页。

现，社会转入一个更加人性化的社会;① 个人生活质量的提高、自我的实现、个人政治权利的保障受到越来越多选民的重视，人们愿意以更平等、更多样的方式参与国家的政治生活。因此，政治转型之初一度严重影响选举的地域矛盾、地域主义意识和文化逐渐式微，基于地域的传统观念和价值的重要性大大降低，选举政治中的地域主义开始转为世代矛盾和理念的对决。

主要体现在新生代人群身上的后现代主义的、更注重自我表现的价值观对选举政治产生了重要影响。选举过程中，选民尤其是年青一代的选民不再心甘情愿地被精英设定的议题所主导，而越来越主动地关心政治和社会问题，特别是涉及个人利益的政治和社会问题；相对于地域主义矛盾，人们更关注政策议题本身；在政治参与方面，人们尤其是年青一代广泛使用网络技术和工具，主动、积极参与政治，自发组织政治团体，以互联网方式组织烛光示威等具有鲜明时代特征的政治活动，主导政治议题，对选举政治产生了积极的影响、发挥了重要的作用。

(二) 选举制度亟待解决的问题

经济贫困时代，权威主义与物质主义占主流地位。在选举政治方面，权威主义政治习惯于动员式选举、收买式投票，城乡差别、地域偏见、教育程度低下等造成了农村支持执政党，而相对只有城市受教育程度较高的选民才更愿意支持追求人权与民主的在野党等现象。

---

① 罗纳德·英格尔哈特：《现代化与后现代化：43 个国家的文化、经济与政治变迁》，严挺译，社会科学文献出版社，2013,，第 86 页。

随着经济和民主化进一步发展和巩固、后物质主义时代价值观和理念的传播和普及，年轻的选民不再仅仅满足于选举、投票本身，而同时关注选举制度、选举实践的公平、公正、合理问题。同时，选举领域出现的一些新情况、新问题，如国会长期由两大政党控制问题；国会议员80%来自法律界、学界及职业政治家，而明显缺少普通国民代表，尤其是女性、青少年等特定群体代表及地域代表问题；国会议席分配不能充分反映政党得票率问题；议员的国民召回制度建设问题。因此，选举制度如何适应、满足新的变化、新的形势，需要解决许多制度和实践上的问题。在这方面，韩国政党、政治人物、市民社会、公众等做出过各自的努力和不同的探索，如针对国会长期由两大政党控制问题，2018年全国570多个市民社会团体组成了"政治改革共同行动"，联合国会内外7个政党，① 提出了改革选举制度、引入联动型比例代表制，以更充分反映民意的改革方案。可以预见，韩国选举制度的建设还会有新的发展和变化。

第二节　总统选举

总统选举是在实行民主共和制的国家中国家元首的选举，通常分为直接选举和间接选举两种。韩国总统选举的主要程序包括通过党内竞争确定总统候选人、各党总统候选人之间电视辩论竞争、全国选民投票表

---

① 包括正确未来党、民主和平党、正义党、民众党、劳动党、绿党、我们未来党。

决以及当选总统就职。总统选举的期间,即自候选人登记后第二天开始,直至选举日当天为止,为23天。① 赢得选举的候选人,在就任之前以总统当选人身份成立总统职务交接委员会,并组建内阁。总统选举在韩国是举国瞩目的最大、最重要的政治活动。

一、韩国总统选举概况

大韩民国成立以来,韩国共进行了20次总统选举,其中13次(第2—3届、第5—7届、第13—20届)采取直选方式进行,2次(第1届、第4届)由国会间接选举,4次(第8—11届)由统一主体国民会议间接选举,1次(第12届)由总统选举人团间接选举。

第1届由国会间接选出的总统,在制度上含有议会内阁制要素,而非一般意义上的总统制总统;第4届国会间接选出的总统则是议会内阁制下礼仪性、象征性总统。权威主义政权时期,第8—11届以及第12届总统选举,采取的都是间接选举制,所不同的是第8—11届总统由统一主体国民会议选出,而统一主体国民会议基本上是由权威主义政权掌控的投票工具,第12届总统的选举过程,虽然不再被权威主义政权所掌控,但选举人团依旧存在代表性较弱的问题。真正意义上的总统直选是在政治转型后实现的。自第13届开始至第20届,直接选举稳定地成为韩国总统选举制度。

从历任总统及其所在政党的政治倾向看,金大中、卢武铉和文在寅

---

① 《公职选举法》第33条。

总统属于进步主义政党，进步主义政党在韩国有 15 年时间的执政经验；其余 60 多年，韩国的政治权力始终为保守主义政党所掌控，总统由大国家党、新国家党、自由韩国党、国民力量党一系的保守派政治家担任。

二、韩国总统选举制度的变迁

根据韩国宪法和选举法规定，① 总统由国民通过普通、平等、直接、秘密投票方式选举产生。总统任期 5 年，不得连任。总统候选人须年满 40 岁，并在国内住满 5 年以上者拥有被选举权。总统选举以全国为单位进行。18 岁以上的国民拥有总统选举权。当得票最多的总统候选人有 2 人以上时，须由国会在职议员过半数出席的公开会议再次投票决定，得票多者当选。当总统候选人只有 1 人时，其有效得票总数必须达到全体选民总数的 1/3 以上，否则不能当选。② 宪法规定中央选举管理委员会根据总统候选人所获得的多数有效票，最终确定总统当选人。

1948 年大韩民国政府成立之后，关于如何选举总统，一直尝试着各种选举制度的实施，直至 1987 年修改宪法后，全民直接投票选举总统的制度被确定下来。

---

① 《宪法》第 67 条、第 70 条；《公职选举法》第 15 条、第 16 条。
② 《宪法》第 67 条。

（一）转型前总统选举制度的变迁

朝鲜半岛问题移交联合国后，在联合国监督下，1948年7月20日，制宪国会以间接选举方式选出韩国首届总统。

第2届国会任期内，由于李承晚所属政党在210个国会议席中只获得57个席位，不及修宪要求人数线，同时，无党派、南北协商派候选人大量当选议员。因此，如果继续实行国会间接选举总统制度，李承晚连任总统的计划将面临巨大挑战。为绕开国会继续执政，李承晚政府决定修改宪法，实行总统直选制。在国会否决李承晚政府提出的"总统直选制"修宪案情况下，1952年1月，执政党还是强行通过了包含总统直选制和国会（民议院、众议院）二院制改革的"拔萃修宪案"。依据这一修正案，1952年8月，通过直接选举，李承晚实现了总统连任。

连任后，为继续执政，李承晚与执政党再次提出修宪案，并于1954年11月以"四舍五入"方式，通过了取消总统连任限制条款的修宪案。1956年5月15日，根据新修订的宪法，李承晚继续连任。

为谋求第4次连任，1960年3月，李承晚提前举行总统选举，以舞弊手段获得选票，酿成"3·15"不正当选举事件，直接引爆"4·19"革命，自由党崩溃，李承晚政权终结。

李承晚政权结束后，韩国进行了第3次修宪，将总统制改为内阁责任制，总统的政治地位发生根本性改变，实际的国政运营权力转到国务总理手中。根据新宪法，总统由两院联席会议间接选举产生，由在职议员2/3以上同意者当选。

1960年8月12日，根据第二共和国宪法，举行了由参议院、民议

第八章　韩国的选举与选举制度

院两院联合的总统选举，选举产生韩国第 4 届总统尹潽善。以民主选举方式产生的第二共和国及其政府，因 1961 年朴正熙发动的"5·16"军事政变，在 1 年不到时间里终结了政权。

第二共和国结束后，韩国进入朴正熙的军政统治时期。第三共和国时期的总统选举是在军政统治下进行的。

朴正熙在长达 18 年的独裁统治中，几次修改宪法和选举法，旨在实现长期执政。1962 年 12 月，朴正熙将总统选举制度由国会选举改为国民投票方式，由国民直接选举总统。1966 年 12 月，修改总统选举法，并实行邮寄投票制度。1969 年 9 月，以"奇袭"方式表决通过宪法修正案，废除总统只许连任 1 次的规定，改为可以连任 3 次。1972 年 10 月，再次修改宪法，成立由国民直接选举产生的国家权力机关——统一主体国民会议，由统一主体国民会议 200 名以上代议员推荐唯一总统候选人（即统一主体国民会议只能推选 1 名候选人），并由统一主体国民会议全体代议员选举总统，将总统直接选举制改为由统一主体国民会议行使总统候选人提名权和总统选举权的间接选举制；同时规定延长总统任期，从 4 年延长至 6 年，取消连任限制[①]。朴正熙于 1963 年、1967 年、1971 年连续当选第 5、第 6、第 7 届总统；在第 8 届（1972 年）、第 9 届（1978 年）总统选举中，以唯一候选人身份和极高支持率（在第 8 届总统选举中获 99.9% 支持率，在第 9 届总统选举中获得统一主体国民会议 507 名代议员的推荐和除 5 张弃权票外的 2577 选票）当选总统。

朴正熙被暗杀后，1979 年 12 月，崔圭夏以统一主体国民会议议

---

① 第 8 届总统选举，https://terms.naver.com/entry.naver?docId=1219018&cid=40942&categoryId=31651。

长、代理国务总理身份为唯一登记参选的总统候选人,由统一主体国民会议间接选举,当选韩国第10届总统。由于以全斗焕为中心的新军部势力实际掌握了权力,军队介入政治,导致1980年的政治、社会多重危机,触发"光州民主化运动"(1980年5月18—27日)的爆发,新军部实行暴力镇压。1980年8月,崔圭夏总统辞职,新军部的代表全斗焕作为唯一总统候选人参加选举,当选第11届总统。

全斗焕统治时期举行的总统选举,继承朴正熙时期的选举制度。1980年9月,全斗焕及其执政党民主正义党效仿朴正熙统一主体国民会议制度,通过修改宪法,在总统选举制度中引入了总统选举人团制度,同时将总统任期延长至7年(但禁止连任)。新的总统选举办法还规定:总统候选人须获得政党或选民300—500人的推荐,方有资格向中央选举管理委员会提出参选申请;组成5000人以上的总统选举人团,总统选举人团通过不记名投票方式选出总统;得到在籍总统选举人过半数赞成者,当选总统。在1981年2月25日举行的第12届总统选举中,国民在全国1905个总统选举人选区中,通过直接投票选出了5271位总统选举人;由选举人组成的总统选举人团选举总统。全斗焕以90.2%的高得票率当选为第12届总统。

(二)政治转型后总统选举制度的变迁

第12届国会组建后,第一在野党新韩国党向全斗焕政权施压,要求修改宪法。在1987年轰动全国的"六月抗争"运动影响下,政府被迫同意在野党和国民对总统直选制修宪的诉求,并由全斗焕钦定接班人卢泰愚发表了接受总统直选制的《6·29宣言》。1987年10月17日,国民投票高票通过了实行总统直选制的宪法修正案。韩国进入选举政治的转型期。

1987年12月16日,第13届总统选举以国民直接投票选举方式举行。之后,第14届(1992)总统金泳三、第15届(1997)总统金大中、第16届(2002)总统卢武铉、第17届(2007)总统李明博、第18届(2012)总统朴槿惠、第19届(2017)总统文在寅、第20届(2022)总统尹锡悦均通过稳定的全国直接投票方式选举产生。

三、民主化转型后的总统选举

民主化转型后,地域主义因素成为选举的重要影响因素。由于朝野政党政策立场差异性减少,政党同质性增强,总统候选人之间的竞争仅靠政策竞争已经很难取胜,而必须诉诸诸如地缘、情感等因素。地域主义的观念、资源对候选人、选民有不同程度的影响,选民投票地域倾向明显。这种情况在一些地域主义势力影响较大的地区,如湖南、岭南、忠清更为突出显著。

(一)"三金时代"的总统选举

三金时代,是指韩国政治20世纪八九十年代,以风靡政坛的金钟泌、金泳三、金大中三位政治人物间,或通过合作,或通过竞争执控政权的时代。由于三人姓氏都是金氏,为防止混淆,分别取名为YS(金泳三)、DJ(金大中)、JP(金钟泌)。1979年朴正熙遭遇暗杀后,金大中与金泳三围绕在野党总统候选人位置展开竞争。此时的金钟泌，作为朴正熙政治理念的继承人，代表共和党候选人参加竞选，由此拉开韩国所谓的三金时代第序幕。

由于金泳三和金大中均为朴正熙维新独裁时期在野党的代表人物，而出身性质明显不同的金钟泌，是伴随朴正熙政权登场的维新政权的主角，因此，也有人将代表民主化斗士的金泳三与金大中联系在一起，使用"两金"分类法。①

第14届总统大选期间，韩国政治呈现出较为明显的地域主义色彩。1992年12月，民自党推举金泳三、民主党推举金大中为总统候选人。由于金泳三、金大中都是民主化运动代表性人物，双方之间所展开的激烈竞争，不同程度地诉诸一些具有地域特征的关系、情感等因素。在湖南地区，金大中以压倒性的票数优势获胜，在除汉城以外的其他地区，金泳三则获得最广泛支持。此次选举结果最终，金泳三以41.96%得票率（得票9,977,332张）最终战胜金大中（得票率33.82%，得票8,041,284张）当选。②

除地域主义政治外，这一时期的总统选举也成为检验韩国制度转型成功与否的重要"试金石"。1997年12月18日，在第15届总统选举中，被称为"忍冬草"③的新政治国民会议总裁金大中作为在野党候选人当选，实现了在野党与执政党之间的首次和平交接。第15届总统选

---

① 三金时代，https://namu.wiki/w/삼김시대。
② 第14届总统选举，https://namu.wiki/w/제14대%20대통령%20선거。
③ 忍冬草是朝鲜半岛的一种蔓藤植物，被誉为浑身是宝，极具耐严寒特征。在寒冬未尽、春天到来之际开花。金大中曾遭受长达40年的政治迫害，包括14年软禁、6年监禁，其中5次命悬一线，并有3次参选总统失败的经历。金大中将自己喻为"忍冬草"，暗指自己一生犹如一季严冬，但自己则是一棵能够战胜寒冬的忍冬草。参见金大中：《金大中自传》，李仁泽、王静、高恩姬译，中国人民大学出版社，2010，第9页。

举显示了政治民主化的进一步巩固以及制度化水平的提升,在韩国选举政治历史上具有重要的象征意义。

在韩国总统选举史上,能够与金大中当选第15届总统相比拟的、对于韩国政治制度建设具有节点性意义的,同样实现了不同政党之间政权和平交接的,是10年后的第17届大选。此后,2007年,大国家党李明博的当选,2022年尹锡悦的当选,实现了政权在执政党和在野党之间的三次和平交接,韩国民主化已经进入巩固时期。①

(二)后"三金时代"总统选举的新变化

2000年以后,伴随着新生政治力量的崛起,理念、世代分歧开始出现,以金泳三、金大中、金钟泌为核心的旧时代政治人物的退场,曾经以三金为主所形成的通过动员地域情感展开的选举政治也逐渐式微,地域主义政治发生一定程度的改变。反映在选举方面,就是选举政治开始逐渐摆脱地域主义的影响。

第16届总统选举是"三金时代"结束以后,在一个新政治环境下举行的总统选举。在2002年12月19日举行的第16届总统选举中,卢武铉总统的当选,一方面,宣告了韩国以地域主义为基础的"1987体制"的终结;另一方面,开始出现以政党为中心的选举向以个人为中心的选举特征的转变。在第16届总统选举中,候选人个人成为竞选活动的中心和焦点。例如,以卢武铉个人为主的竞选活动,以及支持和声援卢武铉的组织所开展的竞选、宣传等活动,成为本次大选的突出景

---

① 针对政治转型,韩国学界普遍认为,至少实现两次政权的和平交替,才能说明进入民主化巩固时期。

象。除卢武铉外，其他候选人也都有很强的个人存在感，个人色彩突出的候选人成为选举焦点。与此同时，处于世纪之交的韩国经济、外交、南北关系等存在的一系列热点问题，也进一步凸显了候选人个人的理念、政策和风格，强化了个人因素在选举中的重要性。这些因素和变化的出现，标志着韩国总统选举打上了更多的个人印记，这种转变在一定程度上降低了政党的存在感，甚至被很多媒体指出甚至到了"政党政治失踪"的程度。这种说法虽然不无夸张，但个人魅力型政治家时代的到来似乎也显而易见。政党政治与选举政治有了不一样的发展势头。

这一时期总统选举政治的另外一个重要的变化是国民参与候选人竞争制度逐步被引入各个政党的总统候选人提名过程中。国民参与竞选制度是指在选举公职候选人的过程中，赋予普通选民以参加选举的资格，允许普通选民参与，以摆脱过去仅由党员充任候选人的惯例，从而利于选出最具有竞争力的候选人的政党内部选举制度。

在 2002 年举行的第 16 届总统大选中，新千年民主党借鉴美国党内预选制度，最先引入了国民参与竞选制。新千年民主党的国民参与竞选制就是以相等比例的党员和群众（各占 50%，）组成选举人团，由选举人团投票选举总统候选人，其中党员的 50%，由 20% 的代议员和 30% 的普通党员构成。2002 年 4 月，大国家党也引入与新千年民主党类似的国民参与竞选制，同样组建了党员和普通国民各占 50%、共 5 万人的选举人团，由选举人团以简单多数得票制确定党内总统候选人。从 2008 年第 17 届总统竞选开始，大国家党将国民选举人团的选定方式改为由舆论调查机关电话确认方式，进一步降低了国民参与竞选的难度。大统合民主新党、民主劳动党、民主党等也均采用了各具特色的国民参与竞选制，其中尤以民主党最具特色。民主党实行对国民选举人的比例不设限制的政策,即有国民参与的开放型初选制(open primary),旨在赋予普通国民、党员和代议员同等投票权,激励普通国民参与本党政治、支持本地总统候选人的积极性。

随着信息通信技术的发展和应用的普及,后"三金时代"的总统选举逐步引入信息通信技术和工具。电子信息技术和设备的引入,对韩国的总统选举及其制度演变产生了新的影响。在第16届总统大选党内总统候选人竞选中,新千年民主党在党内选举中首次引入电子和网络投票方法。在2012年举行的第18届总统选举中,民主党制定了党内总统候选人选举在移动端、指定场所和候选人演讲现场均可进行有效投票的规则。电子和网络投票使原先不参与党内竞选活动的各式各类网民得以参加新千年民主党总统候选人的党内竞选,一定程度上改变了选举参与者的构成成分,使一些深受网民喜欢、支持的候选人能够在传统选民外,获得以网民为主的新的选民的支持,从而有机会扭转不利局势,顺利胜出。在第16届总统大选中,支持率一度低迷的新千年民主党总统候选人卢武铉就是这样反败为胜,成为总统候选人并最终成功当选总统的。电子和网络投票方法的采用,使总统选举的程序、方式建设开始朝着更加有利于国民参与、方便国民参与的方向发展。

四、韩国总统选举制度发展面临的问题

韩国在政治转型之后,受去冷战化、全球化、信息化、市场化以及产业后期化等因素的影响,导致经济、社会发展发生了深刻变化。在总统选举领域也出现了一些新情况、产生了一些新问题,如选民中越来越

多地出现了对包括总统选举在内的选举的冷漠，对政治、政治家的不信任，对政治斗争的反感等情绪和意识；政治人物争权夺利、朝秦暮楚；以及一些具体制度实施所带来的负面影响，如国民参与竞选制度在取得良好效果的同时，也带来了诸如激化政党内部矛盾，引发候选人相互揭秘、质疑、中伤、诽谤，甚至构陷污蔑，"党心"与"民心"背离，对政党政治的削弱等问题。这些问题都对韩国政府、政治制度的建设和发展提出了更高的要求、形成了新的挑战。总统选举制度如何适应、满足新的变化、新的形势，发挥韩国政治制度的价值和功能，还需要解决许多制度和实践上的问题。韩国总统选举制度的建设还会有新的发展和变化。

第三节 国会选举

根据韩国《公职选举法》的规定，凡年满25岁的韩国国民，除根据相关法律规定被停止、剥夺被选举权或其他特别规定者外，均享有国会议员被选举权。要成为国会议员候选人，须得到政党或选民推荐。国会选举通常要经过如下几个程序：选举人名簿制定、候选人登记、选举运动、选民投票、计票开票、决定当选人。根据《公职选举法》，总统以及比例代表国会议员，实行全国范围的选举；地区选区国会议员则以选区为单位展开选举。①

---

① 《公职选举法》第20条第1款、第3款。

第八章　韩国的选举与选举制度

一、韩国国会选举制度的演变

韩国国会议员总数 300 名，每四年举行一次国会选举。选民通过直接选举方式选举产生选区国会议员和比例代表国会议员。国会议员履行制定法律，审议国家预算、决算等方面的重要职能。国会议员选举日期，在任期结束前 50 天之后的第一个星期三举行。

从第一共和国时期的小选举区简单多数一轮投票制度、第二共和国在两院制国会体制下，民议院实行传统的小选举区制，参议院选择大选区投票制；第三共和国时期，开始实行政党党内公推制，并禁止无党派候选人参选，意味着要成为候选人参加选举，就不得挑战党权，须遵循党内推荐程序。与此同时，在小选举区制上叠加实行全国区比例代表制的混合选举制度。第四共和国时期，引入中选举区制度和维新政友会的提名制度；到第五共和国则改为比例代表与中选举区制。

历经 70 多年发展变迁的韩国国会选举，深刻地影响、塑造了国家的政党体系和政治体系，特别是全国比例代表制度的实施及其在议席上的分配方式，自第五共和国时期开始，一直沿用至今。

（一）韩国国会选举的缘起

1947 年 9 月，在美军政当局及联合国的介入下，韩国颁布了《国会议员选举法》，该法后在联合国韩国委员会指导下，对选举权的年龄限制、选举人登记办法、计票方式、选区划分、选举委员会成立方式等方面的内容进行修改后,以《制宪国会选举法》名义公布。该法规定:年满21周岁的国民,不分性别、财产状况、教育程度、宗教信仰,都有权选举制宪国会议员。

韩国首部《国会议员选举法》于1948年在美国的协助下制定,该法规定:国会由国民直接选举产生,议员选举每4年举行1次。国会议员全国选举称为"总选举"(总选);因选举无效(指某选举区未选出候选人,或因不法选举致使选举无效)而重新举行的选举,称为"再选举";国会议席出现空缺(议员在任期中辞职、死亡或因其他原因丧失资格而造成议席缺员),为弥补缺员进行补充选举,称为"补阙选举"。韩国国会选举制度的基本框架和话语体系初步建立。

1960年6月,"4·19"革命后,韩国制定了第二共和国宪法。第二共和国宪法规定韩国实行两院制。依据新宪法修正的《国会议员选举法》鉴于李承晚政权操纵"3·15"不正当选举导致的不公正结果,加强了对选举自由、公平和正义的制度保证;下调了行使选举权的公民的年龄界限,规定年满20周岁的公民即可行使选举权;承认邮寄投票(不在者投票)的有效性,但禁止代理投票;废除了议员候选人登记的选举人推荐制度,改革政党党内的候选人推荐制度;民议院议员选举实施小选区制度,参议院议员选举采取大选区制度,即1个选区选出2—8位候选人;民议院议员任期4年;参议院议员任期6年,且每3年改选1/2。

(二)转型前国会选举制度的变化

政治转型前,韩国进行过数次选举法和选举制度的调整修改。对权威主义政权来说,在选举政治框架下,为保障统治集团获得权力、维护权力,方便统治集团获得更多的议席,对现行法律和制度进行符合既得利益集团意志的调整和修正,是选举法和选举制度屡次调整修改的根本目的,也是韩国选举制度变迁的内在动力。①

政治转型前,韩国国会选举制度经历了复杂的变化过程。其变化的主轴是权威主义政权与选举制度的内在冲突。

第一共和国时期制宪国会直到第4届国会、实行内阁责任制的第二共和国时期的第5届国会议员(民议员)的选举,采取小选区制度,即1个选区选出1人的制度,决定当选的方法采取相对多数方式。第三共和国对选举制度进行了修改,将选区划分为地区选区与全国选区(比例代表议员选举),地区选区与此前一样,采取相对多数原则方法决定当选者,全国选区则采取对第一大党有利的议席分配方式。

1961年5月,通过军事政变上台的朴正熙政权解散了民议院、参议院与地方议会等所有代议制宪法机关,组建了国家再建最高会议,禁止政治活动,修改了宪法和国会议员选举法。新宪法和选举法规定:设立严格中立、独立的选举管理机关负责选举事务;采取小选区多数代表制与比例代表制并行制度,选区划分分地区选区和全国选区两种;议员总数175人,其中地区选区131人、全国选区44人;采取简单多数选举制;以政党为单位进行选举,限制个人竞选;实行候选人政党公推制,候选人登记必须获得政党党内推荐,杜绝无党派人士参选,对选举活动和方法进行严格限制。这些规定很大程度上改变了第二共和国时期的国会选举制度,取消了独立政治人士的参加资格,加强了朴正熙政权

---

① 김현우,2010.『한국국회론』,파주:한국 학술정보,490.

对选举环节和选举结果的控制。政权当局对选举的控制，在1967年6月举行的第7届国会议员选举中达到令人难以容忍的地步，并进一步逆转为在野政治势力对第7届国会议员选举的合法性、正当性的严重质疑。

在在野势力高度质疑下，朴正熙于1970年8月展开朝野协商会谈，达成了《协商选举法》。此举虽有一定的朝野合作的象征意义，但军事权威主义政府对国会议员选举的控制并未削弱。《协商选举法》规定：国会议员总数增加到204席，包括地区选区153席、全国选区51席；采取小选区制；提高全国区议员名额比例分配标准，将"获得地区选区3席以上或获得有效投票总数5％以上的政党"即可获得全国区名额分配，改变为只有"获得地区5席以上或有效投票总数的5％以上的政党"才有资格获得全国区的名额分配。显然，实现绝对多数原则的小选区制、提高全国区名额分配门槛等规定，都是有利于执政党掌控选票的。

为进一步加强控制国会选举过程，朴正熙维新政权1972年通过修改宪法和选举法，设立了履行间接选举功能的统一主体国民会议，规定由统一主体国民会议选举国会219名中的1/3（73名）议员，同时在城市地区设置了73个中选区；规定国会议员任期为6年，由统一主体国民会议选出的国会议员任期为3年。这些规定为执政党获取足够选票提供了法律保障。1979年10月，朴正熙政权实行国民投票方式，通过了宪法修正案，并随即全面修改了《国会议员选举法》。① 修改后的《国会议员选举法》规定：全国选区议员人数占全体议员人数的1/3；全国

---

① 안희수편저, 1995.『한국정당정치론』, 서울: 나남, 367.

选区议席的 2/3 分配给第一大党；每一地方选区选出 2 名议员，全国选区的议员人数应为地区议员人数的 1/2；地区选举，候选人必须获党内推荐，无党派候选人则须获得 500—700 名选民推荐，并进行候选人登记申请；全国选区选举，政党须附上候选人名单再提交申请；候选人登记时，无党派候选人需缴纳 1500 万韩元①的委托金，政党推荐候选人需缴纳 700 万韩元的委托金；政党、候选人、选举事务长、选举联络处负责人以及非选举事务员不得参与选举事务；预备军小队长以上的干部，洞长、里长、统长、班长等不得成为选举事务员；允许举行联合演讲会开展竞选活动。这些规定进一步朝着有利于执政党的方向发展。

（三）转型后国会选举制度的基本框架

1987 年实现政治转型后，国会选举制度在迅速摒弃权威主义时代遗留下来的行政操控、干预选举惯行的同时，也开始尝试针对制度性缺陷以及政党过度竞争等问题，进行调整和制度改革。

1988 年实行的第 13 届国会选举，奠定了现行国会选举制度的基本框架：国会实行一院制制度，每 4 年选举 1 次国会议员；国会议员由地方选区国会议员和比例代表国会议员组成；国会议员总数为 300 人，其中 253 名地区选区国会议员，47 名比例代表国会议员；② 选民投票选举国会议员，实行 1 人 2 票制，即 1 票投给国会议员候选人，1 票投给选民支持的政党；每一国会议员选区只能选出 1 名议员；实行小选区简单

---

① 约为 84,000 元人民币，依据人民币与韩元实时汇率：1 元人民币 = 194.30 韩元。
② 公职选举法，https://www.law.go.kr/LSW/lsInfoP.do?efYd=20220420&lsiSeq=241905#0000。

多数代表原则的地区选区制（每个选区选出 1 名议员）与政党名簿式①的比例代表制（比例代表议席由获得 5 席以上地区选区议员议席或政党得票率在 3% 以上的政党获得）并行制度，地区选区以人口比例和行政区划为基础划分，比例代表制选区按全国单一选区制划分。

2004 年 3 月，国会通过了大幅度修改过的《政治关系法》（包括《公职选举法》《政党法》及《政治资金法》）。《政治关系法》对公职选举、政党及政治资金等进行了制度规范，对塑造包括政党、国会议员及其他公职在内的韩国政治生态具有重要意义，特别是《政治资金法》对国会议员选举的影响和作用最为直接。该法全面禁止企业、工会组织的捐款，将个人捐资最高限额从每年 1.2 亿韩元降低到 2000 万韩元，对国会议员的赞助费从 3 亿韩元降低到 1.5 亿韩元；将候选人需要公布的纳税记录年限从 3 年增加到 5 年，范围从其本人扩展到配偶与直系亲属。

二、韩国国会选举制度

韩国学界普遍认为，国会选举的最终结果主要受三方面因素影响：第一，选民投票选择政治人物，还是选择政党；第二，选区划分，是选择大选区、中选区还是小选区；第三，选民投票行为处理方法的选择问

---

① 作为一种选举方式，政党名簿制投票，是指同时选出地区选区国会议员和比例代表国会议员。由政党提前公布本党的地区选区候选人名单和比例代表候选人名单，选民据此给选区候选人投票的同时，对所支持的政党也进行投票。这一制度旨在防止某一政党独揽某一地域的全部选票。

题，即投票方式、选举区划分制度以及选举的形式，将成为决定国会议员选举结果的重要变数。[①] 依据这一观点，韩国国会选举制度，主要是由韩国《宪法》《公职选举法》以及《国会法》等相关法律，及对国会议员选举带来深刻影响的制度规范所构成。

（一）选区制度

韩国选举法规定，国会议员的选区划分为地区选区和全国选区两种，即采取选区制和比例代表制相结合方式。地区选区的候选人根据个人得票多少确定是否当选，全国选区则以各政党得票比例确定候选人当选与否，实行全国区比例代表制。选举实行小选区制和比例代表制结合的方式，以小选区制为主、比例代表制为辅的原则。

自制宪国会以来，直到第4届国会的第一共和国以及实行内阁责任制的第二共和国的第5届国会议员（民议员）的选举，一直采取的是小选区制度，即1个选区选出1人的制度，决定当选的方法采取相对多数方式。进入第三共和国，对选举制度进行了修改，将选区分为地区选区与全国选区，地区选区与此前一样，采取相对多数原则方法决定当选者，全国区则采取对第一大党有力的议席分配方式。

第四共和国时期的第8届国会及第13届到第21届国会，议员选举采取小选区简单多数方式进行；第9届到第12届，采用2人中选区制的多数代表制；第6届到第21届国会选举，采用地区选区与部分采取比例代表或全国区（其中，第9—11届国会选举采用维新政友会推荐制

---

① 김현우，2010.『한국국회론』，파주: 한국 학술정보，486.

度）制度并行原则。

总体上，国会议员选举制度以小选区简单多数为基本模式，与全国区比例代表制相结合方式。

1. 选区划分

制宪国会选举确立了基于人口的选区划分制度。制宪国会选举以人口为基准，在全国共划分为200个选区，采用小选举区制。选区划分以府、郡与首尔市的区为单位，人口不足15万为1个选区，15万至25万的划分为2个区，25万至35万为3个区，35万至45万为4个区。另设投票区，投票区以邑、面或洞为划分单位，每区不超过2000人。[1]

1950年5月举行的第二次国会选举，选区划分继续采用小选举区制，选区数量由200个增至210个；投票区的设立则根据选区选举委员会的意见决定。国会选举的小选举区制一直维持到20世纪70年代。从1973年第9届国会议员选举开始，才改为在1个选举区选出2名议员的中选举区制。

现行选区划分依据《公职选举法》规定进行。根据《公职选举法》规定[2]：韩国国会议员的选区划分，根据地区人口增减比例的均衡进行增减；国会议员选区在市、道管辖区域内，基于人口、行政区域、地理条件、交通、生活文化等因素进行划分；国会议员选区的人口，根据选举日前15个月末，依据《居民登记法》规定进行的居民登记表进行调查的人口为标准。[3]

2. 地区选区和全国选区

从1963年11月26日举行的第6届国会议员选举开始，议员选举

---

[1] 한국선거학회，2011．『한국 선거 60년 이론과 실제』，서울：오름，38．
[2] 《公职选举法》第21条、第25条。
[3] 《居民登记法》第7条。

按地区选区和全国选区选举产生。第 6 届国会议员由地区选区选出的 131 人、全国区选出的 44 人组成。①

1973 年，第 9 届国会选举以总统任命的维新政友会制度代替全国选区制度。1980 年废除了维新政友会制度，重新设立全国选区制度。

民主化转型后，鉴于全国区比例代表制有利于第一党的情况，第 13 届国会选举将全国选区比例代表制改为各党根据得票率获得比例分配的选举方式。

3. 小选区制

小选区制是指 1 个选区只选 1 名当选人的制度。每个选区内的选民只能投 1 票给其中某一名候选人，得票多的候选人当选。小选区制简单明了，容易被选民接受、理解。但小选区制容易产生"废票"。② 在同一选区，当获胜者得票率为 51% 时，剩下的 49% 将成为所谓的"废票"，导致选举结果未能体现 49% 选民意志。

从制宪国会到第 4 届国会的第一共和国以及实行内阁责任制的第二共和国的第 5 届国会议员（民议员）的选举，一直实行小选区制度，即 1 个选区选出 1 人的制度。1971 年 5 月，维新政权举行的第 8 届国会议员选举，依旧采用小选区制。决定当选的方法采取相对多数方式。进入第三共和国，选举制度实行地区选区与全国选区并行制度，地区选区与此前一样，采取相对多数原则方法决定当选者，全国选区则采取对第一大党有利的议席分配方式。

---

① 第 6 届国会议员选举，https://terms.naver.com/entry.naver?docId=2823826&cid=55772&categoryId=55820。

② waste vote，即废票，也称无效选票、丢失的选票、浪费的选票等，是指候选人比对手多得 1 张选票即获胜选时，除胜选者所得选票外的其余选票。由于这些票没有支持任何一个候选人获胜，形同"废票"。参见严海兵：《选举操纵的技术与实践——以选区划分为例》，《华中科技大学学报（社会科学版）》2009 年第 23 卷第 4 期，第 59—64 页。

政治转型后的第六共和国时期，根据新修订的选举法，重新采用"小选区制"即1区1人制度；对地域选区和全国区议员数的分配方式也做出了一定的调整。①

4. 中选区制

中选区制，即在1个选区内选出2名国会议员的制度。中选区制是一种有利于执政党确保国会多数议席的选举方法。

1972年10月，朴正熙政权依据"维新宪法"（第四共和国宪法），修改了国会议员选举制度，将原来的小选区制改为在1个选区内选出2名国会议员的"中选区制"，同时取消了全国选区，代之以国会议员总数的1/3由总统确定，并由统一主体国民会议选出的制度。

第四共和国（1972—1981年）与第五共和国（1981—1988年）时期均实行中选区制度。

（二）比例代表制

比例代表制，即根据政党总得票数及政党所获支持率，按比例进行代表席位分配的制度。按此种方式当选的候选人被称为比例代表（即全国区国会议员）。比例代表选举的具体方式是：每个政党提出全国区议员竞选名单（包括若干候选人），由选民对选区候选人及选民所支持的政党分别进行投票，每个选民可投1票给自己支持的政党。中央选举管理委员会在政党有效得票率超过3%或获得选区议员选举5席以上席

---

① 国会议员总数为299席，第13届国会选举中，地区选区议员占224席，第14届地区选区议员变更为237席，全国区议员规模也相应从第13届国会的75席调整到第14届的62席。

位的政党中，分配比例代表的席位。① 比例代表制实行约束名簿式，即分配给某个政党的席位将由该政党推荐的候选人按照排序的先后顺序依次获得。在韩国，比例代表制又称"全国区比例代表制"。

相对于小选区制，由于各政党按照得票率分配席位，因此，比例代表制客观上更有利于小党进入国会，小党有一定的生存空间，不容易产生死票，但也存在着竞选宣传过于突出政党而非候选人个人，选民难以了解候选人具体情况，以及政党林立等弊端。

比例代表制首次引入韩国国会议员选举，源于1962年的宪法修正案，其后一直沿用至今。当时军部势力为确保军人政府执政的稳定性、合法性，必须设法获得足够的国会席位，为此推行比例代表制。维新政府1963年1月颁布实施的选举法规定，国会议员选举采取小选区简单多数代表制与比例代表制并行制度。1963年11月举行的第6届国会议员选举首次引入了比例代表制。

1972年，朴正熙政权进一步采用实质上的间接选举方式强化比例代表制，为此组建了有权提名和选举占总数1/3国会议员的统一主体国民会议。统一主体国民会议的设立及其对国会议员选举的介入，在国会选举制度方面的影响，就是其通过将全部国会议员划分为由选民直接选举的议员和由统一主体国民会议间接选举的议员两部分方式，为有意于竞争国会议员席位的政治人物提供了与执政党合作、并由执政党安排赢取席位的"通道"，这就为执政党扩张自己的势力、建立政治竞争优势，提供了机会。实际上这种安排弱化了部分议员的代表性和政治基础，强化了其对执政党的政治依附，同时这也是一种通过部分改变选举

---

① 《公职选举法》第189条。

方式（即在直接选举中掺杂部分间接选举成分），而最终达到改变选举根本性质（即将直接选举改变为很大程度上可人为操控的实质上的间接选举）目的的一种政治策略。由于这一方法通常有利于执政党，因此维新宪法体制废除后，这一非比例的议席分配模式仍然以不同的形式、名义在发挥作用。

第五共和国时期（1981—1988年），权威主义政府为确保执政党成为第一大党并获得过半数议席，决定重新实施全国区比例代表制。全国区比例代表制可以保证第一大党获得2/3的比例代表议席，剩余的1/3议席则可由其他政党按照在地区选区获得的得票率竞争、分配。

1987年韩国政治完成转型后，在重新实行小选区制的同时，比例代表的议席分配方式也发生了改变：如果第一大党在地区选区获得过半数席位，则按照议席占有率分配全国比例代表议席；若未能获得过半数，则分配一半比例代表议席，另一半议席由在地区选区获得5个以上议席的其他政党按照议席占有率进行分配。1991年，韩国修改国会议员选举制度，在席位的分配方面规定：按各政党议席占有率进行分配。在地区选区只获得5个以下议席或未能获得议席的政党，只要得票率在3%以上就可以获得1个比例代表议席。为进一步强化政党得票率在选举中的重要性，以及提升女性代表的比例，2004年举行的第17届国会选举，实行了新的比例代表制，该办法要求：获得3%以上得票率的政党，方有资格根据得票率进行按比例的议席分配，女性在比例代表候选人中需占50%。这一制度虽然对大党产生了一定的挑战，但本质上依旧是小党难以获取政治利益的一种制度安排。

根据2019年12月通过的新选举法的相关规定，韩国实行新的比例代表国会议员议席分配方式。2020年4月15日进行的韩国第21届国会选举正式采用"准联动型（50%）比例代表制度"。作为原比例代表制度的改革版本，新的比例代表国会议员议席分配方式旨在对那些有一定政党支持率基础，但在选区选举中难以获胜的小党进行补偿、支援。通过这一制度，改变各政党议席分配的现状，推动政党制度由目前的巨大两党格局向多党制转型，使多样化的政策方案得以通过政党输入国会，以更充分地体现国民的多元化诉求，建设更加民主、公正的社会。

"准联动型（50%）比例代表制"的具体方法是：在保持现行比例代表制及议席数（国会议席总数300席，其中地区议席253席、比例代表47席）不变基础上，改变以政党得票率为依据的47席全国比例代表席位的分配方式。对47席中的30席（准联动型席位），按照"准联动"原则进行分配，即将依据政党得票率计算的特定政党应得的代表席位数与其实际获得的选区议席数关联考虑、联动调整；在政党实际得到的选区议席数少于根据政党得票率计算的应得议席数情况下，其不足席位用比例代表席位进行补偿；政党的选区议席数大于或等于根据得票率应得的议席数，则该党不参与比例代表席位的分配；由于大党的选区议席一般会超过按照政党得票率应得的议席数，故大党实际上不参与联动型比例代表议席的分配。对比例代表47席中所余的17席，按照各政党得票率在各政党间进行分配，但有资格参加比例代表席位分配的政党，其得票率须超过3%（封锁条款）。① 举例来说，假设某一政党得票率为20%，地区选区当选人10位，则该政党应得300席的20%即60席，除去选区已当选的10席，尚余50席，按照"准联动型（50%）比例代表制"方法，其中的一半即25席可进入应补偿席位；由于各政党

---

① 준연동형비례대표제，https://terms.naver.com/entry.naver?docId=5874677&cid=43667&categoryId=43667。

均可能出现待补偿席位情况,因此需要以各政党得票率及应得席位数为权重,在各政党间按比例分配全部席位(最高30席)。

为推行"准联动型(50%)比例代表制",大党也采取了相应对策。在第21届国会选举中,执政党和第一在野党推荐本党候选人角逐选区议席,而由自己的"卫星政党"参选比例代表议席,形成了大党的"卫星政党"与小党争夺30个比例代表席位的情景。有韩国媒体指出,此次选举结果与启动该制度的初衷相去甚远,两大政党格局没有得到任何改变。① 很多学者批评道,真正从制度上确保小党进入国会,改变权力结构,进行制度改革才是根本,而非简单地聚焦于席位分配技术。

(三) 在外投票选举制度

2012年4月11日举行的第19届国会选举,首次允许邮寄投票,实行在外投票选举制度。在外投票选举制度是指在韩国总统选举或国会议员选举期间,居住或滞留在国外的韩国国民,在海外也可以参加投票的制度(外国国籍取得者除外)。②

随着韩国经济的全球化发展,越来越多的韩国人在海外留学,或外出工作、旅行,导致无法亲身参加选举,在外投票选举制度一定程度上可以解决异地参加选举问题。但由于在外投票牵涉一系列复杂问题,如

---

① 이은영,"연동형 비례대표제 다시 꺼낸 與⋯심상정'국민의힘과 합의해라'",2022.2.24,https://biz.chosun.com/policy/politics/election2022/2022/02/24/7BRWE23XMZH4HL642TTKEX BMHY/?utm_source=naver&utm_medium=original&utm_campaign=biz.

② 在外投票选举制,https://terms.naver.com/entry.naver?docId=973126&cid=43667&categoryId=4 3667。

选举环境的改变、选举工具的可信性,以及网络、信息通信工具大规模应用所产生的技术、信任、安全等问题等,也给在外投票选举带来了新的挑战。

三、历届国会选举基本情况

韩国自 1948 年进行首届国会选举,截至 2020 年,共进行了 21 届国会选举。国会选举的过程和形势复杂,是政党之间就彼此的实力、政策、能力的一次激烈竞争和对决,其结果直接决定各政党在国会内的议席数、政党在国会内是否具有足够的政治议价能力以及政党间力量对比的格局。另外,如果在选举中获胜,那么赢得选举的政党所推荐的总统候选人,在即将展开的总统大选中也将处于有利地位,因此,从一定意义上,国会选举也被视为总统大选的预演和铺垫,对总统选举将产生连带影响,成为观察、预判总统选举和政治力量变化的重要指标。

(一)制宪国会选举

1948 年 5 月 10 日,在美国主导的"联合国监督"下,韩国进行了首届国会选举,即制宪国会选举。制宪国会制定了韩国首部宪法。

制宪国会选举为韩国后来的历届国会选举制度奠定了基础框架:制宪国会议员规模为 200 人;制宪国会选举以人口为基准,以府、郡与首尔市辖区为单位划分选区,人口不足 15 万为 1 个区,15 万至 25 万,分 2 个区,25 万至 35 万为 3 个区,35 万至 45 万为 4 个区,共划分为 200

个选区；实行小选区制度，即各选区只选 1 名国会议员；投票区以邑、面或洞为单位，每区不超过 2000 人①。

制宪国会议员选举候选人 948 名，其中来自无党派的候选人 417 名。②

（二）第 2、第 3 届国会选举

制宪国会 2 年任期结束后，1950 年 5 月 30 日，进行了第 2 届国会选举。

第 2 届国会选举选区划分继续采用小选举区制，选区数量由原 200 个增至 210 个；投票区的设立根据选区选举委员会意见决定；成立了由 9 名委员组成的中央选举委员会，委员由总统任命，在首尔特别市、道设立由 7 名委员组成的地方选举委员会，委员分别由首尔特别市市长、道知事推荐，中央选举管理委员会委任。参加选举的政党、团体数多达 39 个，候选人约 2209 名，其中无党派候选人 1513 名。最终，亲李承晚的大韩国民党、申益熙领导的保守的在野党民主国民党各获 24 席，大韩独立促成国民会 14 席，大韩青年团 10 席，大韩劳动总联盟、一民俱乐部各 3 席，社会党 2 席，民族自主联盟、大韩妇女会、中央佛教委员会、大韩女子国民党各 1 席。此外无党派候选人获得 126 席，占议员总数 210 名的 60%。此次国会选举对韩国政治力量的重组产生重要影响，一些在本次选举中崭露头角的政治组织如大韩青年团、大韩劳动总联盟、一民俱乐部、大韩妇女会等不久后纷纷加入李承晚阵营，大部分成

---

① 김현우, 2010. 『한국국회론』, 파주: 한국 학술정보, 496.
② 한국선거학회, 2011. 『한국 선거 60년 이론과 실제』, 서울: 오름, 38.

为 1951 年成立的自由党的创党成员。①

第 3 届国会议员选举（民议院）于 1954 年 5 月 20 日举行。第 3 届国会选举基本沿袭了上届国会选举采用的制度（仅因执行停战协定而减少了位于停战线以北的、无法实施选举的 7 个选区的 7 名国会议员名额，使国会议员的数量从第二届的 210 人减少到 203 人②），并首次引入候选人的政党推荐制度。第 3 届国会选举有很强的政治操作背景。根据当时宪法对总统连任限制的规定，时任总统李承晚不能参加下届总统竞选。但为了实现终身执政，李承晚及其领导的自由党试图修改宪法，废除连任限制规定。由于修宪需要有国会 2/3 以上的支持，因此，本次国会选举具有极其重要的作用，被媒体讽刺为"为修宪而进行的选举"。本次选举共有以执政党自由党和在野党民主国民党为首的 14 个政党、社会团体参加，候选人 1207 人（与上届相比有所减少，竞争率 5.9∶1）；选举结果：执政党自由党获 114 席，成为院内第一大党，第一在野党民主国民党 15 席、大韩国民党 3 席、国民会议 3 席、制宪国会议员同志会 1 席。除政党外，尚有 67 位无党派人士当选。大量无党派人士的当选，从一个侧面反映出政党政治初建阶段，政治人物个人在政治活动中的重要作用。因此，从某种意义上说，第 3 届国会议员选举也是韩国政党政治中以个人为中心的选举制度发展的重要阶段。

---

① 第 2 届国会议员选举，https：//terms. naver. com/entry. naver? docId = 1711481&cid = 42146&categoryId = 42146。

② "〈대한민국선거사-7〉제 3 대국회의원선거"，2012. 10. 30，http：//www.everynews.co.kr。

(三) 第 4 届国会选举

从第 4 届国会选举开始，韩国的选举政治开始步入以政党为中心的发展阶段。一方面，无党派候选人被禁止参加竞选；另一方面，政党在选举中的地位和作用凸显，政党间的竞争也更加激烈。这一阶段的政党竞争，总体上表现为秉持同样保守理念和政策立场的保守势力内部不同政治阵营之间，有时可能是执政党和在野党之间的抗衡和竞争，但这种抗衡和竞争不具有意识形态和政治主张的根本对立性质。

第 4 届国会选举于 1958 年 5 月 2 日进行。根据 1952 年 7 月 7 日颁布的宪法修正案，国会由民议院和参议院两院构成，原选举法废除。《民议院议员选举法》和《参议院议员选举法》于 1958 年 1 月颁布（1960 年 6 月 23 日废除）。根据新的选举法，共划分选区 233 个（比第 3 届选举增加了 30 个选区）。本次选举共有 14 个政党、社会团体的政治人物，及 357 名无党派候选人，共计 841 人参加竞选，争夺民议院 233 个议席（参议院不参加选举），竞争率为 3.2∶1。执政党向 219 个、占比达 90% 的选区推荐了候选人。

选举结果，执政党自由党获得 126 席（得票率 42.1%）、民主党 79 席（得票率 34%），自由党获得压倒性胜利。此外，无党派 27 席（得票率 21.7%），统一党 1 席（得票率 0.6%）。第一共和国时期第 1—4 届国会选举制度参见表 8-2。

第八章　韩国的选举与选举制度

表8-2　第一共和国时期第1届制宪国会至第4届国会选举制度一览

区分	时期			
	制宪国会	第2届国会	第3届国会	第4届国会
国会议员任期	2年	4年		
选举制度	1区1人小选区制度			
选区数 国会议员总数	200 200	210 210	203 203	233 233
选举方法	直接选举			
候选人登记	选民推荐制 200人以上	选民推荐制 100—200人		选民推荐制100—200人 委托金：每人50万韩元 （得票未达到 有效投票的1/6时没收）
选举权	年满20周岁	年满21周岁		
被选举权	年满25周岁			
选民名单	申报填写制	自行申报登记制 定期职权制定制 异议申请制 （60天以上居住者）		每位候选人一份 选民名单副本
竞选活动	自由竞选活动	部分公营选举运动制度		选举事务长1名 选举事务所1处 联络处（邑、面、洞1处） 当选率1500：1
当选决定	多数代表制，承认无投票当选			多数代表制
选举管理机关	中央国会 选举委员会 （委员15人）	中央选举委员会 （委员9人）		中央选举委员会 （委员9人， 朝野政党各1人）

资料来源：호광석，「한국의정당정치」，중앙선거관리위원회，1983。

(四) 第5届国会选举

"4·19"革命后,第一共和国崩溃。1960年6月,国会通过了以内阁责任制和两院制为核心内容的新宪法修正案,韩国改行内阁责任制。

1960年7月29日,根据新宪法举行韩国宪政史上的首次两院制选举,即第5届民议员选举和第1届参议院选举。在全国233个选区中,参议院共58席,参与竞选候选人有214位,其中,无党派19名、民主党61位、自由党13位、社会大众党6位、韩国社会党2位、韩国独立党1位、其他团体2位。

选举结果,民主党以压倒性优势获得胜利。民议院共233席中,民主党获得175席,占75.1%,社会大众党4席,自由党2席,韩国社会党、统一党以及宪政同志会各1席,无党派49席。参议院58席中,民主党在赢得31席,占53.4%,自由党4席,社会大众党、韩国社会党、革新同志总联盟各获得1席,无党派20席。①

(五) 第6届国会选举

朴正熙通过军事政变掌握政权后,试图通过组建霸权政党方式,实现军部长期执政的目的。1961年5月16日,朴正熙颁布革命委员会第4号公告,宣布解散民议院、参议院与地方议会等所有代议制宪法机关,组建国家再建最高会议,禁止所有政治活动。

---

① 第5届国会议员选举,https://namu.wiki/w/제5대%20국회의원%20선거。

1963年11月26日,进行第6届国会议员选举。选区划分为地区选区和全国选区两种,采取简单多数选举方法,地区选区131人、全国区44人,共175席。候选人共1001人,其中地区选区847人、全国区154人。地区选区的竞争率为6.5∶1,全国区的竞争率为3.5∶1。

选举结果:民主共和党在总数175席中以63%的得票率,赢得了131个选区中的88席、全国区22席共110席的成绩,获得压倒性胜利。其余各党的得票情况分别为:民政党41席,其中地区选区27席、全国区14席;民主党13席,其中地区选区8席、全国区5席;自由民主党9席,其中地区选区6席、全国区3席;国民党2席。此外,包括保守党、自由党、正民会、新兴党、新民会、韩国独立党等在内的一些小党,共获得了13.9%的得票率,但均为未获得议席。①

(六)第7、第8届国会选举

第7届国会议员选举于1967年6月8日举行。在政党中心的选举制度下,朴正熙权威主义政权为确保获得垄断国会议程的多数议席,采用金钱贿赂、制造假票、代理投票等非法手段进行选举舞弊,甚至动员中央与地方的行政机关、警察机关以及军队,肆无忌惮地干预、操控选举。最终,民主共和党(得票率50.6%)赢得了全部175席中的129席,其中地区选区102席、全国区27席;新民党(得票率32.7%)赢得了45席,其中地区选区28席、全国区17席;大众党获得地区议席1席。此外,一些未获得议席政党的得票率分别为:自由党3.6%、民主

---

① 김현우,2010. 『한국국회론』,파주:한국 학술정보,521.

党3.0%、韩国独立党2.2%、民众党1.7%、正义党1.3%、统一社会党1.0%、自民党0.8%、统合党0.8%。

执政党选举舞弊留下了诸多后遗症。在野党全面拒绝第7届国会议员选举的结果,否认选举的正当性。在这一背景下,为实现选举的公平与公正,防止国家权力介入选举,杜绝选举腐败,新修订的《国会议员选举法》于1970年12月颁布。依据该法,第8届国会议员选举于1971年5月25日举行。

第8届国会议员选举有地区选区153席、全国区51席,共204席。参加选举的候选人有地区选区577人、全国区121人,共698人。参加竞选的有民主共和党、新民党、国民党、民众党和统一社会党等6个政党。地区选区竞争率为3.8∶1,全国区2.4∶1。[①]

选举结果:执政党民主共和党得票率为47.8%,赢得国会113席(地区86席,全国区27席),新民党89席(地区65席,全国区24席)。此外,国民党(4.0%)、民众党(1.4%)各获得1席。统一社会党和大众党得票率分别为0.9%和0.5%,但未能获得议席。

(七) 第9届国会选举

朴正熙于1972年10月发表特别宣言("10月维新"宣言),同时宣布戒严,禁止一切政治活动,解散国会,并将其权力转至非常国务会议。之后,着手进行第7次修宪。此次修宪经国民投票,被正式确定为第四共和国宪法。

[①] 김헌우, 2010. 『한국국회론』, 파주: 한국 학술정보, 527.

根据新宪法制定的国会议员选举法（1972年12月30日颁布）规定：实行1区2人的中选区制；允许无党派政治人物参选；国会议员总数的1/3由总统任命。根据维新宪法和修改后的国会议员选举法，成立统一主体国民会议。在全国1630个选区选出2359名统一主体国民会议代议员，组成统一主体国民会议，由代议员选举国会议员。

第9届国会选举于1973年2月27日举行。在全部219席中，146席（任期6年）通过中选区制的地区选区选出，73席（任期3年）通过统一主体国民会议通过间接选举产生。选举结果：执政党民主共和党（得票率38.7%）以146席（地区73席，维新政友会73席）的成绩，取得压倒性胜利。此外，第一在野党新民党（得票率32.5%）获52席，民主统一党获2席，无党派获19席。①

（八）第10、第11、第12届国会选举

第10届国会议员选举于1978年12月12日进行。朴正熙政权成立的统一主体国民会议，已经成功操控了国会。此时，固定分配议席数从73席增至77席，加上选区议席154席，国会议席总数为231。在选区划分上，继续实行有利于执政党的1区2名国会议员的中选区制度。

第10届国会议员选举共有473名候选人竞争选区议员的154席席位，竞争率为3.1∶1。在大批前、现任政界著名人士以及无党派人士（共255人，占全部候选人的53.9%）参选情况下，执政党民主共和党获68席（得票率31.7%），成为院内第一大党，在野党新民党61席

---

① 第9届国会议员选举，https://namu.wiki/w/제9 대%20 국회의원%20 선거。

(得票率32.8%)、民主统一党（7.4%）3席。无党派（28.1%）获得22席。

1979年朴正熙遇刺后，同年12月根据维新宪法，由统一主体国民会议选举崔圭夏担任总统。但由于全斗焕新军部势力介入政治，实际掌控了权力，1980年8月崔圭夏总统辞职。全斗焕遂根据第四共和国维新宪法，由统一主体国民会议选举，当选总统。1980年10月，全斗焕政府颁布了新宪法，开启了第五共和国。根据新宪法，由国家保卫立法会议制定了新的选举法，并于1981年1月正式颁布实施。

根据新宪法，国会席位共276个，国会议员任期4年，实行全国区比例代表议席制度。根据新修订的国会议员选举法，第11届国会选举于1981年3月25日举行。竞争主要在民主正义党、民主韩国党以及韩国国民党3党之间展开。选举结果，民主正义党获得全部92个选区中的90席，全国区61席，共151席，再次成为国会第一大党；第一在野党民主韩国党获得81席（选区57席，全国区24席）；韩国国民党获得25席（地区18席，全国区7席）；无党派11席。此外，民权党2席，新政党2席，民主社会党2席，民主农民党1席，安民党1席。①

第12届国会选举于1985年2月12日进行。执政党民主正义党（民正党）获国会276席中的148席（得票率35.3%，地区87席，全国区61席），继续保持了国会内第一大党地位；第一在野党新韩民主党（在选举前刚刚成立，在较短时间内获得了相当规模选民的支持）67席（得票率29.3%，地区50，全国区17席）。

第12届国会选举虽然仍然是执政党取得压倒性胜利，但第一在野

---

① 第11届国会议员选举，https://namu.wiki/w/제11대%20국회의원%20선거。

党新韩民主党也获得了不小的胜利。新韩民主党利用国会席位，极力主张查明"光州事件"（"5·18"光州民主化运动）真相、释放政治犯。这些主张和要求给全斗焕政权带来了不小的压力和挑战。在新韩民主党的推动下，1987年，国会在通过"4·13"护宪措施后，随即提出了全面民主化的要求，同年6月10日，"6月民主抗争"全面爆发，之后，全斗焕政权被迫发表《6·29宣言》，同意修改宪法，实行总统直选制。10月12日，国会通过了以总统直接选举为核心内容的新宪法，韩国政治进入新阶段。可以说，即便是在军事权威主义体制下，在野党的生存空间虽然狭小，但有时也能够在转型过程中发挥重要的政治作用。

（九）第13—16届国会选举

1987年10月29日公布的新宪法即第六共和国宪法。翌年3月，根据新宪法，颁布了新修订的选举法。新选举法将此前实行的中选区制度改为小选区，选区议员确定为224席，加上全国区议席75席，共299席。全国区议席，由获地区议席5席以上的政党，根据各政党在选区议席上得获得的比例数，进行分配。

第13届国会选举于1988年4月26日举行。选举结果：执政党民主正义党（民正党，得票率38.8%）共获得125席（地区87席、全国区38席），成为院内第一大党，但未达到过半数议席；和平民主党（得票率19.3%）共赢得70席（地区54席、全国区16席），成为第一在野党；统一民主党（23.8%）赢得59席（地区46席、全国区13席）；新民主共和党（得票率15.6%）共35席（地区27席、全国8席）；无党派9席，韩民族民主党获1席。由于执政党民正党未能获得过半数议席,政局首次出现自1954年第3届国会之后的朝小野大的分立政府(divided government)局面,国会由在野党主导。不过这一局面,后因民正党卢泰愚与统民党金泳三、共和党金钟泌3党合并,建立民主自由党(民自党),而反转为朝大野小的独立政府格局。

第14届国会于1992年3月24日举行。选举结果:在299个议席中,民主自由党(得票率38.5%)获149席(地区116席、全国区33席),成为第一大党(但仍然未获过半议席);民主党(得票率29.2%)获97席(地区75席,全国区22席);统一国民党(得票率17.4%)获31席(地区24席,全国区7席);新政党(得票率1.8%)1席;无党派21席。此次选举再次形成朝小野大分立政府局面(后因10位无党派议员加入民自党,国会内席位分布再次反转为朝大野小独立政府形态)。

第15届国会选举于1996年4月11日举行。此次选举与第14届选举相比,地区选区席位增加16席为253席,全国区席位相应减少16席至46席。为确保选举过程的透明与公正,防止选举腐败,提升选举管理效率以及培育新型选举文化,1994年,根据《宪法》和《地方自治法》,新制定了统合选举法,即《公职选举与选举腐败防治法》。第15届国会选举主要依据《公职选举与选举腐败防治法》进行。选举结果:在地区253席和全国区46席共299个议席中,执政党新韩国党(得票率34.5%)共赢得139席(选区121席、全国区18席)、新政治国民会议(得票率25.3%)共获79席(选区66席、全国区13席)、自由民主联合(得票率16.2%)获50席(选区41席、全国区9席)、统合民主党(得票率11.2%)获15席(选区9席、全国区6席)、无党派候选人(得票率11.8%)获选区16席。继第13、第14届国会议员选举后一再出现朝小野大局面后,本次选举再次形成朝小野大政局。此外,本次选举的初选议员在选举中的表现引人注目,在 299 名国会议员中,有 107 位初选议员当选。较高的胜选比例,表明初选议员在选举中的作用非常突出。①

第 16 届国会选举于 2000 年 4 月 13 日进行,在金融危机爆发的背景下,国民舆论要求减少议员规模,为此,国会议席从 299 名减少至 273 名(地区议员 227 名、比例代表 46 名)。本次选举结果:大国家党共获得 133 席(地区 112 席、比例代表 21 席),新千年民主党 115 席(地区 96 席、比例代表 19 席),自由民主联合 17 席(地区 12 席、比例代表 5 席),民主国民党 2 席(地区 1 席,比例代表 1 席),希望的韩国新党获地区 1 席,无党派 5 席。由于没有任何政党获得过半数议席,形成大国家党与新千年民主党两大政党的院内结构。

(十) 第 17 届国会选举

第 17 届国会议员选举于 2004 年 4 月 15 日举行。第 17 届国会选举的议员总数恢复到 15 届国会时期的 299 名(地区由原 253 减为 243,为加强职能代表性质,提升国会议员专业性,全国比例代表由原来的 46 席增为 56 席)。

此次选举引入了候选人预选制度。候选人预选制度是为确保选举的公正性,规定参加总统选举、国会议员选举、广域团体长·广域议员·基础团体长及地方议员选举等各种选举的候选人,需分别提前 240 天、

---

① 第 15 届国会议员选举,https://terms.naver.com/list.naver?cid=62048&categoryId=62048。

120天、90天、60天注册登记成为预备候选人后,方可进行选举的制度。

本次选举实行了新的比例代表制,与以往依据简单多数原则选出地区选区议员,然后再根据地区得票率,分配全国比例代表议席不同,此次实行的比例代表制,旨在防止死票,并为少数党提供更多机会进入议会,同时,也进一步强化女性代表的比例。具体方法是:根据公职选举法,各政党依据得票比例进行比例代表议员议席分配;得票率超过3%以上,或获得选区国会议员数超过5席以上的政党,有资格获比例代表议席。实行政党名簿式比例代表方式,即比例代表人选及其在名簿中的登记顺序,由政党自行决定。根据选举法,在比例代表名簿中,女性代表须占50%,且按奇数顺序在名簿中排位。政党将比例代表名单提交中央选举管理委员会,再由后者根据记载的名单顺序,决定比例代表议员人选。这一制度的实行,对大党来说,产生一定压力和挑战。

在卢武铉总统弹劾风波背景下进行的第17届国会选举,投票率为60.6%。各党所得席位分别为:执政党开放的我们党152席(地区129席,比例代表23席),第一在野党大国家党121席(地区100席,比例代表21席),民主劳动党10席(地区2席,比例代表8席),新千年民主党9席(地区5席,比例代表4席),自由民主联合获地区议席4席,国民统合21获得地区1席,无党派2席。[①] 新成立不久的政党——开放的我们党此次选举中获得压倒性胜利,成为转型后具有自由主义性质的执政党,首次在国会内获得超过半数议席的政党。本次选举具有重要的历史意义。

---

① 第17届国会议员选举,https://namu.wiki/w/제17대%20국회의원%20선거。

第八章　韩国的选举与选举制度

（十一）第 18 届国会选举

第 18 届国会选举于 2008 年 4 月 9 日举行。尽管创史上最低投票率纪录（46.1%），但本次选举因有 17 个政党参加，因此成为历届选举中参选候选人人数最多的一次。[①] 同时，也是顺利实现政党执政 10 年后顺利政权交替后的一次选举。

本届国会议席共 299 席（地区 245 席，比例代表 54 席）。选举结果：执政党大国家党获得过半议席（共 153 席，其中地区 131 席、比例代表 22 席），形成朝大野小格局。保守阵营的自由先进党获得 18 席（地区 14 席，比例代表 4 席）、亲朴联队 14 席（地区 6 席，比例代表 8 席）；第一在野党统合民主党 81 席（地区 66 席，比例代表 15 席）、民主劳动党 5 席（地区 2 席，比例代表 3 席）、创造韩国党 3 席（地区 1 席，比例代表 2 席）、无党派 25 席。

（十二）第 19 届国会选举

2012 年 4 月 11 日举行了第 19 届国会选举。本届国会选举出现了一些新情况，主要表现为：首先，在野党民主统合党和统合进步党联合推出单一候选人，应对竞争激烈的选情。其次，在选举管理方面，首次实

[①] 第 18 届国会议员选举，https://terms.naver.com/entry.naver?docId=5570527&cid=60379&categoryId=60387。

行在外投票选举制度。① 但在外投票选举制度的具体实施遇到了一些前所未有的新情况、新问题，主要是由于信息、移动通信技术在在外投票选举中应用的普及和发展，使一些技术和非技术复杂因素进入选举过程，改变了选举环境，增加了选举的不确定因素，大幅增加了选举管理的难度。最后，围绕选区划分，虽然朝野立场有很多冲突和矛盾，但经讨论协商后，最终达成了共识，确定国会议席总数增至300席：全罗南道和庆尚南道各减少1个选区，对京畿道坡州市和江原道原州市则重新进行了选区划分。

选举结果：在全部300个（选区246席，比例代表54席）席位中，新国家党获152席（选区127席，比例代表25席），民主统合党获127席（选区106席，比例代表21席），统合进步党获13席（选区7席，比例代表6席），自由先进党获5席（选区3席，比例代表2席），无党派获3席。本次选举中，政党得票率在3%以上或5人以上的在选区获胜的政党，可以获得比例代表议席。政党得票率未及2%且没有选区当选人的政党，从政党登记中除名。

（十三）第20届国会选举

第20届国会选举于2016年4月13日举行。本次选举共有24个政党、1093名候选人（地区候选人935名，比例代表158人）参选。最终进入国会成为体制内的政党，除了执政党新国家党，还包括共同民主党、国民之党、正义党3个在野党。全国9个道、首尔特别市、世宗特

---

① 第19届国会议员选举，https://namu.wiki/w/제19대%20국회의원%20선거。

别自治市、6个广域市共选出300位议员（选区253位、比例代表议员47位）。

本次选举实行小选区简单多数代表的选区制与比例代表制（比例代表议席由获得5席以上选区议席或政党得票率在3%以上的政党获得）并行制度。选举结果：投票率为58%，高于投票率分别为54.2%、46.1%的19届、第18届国会选举。共同民主党赢得123席（选区110席，比例代表13席），新国家党获122席（选区105席，比例代表17席），国民之党获38席（选区25席，比例代表13席），正义党获6席（选区2席，比例代表4席），无党派获11席。新国家党以1票之差败给共同民主党，屈居国会第二大党。共同民主党上位为国会第一大党，国民之党以第三势力崛起，形成国会由在野党主导局面。本次选举产生的席位分配，使国会内有资格成立交涉团体的政党从以前的两大党扩展到第三党，国会内三党交涉团体的格局，不仅改变了国会长期由两大党占据绝对优势地位的局面，而且使席位数位居第三的政党得以在国会政治中处于投决定票（casting vote）的关键地位。本次选举一定程度上改变了两党政治的基本格局。此外，本次选举形成的"朝小野大、三党国会"局面，增加了执政党与在野党互动协商的难度，对国政运营形成了挑战，同时也在一定程度上改变、调整了选举的地域格局、权力支配格局。[①]

（十四）第21届国会选举

新型冠状病毒在全世界范围内持续扩散背景下，第21届国会选举

[①] 洪静：《国会选举落幕，韩国进入"朝小野大"时期》，《世界知识》2016年第9期。

于 2020 年 4 月 15 日在政府推行强有力防疫措施的情况下如期举行。本次选举投票率高达 66.20%，创下进入 21 世纪以来，投票率的最高纪录。①

此次选举的投票方式依旧采取 1 人 2 票制及比例代表制，选出了 300 个议席（地区 253 席，比例代表 47 席）。本届选举除首次将选民最低年龄下调至 18 周岁外，还首次实行了准联动型比例代表制度，即以全国政党得票率为准，引入准联动型（50%）比例代表制度，在全国比例代表 47 个席位中，以 30 席为上限进行联动比例分配。该制度的实施，旨在改变目前两大政党格局，救济小党，实行多党制。但从选举结果看，这一制度实施的初衷并未达成，两大政党格局并未改变，小党依旧艰难。

选举结果：执政党共同民主党赢得了国会 180 席（共同民主党竞选选区议员，获 163 席；卫星党共同市民党角逐比例代表，获得 17 席），成为 1987 年政治转型以来首次赢得国会 3/5 议席的执政党。国会第一大在野党未来统合党及其卫星党未来韩国党，共获得 103 席（未来统合党获选区 84 席，未来韩国党获比例代表 19 席），无党派获 5 席，正义党获 6 席（选区 1 席，比例代表 5 席）、国民党获 3 席（比例代表）、开放民主党获 3 席（比例代表）。总的来看，本次选举的特点和后续影响是：执政党获得压倒性胜利，第一在野党虽然选举失败，但巨大两党格局本质上并未改变；小党依旧无法成为交涉团体政党，政治地位并没有得到改变。

---

① 第 21 届国会议员选举，https://namu.wiki/w/제21대%20국회의원%20선거。

第八章　韩国的选举与选举制度

第四节　地方选举

韩国地方自治法对地方自治团体的种类、组织及运营，居民参与地方自治的相关事项以及国家与地方自治团体之间的基本关系等做出规定。根据地方自治制度，地方居民投票选举地方行政机构（地方行政首长）和地方立法机构（地方议会议员）的地方公职代表，实行自我管理和地方自治。①

根据《公职选举法》的规定，地方公职人员的选举包括地方行政首长和地方议员的选举。地方行政首长选举，即地方自治团体长的选举，包括9个道知事、首尔特别市市长、6个广域市市长、普通市市长，以及郡首、自治区长的选举。地方议会议员选举则包括9个道议会，首尔特别市、6个广域市、普通市、区、郡、邑、面议会议员的选举。

韩国地方选举每4年举行1次，中央选举管理委员会管理选举相关事宜。中央选举管理委员会独立于政府，不受行政机关管辖。

一、地方选举制度及其变迁

韩国地方选举即全国同时地方选举（Provincial Election and Local

---

① 《地方自治法》第2条。

Council Election)。在韩国公职选举中，只有地方选举，因全国同时举行，因此常被称为"全国同时地方选举"。所谓"同时选举"指在部分选区或全部选区相互重叠区域内，在同一选举日，进行两种以上不同种类的选举（立法机构选举与行政机构选举）。[①] 地方选举在不同的法律和管理机构的文件中，表述略有不同。公职选举法以"同时选举"、政治资金法以"同时地方选举"、中央选举管理委员会则以"全国同时地方选举"来指称地方选举。韩国公职选举法对全国同时地方选举的定义与选举时间做出了规定。

（一）地方选举制度

全国同时地方选举是地方居民选举自己所在区域的团体长和议会议员的选举，包括选举广域地方团体长、基础地方团体长、广域教育监[②]、广域地方议员、基础地方议员。广域地方自治团体长与基础自治团体长的选举，实行简单多数代表制；广域地方议员的选举实行简单多数代表制和小选区制，基础议会议员的选举采取简单多数代表制和中选区制。

地方选举制度内容，主要包括选区的划分以及选举的决定方式。

根据公职选举法，地方选举的选区划分在不同的地方自治团体按不同的标准划分。如：市、道议会的比例代表议员，选举单位为候选人所

---

① 《公职选举法》第 202 条。
② 教育监（Superintendent of Education）是韩国综合治理地方教育事务，特别与教育、学艺相关事务的最高指挥官。根据韩国地方教育自治相关法律第 18 条，在市、道设立教育监。自 2007 年釜山广域市教育监选举开始，韩国开始通过地方普选，直接选举产生教育监，旨在实现地方自治与分权。强化地方教育的自主性与专业性。https://www.law.go.kr/LSW/lsInfoP.do?efYd=2022; https://namu.wiki/w/교육감。

在的市、道；自治区、市、郡的比例代表议员，选举单位为候选人所在的自治区、市、郡；地方议会的选区议员，其选举单位是候选人所在的选区。①

根据人口、行政区域、交通等地方条件，广域市、道议会议员的选举实行小选区制度，即 1 个选区只能选 1 名议员；自治区、市、郡议员实行中选区制，即 1 个选区选举 2—4 名议员。②

市、道选区议员数是其所辖区内的自治区、市、郡议员数的 2 倍，并可以在 14% 的幅度内进行调整。市、道的议员总数不少于 22 名，其中选区议员总数不少于 19 名，比例代表议员不少于 3 名；自治区、市、郡议员不少于 7 名，其中选区选举的议员不少于 6 名，比例代表不少于 1 名。③

20 世纪 90 年代以来，基础团体、广域团体的团体长和议员的任期均为 4 年（仅 1995 年 6 月选举中当选的团体长和议员任期为 3 年）。地方选举的行政首长、议员的任期均为 4 年。地方议员的任期可以连任，但地方团体长和教育监可以 3 选连任，但最多只能连任 3 次。

团体长的选举由所辖选区选民直接投票选举产生。选举采用简单多数方法，即获得有效投票简单多数者当选。若最高得票人为 2 名以上的情况，按年长顺序决定当选。④

地方选举中关于政党党内公推制度一直存在争议。1991—1998 年的地方选举中，只有基础议会选举不允许实施政党推荐。

---

① 《公职选举法》第 20 条。
② 《公职选举法》第 26 条之第 1 款、第 2 款。
③ 地方自治法，https://www.law.go.kr/LSW/lsInfoP.do?efYd=20220113&lsiSeq=238325#0000。
④ 同上。

(二) 地方选举制度的变迁

1948年7月制定的韩国制宪宪法虽然有地方自治的内容，但当时的地方自治并未得以真正实施。1949年7月，韩国制定了地方自治法。根据该法，1952年4月进行了第一次地方议会选举。首尔特别市、道及市、邑、面议会的议员，由居民直接选举产生；市、邑、面长由各议会选出；首尔特别市长、道知事则由总统任命。1956年8月8日，进行了第二次地方选举，市、邑、面长改为直接选举产生。1960年进行了第三次地方选举。

1961年朴正熙发动军事政变，实行军事集权行政体制，地方议会被解散，地方行政长官实行任命制，地方自治制度被废除。这种情况一直延续到1988年。

1988年4月，地方自治制度在休眠30年后，国会通过了地方自治法修正案。在地方自治法中注入"民主"与"效率"等相关内容。根据新修订的法律，1991年3月26日进行了基础议会，即区、市、郡议会议员的选举；6月20日进行了广域议会，即市、道议会议员的选举。基础议会选举不实行政党推荐方法，广域议会选举则首次采用了党内推荐制度。

1991年3月举行的基础议会议员选举，全国共设3562个选区，选区以邑、面、洞为单位，每一选区应选议员1—4人，共选出议员4304人。此次选举的投票率为55%，相对偏低。当选议员中具有执政党倾向的候选人超过70%。此次选举的当选议员于4月组成了全国260个区、市、郡议会。

第八章 韩国的选举与选举制度

1991年3月举行的广域议会议员的选举，实行1区1人的小选区制。全国共设866个选区。民自党在本次选举中以563席的优势获得压倒性胜利。新民党、民主党、民众党分别获得165席、21席、1席，无党派候选人获115席。当选议员于7月8日组成了全国15个市、道议会。与1987年大选、1988年国会选举一样，此次选举的地域主义投票倾向十分明显：民自党在12个市、道议会赢得了全部议席（718席）数的78.4%，达563席，[①] 但在湖南地区（光州、全南、全北）的148个席位中只获得1席；而新民党165个议席中的83%（137席）却全部来自湖南地区。可见20世纪90年代的韩国政党政治和选举中，地域主义色彩非常明显。韩国历届全国同时地方选举投票率参见表8-3。

表8-3 韩国历届全国同时地方选举投票率

单位：%

历届地方选举	时间	投票率	投票机制	任期
第1届	1995年6月27日	68.4	1人4票	任期3年
第2届	1998年6月4日	52.7	1人4票	任期4年
第3届	2002年6月13日	48.9	1人6票	任期4年
第4届	2006年5月31日	51.6	1人6票	任期4年
第5届	2010年6月2日	54.5	1人8票	任期4年
第6届	2014年6月4日	56.8	1人7票	任期4年
第7届	2018年6月13日	60.2	1人7票	任期4年

资料来源：作者自制。

[①] 1991年地方议会议员选举，https://terms.naver.com/entry.naver?docId=920624&cid=62048&categoryId=62048。

二、历届同时地方选举基本情况

1994年3月以公职选举法的制定为契机，翌年6月进行了首届全国同时地方选举，选出地方自治团体长和地方议员，正式开启地方自治新时代，1995年因此被称为地方自治的元年。①

全国同时地方选举每4年举行一次，1995—2018年，韩国共成功举行了7届同时地方选举。2022年6月1日将举行第8届同时地方选举，由于此次选举被视为2022年3月结束的韩国第20届总统大选的延长，朝野两党都将使出浑身解数投入选举。对于以不到1%的票差勉强当选的尹锡悦政府来说，要通过此次选举来巩固胜利，而对于从执政党地位沦为在野党的共同民主党来说，则必须进行绝地反击。

（一）第1届全国同时地方选举

1995年6月27日，韩国选举发展史上举行了第1届全国同时地方选举。这次选举一定意义上标志着地方自治时代的重新开启。1995年因此也被称为地方自治元年。②

本次选举，投票率为68.4%，共选出5758名自治团体长和地方议员，其中包括市、道知事15名，市长、郡守、区厅长230人，市、道议会议员970名，市、郡、区议员4541名。民主党有478名、执政党

---

① 박찬욱，2002.「지방자치와선거」, 서울：한국사회조사연구소.
② 위와 같다.

民主自由党有 410 名候选人当选。此外，选举前新成立的、以忠清道势力为主的自由民主联合，有 121 名候选人当选。无党派 206 位候选人当选。15 个广域团体分别由民主自由党（5 人）、民主党（4 人）、自由民主联合（4 人）及无党派（2 人）人士当选团体长。基础团体长的选举，民主党获 84 席、民主自由党获 69 席、自由民主联合获 24 席、无党派获 53 席。广义团体议员的选举，民主党获 353 席、民治自由党获 284 席、自由民主联合获 86 席、无党派获 152 席。[1]

本届选举主要依据新制定的《公职选举及不正当选举防止法》举行。为可以向国民提供更民主、更公平的政治竞争环境，1994 年 3 月，国会在原《总统选举法》《国会议员选举法》《地方议会议员选举法》，以及《地方自治团体议长选举法》4 部法律的基础上，制定了《公职选举及不正当选举防止法》，该法对选举相关问题做了最低限度的规定。

（二）第 2 届全国同时地方选举

1998 年，由于深受金融危机影响，社会呼吁国家应减少选举资金的支出。为回应社会关切，广域地区议会议员数量由 970 名减少到 690 名，基础议会议员数量也由 4541 名减至 3489 名。

1998 年 6 月 4 日举行了第 2 届全国同时地方选举，16 个广域团体长选区、232 个基础团体长选区、616 个广域议会议员选区、3456 个基础议会议员选区，同时展开选举，共选举产生 4427 位自治团体长和议员席位。[2] 因执政党新政治国民会议与自由民主联合实行联合公推，执

---

[1] 第 1 届全国同时地方选举，https：//namu.wiki/w/제1회%20전국동시지방선거。
[2] 대한민국전국동시지방선거，https://namu.wiki/w/대한민국%20전국동시지방선거#rfn-13。

政党新政治国民会议与自由民主联合在16位广域团体长的竞争中,赢得10个广域自治团体长席位,大国家党则在6个广域自治团体中获胜。

(三) 第3届全国同时地方选举

2002年6月13日,在各政党积极筹备即将于年底举行的第16届总统大选,并酝酿推举候选人的背景下,举行了第3届全国同时地方选举。此次选举正值2002年世界杯足球赛(韩日对决),选民和媒体注意力几乎完全被体育赛事所吸引,投票率受到很大的负面影响。此次选举的投票率为48.8%,共选举产生了4415位公职人员。①

广域自治团体长的选举,大国家党、新千年民主党、自由民主联合分别获得11席、② 4席③和1席④,大国家党赢得胜利,创下自第六共和国以来,单一政党首次在全国选举中赢得过半数压倒性胜利的纪录。另外,民主劳动党虽未能在广域自治团体长选举中获胜,但在蔚山广域市却获得了43%的支持率,影响力大增,成为新崛起势力,为该党日后成为院内政党奠定了基础。

基础自治团体长和广域议员选举,也是大国家党取得压倒性胜利。在227个基础自治团体长选举中,大国家党136人当选、新千年民主党44人当选、自由民主联合16人当选、民主劳动党2人当选、无党派29人当选。在680位广域议员选举中,大国家党获467席、新千年民主党

---

① 第3届全国同时地方选举,https://namu.wiki/w/제3회%20전국동시지방선거。
② 大国家党在首尔特别市(李明博当选)、釜山广域市、大邱广域市、仁川广域市、大田广域市、蔚山广域市、京畿道、江原道、忠清北道、庆尚北道、庆尚南道11个地方当选。
③ 新千年民主党光州广域市、全罗南道、全罗北道、济州岛4个地方获胜。
④ 自由民主联合只赢得忠清南道。

143 席、自由民主联合 32 席、韩国未来联合 2 席、民主劳动党 11 席、无党派人士 26 席。

(四) 第 4 届全国同时地方选举

2006 年 5 月 31 日，第 4 届全国同时地方选举举行。本次选举将产生 3867 个自治团体长和议员席位。此次选举一度被称为"卢武铉政权审判论""地方政府审判论"。在选举历史上，首次发起"宣言运动"的选举。

"宣言运动"是指候选人将选举政纲以文书形式确定下来，作为一种选举策略和形式，候选人公开宣示当选后将据此逐条兑现向选民作出的承诺。"宣言"需要说明候选人选举活动的具体预算和推进日程，以方便选民验证、核实和评价候选人所提的各种政纲和公约。这一运动与过去市民社会进行的"负面消极的选举运动"(Negative Campaign)不同，"宣言运动"从积极的视角，鼓励市民团体、选举管理委员会、媒体、政党等各方势力，通过共同举办活动，以承诺、参与等新的治理(governance)形式，在各地区形成选举运动网络，展开多种形式的"正面积极的选举运动"(Positive Campaign)。

本次选举，以执政党开放的我们党惨败、大国家党大胜告终：除全罗北道外，开放的我们党在所有地区广域团体长的选举中全部落选。大国家党除湖南、济州道外，赢得了 12 个广域团体长职位。民主党在传统票仓的光州、全罗南道也大举落败。在基础团体长选举方面，开放的我们党在全部 230 席中，仅赢得 19 席，而大国家党则获得 155 席。民主党获得 20 席。此外，在本次选举中，地域因素发挥了重要影响作用。

大国家党在除湖南地区外的几乎所有地区,赢得了基础团体长的职位,而在岭南和首都圈,则席卷了所有基础团体长职位。

(五)第 5 届全国同时地方选举

2010 年 6 月 2 日举行了第 5 届全国同时地方选举。本次选举共将选出 3991 个自治团体团体长和议员席位。① 选举登记选民 3886 万,投票率为 54.5%。

本次选举,首次实行"1 人 8 票制",即广域团体长、广域议员、基础团体长、基础议员及教育监与教育议员共 8 项选举同时举行。②

选举结果,广域团体长席位,民主党获 7 席、大国家党获 6 席、自由先进党获 1 席、无党派获 2 席;基础团体长共 228 席,民主党获 92 席、大国家党获 82 席,其余被自由先进党(13 席)、民主劳动党(3 席)、国民中心联合(1 席)、未来联合(1 席)、无党派(36 席)获得。

此次选举,由于首次实行 1 人 8 票制,投票、开票工作量巨大,总共投入了 23 万名投票管理人员、9 万名开票管理人员。

除加强一般性的选举管理外,为防止选举腐败,本次选举还成立了不正当选举网络监视团(cyber election monitoring team),由该组织 24 小时监督包括推特在内的网络投票,并随时收集相关的证据。

---

① 第 5 届全国同时地方选举,https://namu.wiki/w/제 5 회%20 전국동시지방선거。
② 选民进行两轮投票。第一轮的 4 张选票,先对教育监、教育议员、地区广域议员、地区基础议员进行投票;第 2 轮选票,向广域团体长、基础团体长、比例代表广域议员、比例代表基础议员投票。

（六）第6届全国同时地方选举

2014年6月4日举行第6届全国同时地方选举。此次选举是在2012年7月1日成立第17个广域自治团体——世宗特别自治市之后，进行的首次地方选举。

在本次选举中，首次实行事前投票制度，建立统合选举人名簿系统。[①] 所谓事前投票制度是指选民在全国任何地方，不需提前申请，就可以提前投票的制度。统合选举人名簿系统是一种新的选民登记管理方式。以往选民登记管理，实行各地投票区对本区选举人名册分别登记管理的方式。此次实行的统合选举人名簿系统将全国所有选民形成综合选举人名册系统，选举人无须另行申报即能参加选举；而各事前投票所通过国家信息通信网查询统合选举人名册，即可向选民发放选票。

由于从此次选举开始，不再另行选出教育议员（改由地方议员组成地方议会教育委员会承担其功能），故所需投出的票从2010年"6·2"地方选举的1人8票减为7票，开始实行1人7票制（济州特别自治道和世宗特别自治市则分别实行1人5票和1人4票制度）。

本次选举中，选举管理委员会登记的候选人总数为8994人，角逐包括17席市、道知事，226席自治区、市、郡首长以及广域团体议员、基础团体议员在内的共3952个席位。本次选举投票率为56.8%，竞争率为2.3∶1。

[①] 韩文"사전투표"直译为事前投票，即提前投票，指因选举日当天难以进行投票的选民，无须申请不在者投票，可在全国任何一个提前投票所，进行提前投票的制度。事前投票所将设置在实施选举地区的每个邑、面、洞等行政区内。从2013年1月1日起，所有公职选举都引入统合选举人名册的事前投票制度。

选举结果：在全国 17 个广域团体长选举中，新国家党获得 8 席（市长 4 席，道知事 4 席）、新政治民主联合 9 席（市长 4 席，道知事 5 席）。

本次选举竞争较为激烈。由于受"世越号"沉船事件影响，执政党新国家党面临较大压力。为赢得民意，新国家党候选人直接走进市场、企业，甚至在选举运动中，集体向选民下跪，进行呼吁、拜票比以往似乎更"拼命"。执政党指导部还疾呼"相信大韩民国，请帮助我们"的竞选口号。整个选举过程，各党均采用社交媒体 SNS 以及脸书（Facebook）、推特（Twitter）等，线上、线下同时进行网络宣传，争取选票。

（七）第 7 届全国同时地方选举

2018 年 6 月 13 日举行第 7 届全国同时地方选举。

本次选举有 7 个选举同时进行，即同时选出广域团体长、基础团体长（区厅长、市长和郡守）、广域地区议员、广域比例代表议员、基层地区议员、基层比例代表议员以及教育监。同时还要进行国会议员的补缺选举。本次需要选出的公职职位共有 4016 个。此次选举在全国设立 14000 个投票所，选民投票率超过 60.2%。

选举结果：来自进步阵营的执政党共同民主党击败了保守势力的第一大在野党自由韩国党，获得压倒性胜利。在 17 名全国广域团体地方行政长官的选举中，执政党共同民主党获 14 席，第一大在野党自由韩国党获 2 席，无党派占 1 席；在选出的 226 个基础团体行政首长中，共同民主党赢得 151 个职位，自由韩国党获得 53 个职位；在全国 17 位市道教育厅教育监的选举中,来自保守势力的候选人只有2人当选,其余席位由进步阵营候选人获得。

第五节 政治资金、政党提名/公荐与国民参与竞选制度

为防止金钱对选举的渗透腐蚀,杜绝选举腐败,保证政治资金来源和使用的透明性,韩国实行政治资金制度;为规范党内提名程序,强化政党竞争实力,培养和选拔政党人才,提高当选概率,实行政党提名制度,也称政党公荐制度。另外,为避免提名权被党内权势人物操纵,扩大民意调查在选举中的比重,激励国民政治参与的积极性,提高政治参与水平,探索更民主的候选人推荐方式,实行国民参与竞选制度。

韩国《政党法》《政治资金法》以及《公职选举法》对政治资金制度、政党提名制度做出明确规定,这些与选举政治密切相关的制度设计,对韩国总统选举、国会选举以及地方选举的高效运行,民主政治的健康发展具有重要意义。

一、政治资金制度

政治资金是指政党、政治人物为开展选举政治活动所需要的资金。为确保政治资金收入与支出的透明、公开,防止金钱对选举政治的腐蚀

渗透，韩国政治资金法对政治资金做出相关规定：属于法律规定范围内合法的政治资金，主要包括党费、后援金以及国库辅助金在内的政治资金。此外，资金提供者向自己所支持和属意的候选人所捐赠的物品和资金也属于政治资金。

（一）政治资金的类型与管理

政党、政治人物的政治活动离不开物质以及人力资源的支持，比如拓展人脉关系、会见地区选民、宣传政治纲领、制定公共政策、解决地区悬案、进行各种议政活动、设立办公室、租赁办公场所，支付事业运营以及工作人员薪水等。这些物质及人力资源消耗所形成的政党及政治人物的政治活动成本费用，需要相应的资金支持。政治资金就是用于支付政党、政治人物政治活动开支的费用。政治资金由政党、政治人物向社会募集获得。

根据韩国《政治资金法》的规定，韩国政治资金主要包括党费、后援金、委托金以及辅助金。

党费即根据政党的党宪、党规规定，由党员向党组织交付的金钱、有价证券或其他物品。

后援金（赞助会）是资金提供者支付给在选举管理委员会登记的后援会的资金，是根据政治资金法，由后援会支付的金钱或有价证券及其他物品。后援金由中央党及从事政治活动的人的后援会支付给相关的政党组织或政治人物。

委托金是指希望为政党支付政治资金的个人，依据《政治资金法》向中央选举管理委员会委托的金钱、有价证券及其他物品。委托金与后援金合称为政治后援金。

辅助金则指国家向政党支付的、旨在培育政党及其候选人的金钱或有价证券等资金。①

韩国《政治资金法》对政党、政治人物募款总额做出明确规定。以国会议员为例,国会议员每人每年可以募集资金1.5亿韩元,但选举年可募集资金2倍以上(3亿韩元)。

为确保政治资金透明运行,防止与政治资金相关的不正当腐败行为的发生,确保民主政治的健康发展,《政党法》和《政治资金法》对政治资金的提供、管理及其使用都做了明确规定。《政党法》规定:除外国人、公务员、私立学校教员等无资格加入政党、不能参加政治活动者外,任何人都可以为自己支持的政治候选人提供资金。《政治资金法》规定:外国人,国内外的法人、团体不能为政党和政治人物提供政治资金;禁止以他人名义或假名提供政治资金;个人可以加入1个以上的后援会,但外国人、国内外法人及团体,不能成为后援会成员;无国会议员选举权的、依据《国家公务员法》《地方公务员法》规定,公务员和私立学校教员等不能成为后援会成员。此外,对捐款额度也做出限制规定:每人每年向后援会捐赠金额不得超过2000万韩元。② 关于委托金,捐赠人,1人1次捐赠额度可超过1万韩元,1年1亿韩元或不低于全年收入所得的5%。③ 相关法律还规定:政治资金的会计及其运行必须透明、公正公开,政治资金只准用于政治活动所需经费,不得用于私人或不当用途。

---

① 《政治资金法》第25条。
② 《政治资金法》第11条。
③ 《政治资金法》第22条。

《政治资金法》第 3 章对后援会募集资金事项做出了规定：政党或政治人可通过后援会进行所需政治资金的募集。后援会既可通过邮政、通信（电话、网络电子结算系统等）方式募集资金，也可以中央选举管理委员会出具的政治资金收据为凭证，提取所募集到的资金或信用卡、存款账户等，还可以在不违反《政治资金法》《政党法》《公职选举法》的前提下，以除集会外的其他各种方法募集资金。[①]

有资格指定后援会的主体包括：政党的中央党（包括中央党创党筹备委员会）及党员，国会议员及国会议员候选人，总统预选候选人及候选人，党代表竞选候选人，地方国会议员候选人，地方自治团体长候选人等。[②] 不同主体后援会的募捐和捐赠限额各有不同：政党的中央党后援会可募集 50 亿韩元，总统选举中的预选候选人后援会、总统选举竞选候选人后援会可募集选举费用限额的 5%；国会议员、国会议员候选人后援会及党代表竞选候选人等的后援会为 1.5 亿韩元；地方议会议员候选人、地方自治团体长候选人等的后援会，可募集相当于选举费用限额 50% 的资金。[③]

《政治资金法》规定：委托金不得直接提供给被支持的政党、政治人物。委托金须以间接方式、由选民委托给选举管理委员会，由选举管理委员会根据国库辅助金分配比例，分配、支付给相应政党的中央党。

国库辅助金本质上也是政治资金的一种类型。根据《政治资金法》第 5 章第 27 条规定，国库辅助金的具体分配如下：国库辅助金的 50%，在占国会席位 20 席以上的交涉团体之间平均分配；5% 分配给非交涉团

---

① 《政治资金法》第 10 条。
② 《政治资金法》第 6 条。
③ 《政治资金法》第 12 条。

体政党中拥有 5 席以上的政党，2%分配给不满 5 席的政党。第 25 条规定：国库辅助金分经常辅助金和选举辅助金两种，前者每年按季度平均进行支付，后者在选举年在候选人登记结束后 2 天内支付。

（二）完善政治资金制度需解决的问题

目前政治资金制度只对大党有利，且如果不是选举年，政治新人根本没有机会获得政治资金支持。因此，国内要求进行制度改革的呼声较高，希望修改政治资金法的相关规定，增加保障院外政党、政治新人合法募到政治资金、开展政治活动等方面的内容。①

在后援会建设方面，目前法律规定只允许中央党设置后援会，市道党单位及以下单位不设后援会。因此，需要扩大有权设立后援会的范围，让更多的政治人物有机会获得后援会的支持。

在国库辅助金分配方面，目前实行国库辅助金随时支付方式，容易诱发政治人物为获取辅助金随意建党、脱党，引发政党频繁分裂、合并现象。这些问题显然不利于政党组织的长期存续和政党体系的稳固。因此，如果将辅助金分配方式改为根据得票率分配，可能有助于韩国政党的持续、稳定发展。但也有学者指出，将 50%的资金分给交涉团体政党，反映了韩国政党依赖国家补贴，大党垄断政权、小党难以进入的卡特尔政党特征，而其余 50%国库辅助金如再根据议席数和投票率进行比例分配的话，更会加剧席位分配少者愈少、多者愈多现象，结果仍然有利于大党，小党不利地位并未得到改变。因此，国库辅助金究竟依据

---

① 조태흠,"노희찬의원얽어맨정치자금법…'제도개선필요'", 2018. 7. 25, https://news.kbs.co.kr/news/view.do?ncd=4014802&ref=A.

什么原则进行资金分配，还需要深入探讨。

在政治资金运行透明公开、防止暗箱操作方面，保障民众对政治资金来源、分配的知情权，保障民众获悉、查阅、复制、得到政党、政治组织、政治人物包括财产状况、收支情况、政治资金收支情况在内的会计资料、相关报告及文件的权利和方便，以及保障民众要求公开相关信息的权利等，也都存在很多需要进一步解决的问题。

二、政党提名/公荐制度

政党提名制度也称政党党内公荐制度，是指政党根据《公职选举法》，在包括总统选举、国会选举、地方选举在内的公职选举中以民主方式推荐候选人的制度。①

获得政党党内提名，意味着候选人能够得到政党的选举支援，会大大提高其当选概率。为能得到政党的推荐，候选人会在党内展开激烈的竞争。候选人在党内的竞争，有利于党对人才的选拔，加强党在选举中的政治实力，但过于激烈的竞争也可能分散选票，导致本党候选人败选。因此，政党会在候选人竞争的基础上，以政党的名义和权威，推荐政党支持的候选人，并为其匹配必要的政治和组织支持，增加其在选举中获胜的概率。政党推荐成为韩国选举制度中的一个重要环节。

政党推荐候选人制度最早开始于 1954 年的第 3 届国会选举。此前，在 1948 年、1950 年进行的第 1、第 2 届国会选举中，由于当时全国范

---

① 《公职选举法》第 47 条。

围内各政党组织尚不健全，政党无力胜任选举政治，加之当时《公职选举法》并未对政党推荐候选人相关问题做出明确规定，政党党内推荐制度，并未产生真正实际作用。在首届国会选举的 200 个席位中，无党派议员比例约占 43%（85 名），在第二届国会 210 个席位中，无党派议员比例高达 60%（126 名），说明没有政党支持的候选人在选举中取得了相对于政党候选人的优势。而到 1954 年举行的第 3 届国会选举时，候选人加入或依附某一政党，成为候选人参选的前置条件，而作为选举资源中心，政党出于自身战略考量，会对有意向参选的不同政党成员做出区别对待，对于取胜把握大、对党的贡献大的参选人，政党会以政党推荐的名义，为其提供必要的支持和帮助。政党的推荐对候选人的当选能够发挥重要影响，第 3 届国会议员选举实际选举结果表明：政党推荐的候选人占全体议员的比例高达 67%（135 名），超过半数，而缺乏政党支持的无党派议员所占的比例则大幅度减少到全体 203 个席位中的 33% 左右（68 名）。第 3 届国会议员选举采用的政党党内推荐方法开创了韩国选举政党公荐制度的先河。①

1990 年制定的《地方议会议员选举法》《地方行政首长选举法》《广域地方团体议员选举及行政首长选举法》，将政党的党内提名从国会议员选举扩展到地方公职选举领域，规定在地方公职选举领域实行政党党内提名制度。1994 年《公职选举及不正当选举防止法》规定，广域地方及基层地方议员和行政首长的选举，均实行政党党内提名推荐制度。不过，在 1995 年、1998 年的地方选举中，只是在地方行政首长选举中实行了政党提名制度，而基层地方议会议员的选举并未实行，基层

---

① 公荐，https://terms.naver.com/entry.naver?docId=66092&cid=43667&categoryId=43667。

地方议员选举直到2005年才开始允许政党党内的提名推荐。

在总统选举方面，1992年，民自党首次采取通过党内总统候选人自由竞争的方法确定候选人，率先改变了原来的由政党指定或推选确定总统候选人的方法。

政治转型后，政党提名制度进一步落实。根据1994年制定的公职选举法的规定，总统选举在选举日前24天、国会议员和地方自治团体的议会议员及行政首长的选举在选举日前20天，为候选人登记开始申请日，登记时间为期2天。候选人应向管辖选区选举管理委员会提交注册的书面申请。此时，候选人所属政党，应将盖有政党及党代表印章的推荐书和本人承诺书一同提交。① 注册期间，除有候选人退出、死亡或被原所属政党除名等情况外，政党不得取消或变更对已注册候选人的推荐结果。

依据《公职选举法》，各政党的党内法规也对政党推荐候选人制度做出了相应规定。共同民主党党内法规规定：总统候选人原则上以国民竞选或国民参与竞选方式选举，总统候选人的党内竞选分预选、本选两个阶段，已注册总统候选人预备人选超过6人时，须经过预选，以确定6名党内提名推荐参选人。② 预选阶段，主要通过采取电话舆论调查方式进行，分别进行"国民舆论调查"（不分性别、年龄层和地区，以调查的准确度和样本代表性为依据，查明被访人是否支持共同民主党）和"党员舆论调查"（以党员名册上记载的党员为对象的调查）。其中，"国民舆论调查"和"党员舆论调查"各占50%权重，计算各个候选人的得分情况。在本选（韩语），即最终决定候选人的阶段，不经过舆论

---

① 《公职选举法》第49条、第50条。
② 共同民主党《党规》第16条对总统候选人的选出规定。

调查，仅通过选举人团投票进行，该选举人团由代议员、党员、普通国民和在外国民（无比例限制）组成，确定总统候选人，完成党内的提名程序。

国民力量党内法规规定，国民力量总统候选人是以总统选举人团（由10,000人以内的全体责任党员组成）有效投票和舆论调查结果各占50%权重计算为基础，以得票最多者当选确定；若最高得票者超过2人时，由在籍议员出席过半数的全党大会上再投票，确定多数得票者为党内提名推荐候选人。①

尽管政党提名制度在选举中发挥着举足轻重的作用，但制度本身也存在很多不容忽视的弊端，诸如党内提名权被党内权势人物操纵所引发的相关问题等。因此，提出改革政党提名制度，消除弊端，甚至要求干脆废除政党提名制度的呼声也一直没有停止。2006年、2008年，有部分国会议员即提出议案，要求在地方基层选举中废除政党提名制度，但议案未能在国会获得通过。之后，2009年、2010年，一些市民社会组织也曾开展过署名运动并召开相关学术会议，呼吁废除政党提名制度。②

三、国民参与竞选制度

2002年韩国总统选举首次引入国民参与竞选制度，随后在国会议

---

① 国民力量党《党规》第44条对总统候选人的选举规定。
② 허철행,「지방선거에있어서정당공천제의한계와개선방안에관한연구」,『지방정부연구』제15권제1호, 2011: 234.

员选举中也开始实行。第 17 届、第 18 届国会议员选举均实行了国民参与竞选制，不过，该制度一直未以正式的法律予以确定。为此，中央选举管理委员会在第 19 届国会选举前，收集政界、市民团体和专家意见，向国会提交选举法修正案，提出全国同时实施国民竞选方案，即所有政党均以国民竞选方式，在同一天同时进行党内候选人选举，中央选举管理委员会负责管理和监督选举过程。这一方案因反对意见众多而未能实行。尽管如此，民众强烈要求改革选举的呼声，一定程度上使新国家党和民主党接受了开放型竞选制度方案，对党内选举规则进行了部分修改，比如同步进行手机投票和现场投票，以丰富国民参与竞选途径。同时开放型竞选制度方案还明文规定：为进一步激励民众政治参与的积极性，作为选举过程中的考量因素，民意调查必须在选举中占到一定的比重。

  国民参与竞选制度的法律依据是选民根据选举法的规定，可以推荐除去比例代表国会议员候选人和比例代表市、道议员候选人之外的候选人。根据相关法律规定，选民在本人所在居民登记区域内，可推荐 1 名无党派候选人；如被推荐的候选人多于 1 人时，则以候选人登记时间为序，确立最先登记的候选人为有效候选人。无党派候选人须依据不同选举类型，分别经一定数量的选民推荐，才能获得候选人资格，具体条件为：总统选举须得到 5 个以上市、道（每个市、道的 500 名以上选民推荐）的 2500—5000 位选民的推荐；地方国会议员选举及自治区、市、郡长的选举须得到 300—500 位选民的推荐；地域区市、道议会议员选举需得到 100—200 位选民推荐。

第九章

地方自治制度

地方自治制度，即根据地方分权原则，由地方居民选举本地区代表，组成地方自治团体，并由该自治团体自主行使自治权，处理居民的福利事务，管理财产、管理该地区公共事务的活动和过程。对地方自治团体的种类、权力、结构、功能等方面做出规定的制度，即地方自治制度。

韩国地方自治的主体，主要包括自治地方的居民、地方议会和地方自治团体的执行机构。

第一节 韩国地方自治制度的发展与主要内容

作为韩国政治制度的重要组成部分，地方自治制度受韩国宪法保障。根据韩国宪法，地方自治团体针对居民福利、财产管理等方面的事务，可自主行使自治立法权、自治组织权、自治人事权、自治财税权、自治规划权等权利，国家不得违法侵犯地方自治权，否则地方自治团体可通行政诉讼来捍卫、维护地方自治权。地方自治团体与中央政府之间是平等关系，而非国家凌驾于地方自治团体之上的一种命令和服从关系。

一、地方自治的含义

地方自治作为宪法规定的一种制度，是指以一定区域为单位的地方居民，在处理地方事务过程中所具有的自主处理的权利和自由，以及地方代表在实际的事务处理过程中，按照地方居民的意志，行使权力治理地方的制度和过程。

从地方自治制度所涉及的中央地方关系的角度看，地方自治制度是一种相对于中央集权的，将地方行政事务交由地方居民自主负责，由地方机关自行处理地方行政的中央地方关系制度。在这种制度下，地方政府及地方居民被赋予权利，以自主、独立地解决地方问题，进行自我管理、自我统治。

在根本意义上，地方自治是一种草根基层民主。由于有了地方自治，地方居民能够参与地方的治理，独立、自主地治理地方。同时，地方自治还能够为居民提供学习、体验、参与、实践民主政治的机会，因此，地方自治也是民主学习和实践的学校。

第九章 地方自治制度

二、韩国地方自治制度的历史背景与发展过程

韩国一直实行中央集权制度。朝鲜时代实行的是典型的中央集权的王权统治体系。日本殖民统治结束后，美军进驻朝鲜半岛，西方代议民主和自治制度开始植入韩国，政府当局开始着手进行制度改革。1948年，韩国制宪宪法规定实行地方自治。1949年7月，韩国首次制定并颁布了《地方自治法》，该法在日帝殖民行政体制基础上，增加了有关地方议会与地方自治团体长的选举及任命的相关内容。1952年正式实施，汉城及道、市、邑、面的议会，市、邑、面的团体长由地方选民间接选举产生，但汉城市长、各道知事仍然实行任命制。1956年2月通过的《地方自治法》修正案，将汉城市长、道知事的任命权交由总统行使。1958年再次修订的地方自治法，取消了较低层级地方自治团体长由选民间接选举的规定，改为任命制。至此，李承晚政府承诺的地方自治已经名存实亡。可见，20世纪50年代的以地方选举为主体内容的地方自治制度，其关注的焦点其实并不是地方自治环境的培育及地方自治制度的建设，而主要在于执政势力为强化执政基础、延长执政时间，利用地方选举自上而下动员民众，进一步实现中央集权的权宜之计和手段。① 这既反映了李承晚政府地方自治政策的虚伪性，同时也说明了在冷战思维和南北分裂政治局势下，地方层次的政治与行政体制改革不仅缺乏基本的实施环境和条件，而且也无法在实践中推行、落实任何真正

---

① 박찬욱,「지방자치와선거」, 서울: 한국사회조사연구소, 2002. p. 40.

具有地方自治意义的制度和政策,而形式上实施的一些地方自治措施,与真正的地方自治也相去甚远。

李承晚政府结束后,民主党政权于1960年通过了《地方自治法修改案》,决定全面实施地方自治团体长的直接选举,即汉城市长、道知事、市、邑、面长由选民直接选举产生。地方自治因此有所恢复。同年12月举行了汉城与道议会选举及汉城市长与道知事的选举。此次地方选举,被视为地方分权的开始。① 但很快就因民主党政权执政不力,朴正熙发动"5·16"军事政变而被迫终止。

朴正熙掌权后,解散了地方议会,实行地方行政长官任命制,地方自治被全面废除。朴正熙军人政权主要依赖中央权力精英与内务组织施行统治,执行以经济增长和国家安全优先的国家发展战略,地方分权与自治的发展理念长期受到压抑和遏制。这些因素使韩国地方自治在其后近30年的时间里一直处于休眠状态。

20世纪80年代中后期,随着韩国经济的快速增长,韩国市民社会也开始迅速崛起。同时国际局势也发生了很大变化,冷战趋于缓和,世界民主化浪潮持续高涨。但是,财富和权力高度集中于中央所导致的资源浪费和政府低效率问题、官僚主义问题、发展不平衡问题等,也越来越累及韩国的经济发展和社会正义。因此,要求进行政治改革的呼声越来越高涨。在韩国民主化运动中,地方自治的恢复问题作为重要政治议题开始进入人们的视野,人们呼吁恢复地方自治制度,恢复市民主权与居民自治权。1987年"6月民主抗争",为恢复地方自治提供了契机。

---

① 1960年地方选举,即首尔特别市、道议会选举(12月12日);市、邑、面议会选举(12月19日);汉城市长、道知事选举(12月19日);市、邑、面行政长选举(12月26日);四大选举在3—7天内完成。

第九章　地方自治制度

在韩国第 13 届总统选举中,各候选人大都将恢复地方自治作为竞选纲领,加快推动了地方自治运动的进程。在多种因素,尤其是强大民意和政治压力下,1987 年 6 月,全斗焕政府不得不宣布实行总统直选、恢复地方自治。

全斗焕政府宣布恢复地方自治制度后,有关地方自治的立法工作逐步完善。1988 年 4 月,国会全面修改了《地方自治法》、制定了《地方自治法附则》。1990 年 12 月,国会通过与地方自治相关联的《地方自治法》《地方议会议员选举法》《地方自治团体长选举法》。1994 年 3 月,国会通过了新的《地方自治法》,制定《公职选举及不正当选举防止法》,进一步完善了地方自治的制度体系。这些法律的制定,使韩国的地方自治制度在地方自治主体、地方自治权、中央与地方关系等方面,不断完善、成熟和发展,逐步形成了具有韩国特色的地方自治模式,在制度建设上揭开了韩国历史上具有真正意义的地方代议政治时代的序幕。[1]

从 1991 年开始,韩国地方自治正式恢复。依据相关法律开始进行各级各类选举,以探索、完善地方自治制度。1991 年举行了市、道、郡、区地方议会选举,此次选举共选出 4333 名基础地方议会议员和 868 名广域地区议会议员。1995 年 6 月,韩国首次实施了历史性的全国同时地方选举,即同时举行基础自治团体、广域自治团体的议员和行政首长的地方选举。这次选举正式标志着韩国不仅恢复了地方自治制度,而且进入了全面地方自治的时代。[2] 2018 年举行的第 7 届全国同时地方选举,则显示了地方自治对韩国政治结构、政治制度的运行和发展产生深

---

[1] 박찬욱,「지방자치와선거」, 서울: 한국사회조사연구소, 2002. p. 41.
[2] 강원택, 2016. 『한국지방정치의이해』, 서울: 박영사, 73.

远影响，在韩国政治中的重要作用进一步显现。

三、地方自治制度的主要内容

地方自治是受韩国宪法保障的重要制度之一。根据韩国《宪法》，地方自治团体处理有关居民福利的事务，管理财产，并在法令范围内制定有关其自治的法律规定。① 地方自治由地方区域内作为主体的居民自治和作为地方团体自治机关的地方政府对地方的自主综合治理构成。在宪法原则下，地方自治团体的自治权，源自地方居民的委任，由地方政府行使。

（一）地方自治权

《宪法》第117条规定，自治团体针对居民社会福利、财产管理等方面的事务，可自主行使自治立法、自治组织、自治人事、自治财税、自治规划等权利；国家不得违法侵犯地方自治权，否则地方自治团体可通过行政诉讼维护地方自治权。宪法法院从制度上保障地方自治团体的自治，保障的本质内容涉及对自治团体的保障、自治功能的保障及自治事务的保障。②

1. 自治立法权

自治立法权是地方自治的核心权力。自治立法权即地方自治团体根

---

① 《宪法》第117条。
② 김수연·임현·전학선·방종희，「선진국의지방자치체계와재정고권의보장—지방정부의 재정고권보장에관한개헌안제언」，서울：한국지방세연구원，2018. p. 185.

据其自治权,在法令范围内制定与自治相关的条例与规则的权限。地方自治团体享有的立法权包括地方议会在法令范围内制定地方条例的权利和地方行政长在法令或条例委任范围内制定规则的权利。除教育、科学、技术、体育等相关事项由教育监负责制定外,地方自治团体长有权制定所有属于地方自治团体长权限范围内事务的规则。[①]

2. 自治财政权

自治财政权也称财政自主权,是地方自治团体为顺利推行地方行政目标,依法自主决定、筹集和自主管理地方财政事务的权力,体现地方财政的独立、自主和责任性原则。其所享有的财政自治权限和自治程度,受国家宪法、地方自治法、地方财政法等相关法律保障。

自治财政权的核心在于财政分权,财政分权是在中央和地方的财政权限方面作出适当调整和分配,国家赋予地方自治团体一定的税收权力和财政支出责任范围,调整地方税和国税比例,确保地方财政收入来源独立,允许地方自主决定预算支出规模与结构,使地方自治团体拥有自主财政议事决定权,进而可以因地制宜地进行相关政策的开发、制定以推动地方地持续发展的,摆脱对中央财政的依赖。

3. 自治行政权

自治行政权,是指地方自治团体原则上不受中央政府干涉,自主处理地方行政事务、管理行政的权力,包括处理地方机关组成、人员补充的自治人事权及自治财政权。

4. 自治组织权

自治组织权是指地方自治团体有权自主决定自身的行政组织结构、

---

① 《地方自治法》第28条。

人员总数规模、事务分担内容的权力。

5. 自治规划权

作为自治权的重要组成部分，自治规划权属于为地方自治团体规划未来财政活动、设定活动标准的权力。规划地方未来发展的课题和业务，是地方自治团体自主制定、决定行政计划的权力。

（二）居民自主参与权

地方自治制度旨在大力弘扬和推动地方居民自主、积极的政治参与，提升地方居民的幸福指数。为确保公民积极参与地方治理，《地方自治法》除对居民普通的权利义务予以规定外，还特别规定了包括居民提议制度、居民召还制度、居民诉讼制度、居民监查请求制度在内的居民自主参与权。

1. 居民提议制度

居民提议制度于1999年8月开始实施，是指居民向地方议会直接推进"条例制定"的制度，即地方居民积极参与要求地方自治团体制定、修改或废除必要条例的制度。与地方居民生活最为密切的"条例制定"由居民直接推进。居民提议制定的相关条例案，如果提交到地方议会并获得通过，则该条例将会发挥重要影响力。[1]

2. 居民召还制度

2006年5月韩国制定《居民召还法》，2007年7月开始正式实施。居民召还制度赋予居民罢免地方自治团体负责人及地方议会议员的权

---

[1] 居民提议制度，https://terms.naver.com/entry.naver?docId=929300&cid=43667&categoryId=43667。

利,即居民有权罢免通过选举产生的公职人员,对地方自治团体的行政首长、地方议会议员的违法不当、滥用职权等行为进行监督、控制和制裁,旨在提高、扩大居民直接参与地方自治,提高地方行政的民主性和责任性。而如果居民认为行政处分或行政决定存在严重问题,也可以通过一定的程序,传唤当事地区的团体长或地方议会议员,对问题事项进行说明,然后通过投票对团体长进行制裁。①

3. 居民诉讼制度

居民诉讼制度是为了保护地方自治团体及居民的共同利益,对地方自治团体长的违法预算执行进行监督和牵制,赋予居民或纳税人以原告资格,进行公益诉讼的制度。这一制度也被称为"纳税人诉讼制度",于 2006 年开始实施。与个人权利、个人利益受到侵害无关,居民可对地方自治团体的财务会计违法行为,向法院提起诉讼。②

4. 居民监查请求制度

居民监查请求制度是指当居民权益受到违法、不当的行政处分或不合理的行政制度侵害时,经一定规模人数、19 周岁以上的居民联名,居民可直接请求监查的制度。该制度以 1996 年在首尔特别市实行的市民监查请求制度模型,被纳入 1999 年修改的地方自治法,2000 年开始在全国施行。③

除以上各种制度外,地方自治制度还包括居民拥有对地方重要事项进行投票决定、监督政府的预算编制等方面的权利。

---

① 居民召还制度,https://terms.naver.com/list.naver?cid=44621&categoryId=44621。
② 居民诉讼制度,https://terms.naver.com/entry.naver?docId=72183&cid=43667&categoryId=43667。
③ 居民监查请求制度,(The Residents' Audit Demand System),https://terms.naver.com/list.naver?cid=44621&categoryId=44621。

第二节　韩国的地方自治团体

根据韩国《地方自治法》的规定，地方自治团体具有法人资格。①地方自治团体可以自行处理与居民福利相关事务，管理其财产，在法令范围内制定与自治相关的规定。②

作为区别于国家的，具有独立权利、义务的法人，地方自治团体在不违反法律的范围内，可自行制定、执行地方政策。与此同时，地方自治团体还承担国家委任的处理地方国家事务、履行国家行政机关职能的责任。

一、地方自治团体的地位与组成

地方自治团体主要指地方议会和地方行政机关。根据宪法，在地方自治团体设立议会，地方议会的组织、权限、议员选举和地方自治团体长的选任方法和其他地方自治团体的组织和运营相关事项由法律规定。③地方议会议员和地方自治团体的负责人（道知事、特别市市长、广域市市长、市长、郡守、区厅长），由该地方自治团体所在居民直接

---

① 《地方自治法》第3条。
② 《宪法》第117条。
③ 《宪法》第118条。

选举产生，负责处理该地方自治团体的事务。[1]

二、地方自治团体的种类与设置

韩国地方自治制度恢复实施之后，地方自治采取两级制，即地方自治团体可划分为普通地方自治团体和特别地方自治团体。普通地方自治团体，即特别市、广域市、道以及市、郡、区等，除普通地方自治团体外，必要时还可以另设特别地方自治团体。特别地方自治团体是为执行普通地方自治团体难以有效执行的特定职能，依靠国家或大多数地方自治团体等多元主体而设立的地方自治团体，分为处理行政事务而设立的行政事务型自治团体和为运营国营企业而设立的企业经营型自治团体。特别地方自治团体的设置和运营、相关必要事项，根据总统令制定。[2]

地方自治制度的核心是地方自治团体。根据《地方自治法》，地方自治团体的种类分为两类：一是广域地方自治团体，即特别市、广域市、特别自治市、道、特别自治道（以下简称"市、道"）；二是基础自治团体，即市、郡、区（特指特别市、广域市所辖区域的区，也称为自治区。自治区的自治权范围根据法令规定，与市、郡的区不同）。[3]具体地，广域自治团体包括首尔特别市、世宗特别自治市、6个广域市（釜山、大邱、仁川、光州、大田、蔚山）、8个道（京畿道、江原道、

---

[1] 地方自治制度，https://terms.naver.com/entry.naver?docId=72370&cid=43667&categoryId=43667。
[2] 《地方自治法》第2条，第199条。
[3] 《地方自治法》第2条。

忠清南道、忠清北道、全罗南道、全罗北道、庆尚南道、庆尚北道），以及1个济州特别自治道；基础自治团体包括广域市和特别市的辖区、道下的市和郡。另外，邑、面、洞等虽也是行政单位，但这些层级的公务员不由选举产生。

韩国全国划分为243个地方自治团体：1个特别市，1个特别自治市、6个广域市，9个道共17个广域地方自治体，以及包括75个市、82个郡、69个自治区在内的共226个基础地方自治团体。[①]

韩国的广域自治团体，相当于中国的省、自治区和直辖市一级的行政级别，基础自治团体相当于中国的地级市、直辖市里的区，邑、面、洞则相当于中国的镇、乡、街道。道内设市。郡设在广域市或道的辖区内。自治区是专门指特别市、广域市设置的辖区。在非特别市、广域市或特别自治市，人口在50万以上的市，设有不同于特别市和广域市所辖的自治区的区。郡中设邑、面。市和区（包括自治区）则设有洞、邑。面中设里。在市内初具都市形态的地区设洞，其余地区则设邑、面。[②]

地方自治团体的人口规模，除首尔特别市和世宗特别自治市外，6个广域自治团体平均人口为200万左右；除济州特别自治道以外的6个道（忠清南道、忠清北道、全罗南道、全罗北道、庆尚南道、庆尚北道），人口规模平均为340多万；广域自治团体中，首尔与京畿道人口均超过千万以上，釜山和庆尚南道有三四百万人口，仁川、大邱、庆尚北道、忠清南道等人口则在200万—300万之间。100万以上200万以下的城市有光州、大田、蔚山、江原道、忠清北道、全罗南道等，济州

[①] 강원택, 2016. 『한국지방정치의이해』, 서울: 박영사, 127.
[②] 《地方自治法》第10条。

与世宗市的人口已趋近百万。

2013年，韩国出台《地方分权与地方行政体制改编特别法》，根据该法规定，为发展地方自治，培育民主参与意识，可设立由邑、面、洞为单位的行政区域的市民组织市民自治会。地方自治团体可将地方自治团体的部分业务委任或委托市民自治会，市民自治会主要执行区域内市民生活与发展相关的事务、地方自治团体委任或委托的事务，以及有关法令、条例或规则委任或委托的事务。

三、地方自治的主体与自治机构

所谓地方自治团体就是以一定的地理范围为特定区域，由居住于区域内的全体居民行使包括自治立法权、自治事务权、自治财政权、自治组织权、自治人事权等内容在内的自治权的、相对于中央政权的、具有明确中央地方关系制度保障的地理统一体和人群公共团体。地方自治就是以一定地区和居民为基础的公共团体行使自治权，由该地区居民选举代表，自主处理居民福利事务，管理财产、管理该地区公共事务的活动和过程。

地方自治的主体包括自治地方的居民、地方议会和地方自治团体的执行机构。

地方自治团体设有地方议会和团体长。

（一）自治地方的居民

地方自治居民是行使地方自治权的第一主体。《地方自治法》规定，自治地方的居民依法选举地方自治团体的行政长官和地方议会议员。地方自治居民根据普遍、平等、直接、秘密的原则选举地方自治团体的行政长官（道知事、市长、郡守、区厅长等）和地方议员。

地方自治能够确保地方选民积极主动的参与政治选举。

地方居民的选举在保障地方政治独立性，发展地方自治、繁荣地方经济、增进地方居民福祉，提高居民幸福生活指数等方面，扮演和发挥着至关重要的角色和作用，能够对中央政府的执政进行审视、平衡和裁判。

为实现真正的地方自治，居民有权对所选出的公职人员实行监管。地方自治团体的构成参见表9-1。

表9-1 地方自治团体的构成

广域自治团体	地方议会	特别市议会	广域市议会	道议会	特别自治市议会	特别自治道议会
	地方自治团体长	特别市长	广域市长	道知事	特别自治市市长	特别自治道道知事
基础自治团体	地方议会	市议会	郡议会	自治区议会		
	地方自治团体长	市长	郡守	区厅长		

资料来源：作者自制。

第九章　地方自治制度

（二）地方议会

《宪法》第118条规定，在地方自治团体中设立议会。地方议会是地方自治的基本宪法机关。根据《地方自治法》的规定，地方议会议员每届任期4年。地方自治团体的最高决策权利赋予地方议会行使。地方议会在宪法上既是地方立法机构，可以在法律规定范围内，制定地方条例，也是对地方自治团体的执行机构即地方政府、地方行政履行牵制、制衡职能的监督机构，同时还是地方居民的代议机构、地方决议机构。

作为地方居民代议机构、地方决议机构的地方议会，其组织与权力受《宪法》和《地方自治法》的保障。地方议会设议长和副议长。市、道议会设议长1名、副议长2名，市、郡、自治州设议长1名、副议长1名。议长和副议长在委员中以不记名投票方式选出，任期2年。地方议员任期4年。

（三）地方自治团体长

《宪法》第118条规定，地方自治团体设立特别市市长、广域市市长，特别自治市市长，道和特别自治道设道知事，市长、郡守、自治区厅长等地方自治团体的行政长官。

地方自治团体采用市长—议会体制。地方自治团体长在政治和法律上代表所属地方自治团体。地方团体长作为行政管理者，有权处理自治地方的行政事务，对地区的各种政策进行总体管理和监督；履行地区事务统辖权和人事任命权；行使条例公布权、规则制定权的自治立法权；对地方议会议决的条例或议案，团体长可要求重新表决（即地方自治团体长拥有对地方议会的否决权），而重新表决后，议会仍然维持原议，则可向大法院起诉，由大法院最终做出判决。

地方自治团体长实行党内推荐制度，由居民直接选举产生，任期4年，可以连任。

(四) 教育监

为推动地方的教育自治，扩大地方学校办学自主权，将教育自治与地方自治相结合，根据韩国《地方教育自治相关法律》（简称《教育自治法》）规定，由地方居民直接选举产生教育监。[①]

教育监是韩国地方市、道管理与教育、学艺相关事务的最高执行首长。[②] 即受国家委托，执行教育委员会的有关国家行政事务中与教育和学艺相关的事务决议。由居民通过普遍、平等、直接、秘密方式选举产生。任期为4年，可以连选3任。[③]

从20世纪50年代开始，教育监先后经历了政府任命，到团体成员间接选举，再到居民直接投票选举产生的变迁过程。

作为地方教育行政的最高负责人，教育监是负责与教育、学艺等相关事务的最高行政代表，主要代表市、道负责管理教育、学艺相关事务引发的诉讼或财产登记事宜；指挥、监督所辖地区所属教育公务员，并

---

① 教育监，https://terms.naver.com/entry.naver?docId=794431&cid=46615&categoryId=46615。
② 《地方教育自治相关法律》第18条。
③ 《地方教育自治相关法律》第21条。

依据相关法令、条例、教育规则,负责安排任用、教育培训、服务、惩戒等相关事项,是具有最终执行权。教育监的具体权责主要包括:负责管理和监督各地市教育以及学艺相关事务的执行情况,制定教育条例和教育规则,编制教育的预算和决算,负责学校及其他教育机构的设置、转移及废止事项,负责教育课程的运营和终身教育等,以及其他与教育和学艺振兴相关事项。

根据《教育自治法》第4条的规定,在市、道议会内设立常任教育委员会,负责审查、表决与教育、学艺相关的议案和请愿等事务。教育委员会由市、道议会议员和有一定教育和教育行政经历的,由居民直接选出的教育议员组成。教育议员每届任期4年。教育委员会主要负责审议、表决市、道与教育、学艺相关条例案、预算案及结算,相关费用的征收和使用,基金的设置与运用,总统令规定的重要财产的获得与处理,请愿的受理与处理等业务。

第三节 地方自治面临的问题与改革

自朴正熙发动"5·16"军事政变,全面终止地方自治之后,韩国在经历了中央集权统治的30年后,地方自治制度终于在1991年得以恢复。不过此时的地方自治,也仅限于在直接选举地方议员的意义上。直到1995年首次实施全国同时地方选举,地方自治新时代才真正到来。2018年韩国举行的第7届全国同时地方选举,更标志着地方自治已经对韩国政治结构、政治制度运行及其发展能力等诸多方面带来深远影响。

伴随着地方政治主体，包括市民以及朝野政党间的不断博弈和妥协，地方自治获得了长足的发展和进步。但不可否认，由于长期深受根深蒂固的中央集权传统治理模式、权威主义特征的政党体制，以及以人物为中心的权力结构的制约和影响，在地方自治团体的实际运行、地方事务的处理过程中，强大的中央政府依旧处于主导、控制地位，韩国地方自治距离真正的自治权的落实还有很长的路要走。地方自治还存在诸多现实问题，面临艰巨的制度改革挑战。

一、地方自治面临的突出问题

为进一步完善地方自治制度，推动国家均衡发展，需要真正落实地方自治团体的自治权利。目前，除需要解决诸如地方议员的资质问题、自治团体公权力腐败问题、选举舞弊等现实议题外，更需要中央政府和国家层面坚定向地方分配财政、人事、立法等自治权力的意志，需要地方加强自身的自治能力建设，需要作为第一主体的地方居民进一步强化改革的意志，并积极参与政治生活。因此，如何进一步加强中央的地方自治观念和制度建设、提升地方自治团体和居民的政治参与意识和参与水平，是推动韩国地方自治发展、地方与中央关系的合理化的重要途径。

第九章 地方自治制度

（一）地方行政长官主导地方自治

韩国政治转型前，韩国政治的权力结构无论中央、地方均以行政为中心，在地方则以团体长主导为特征。

20世纪60—90年代，地方议会被朴正熙政府废除后，实行的是中央任命地方行政首长的权力运行模式，团体长主要负责制定政策、拟定地方发展战略，实行强有力的领导。地方自治恢复后，在中央与地方关系方面，权力开始渐渐向地方转移，但执政党和政府官僚势力，并不积极主动推行地方自治，而是努力缩小地方自治的实施范围，扩大其自身行政权力；只有在野党及社会力量出于政治竞争的目的，具有积极推动和争取扩大地方自治权、推动地方分权自治的主动性，因而能够成为地方自治的主要推动力量。但是，团体长有能力维系人脉，有足够的资源扩大自己的支持势力，能够形成由保守阶层人士组成地方议会、由地方团体长主导地方自治团体的局面。

从地方政治团体首长的地位看，韩国地方自治也有着明显的行政长官主导色彩。地方自治恢复尤其是自1995年实施全国同时地方选举后，与同样是选举产生的市、郡、区议员相比，地方选举产生的民选基础团体长具备更高的地位。这说明地方选举进一步加强了地方政治团体长的政治权威。

此外，强市长—议会制模式也强化了地方行政长官在地方自治的主导权、领导力和控制能力。

地方行政长官主导的地方自治产生了很多问题，如导致中央与地方对立、矛盾激化等，这些对推进地方民主的发展形成了一定的障碍。

(二) 中央对地方自治的控制

中央与地方的关系即便是在地方自治制度下，事实上也是以中央权力为中心的。中央对地方自治的控制是通过多种方式实现的。有学者指出，中央控制财政和权力的分配机制，很难让地方也不允许地方形成独立政治势力，甚至动用各种规制操控和统治地方，是一种中央控制下的地方自治。因此，长期以来，扩大地方自治权，不过是中央政府的部分细枝末节的权限与财政向地方的转移、转出部分权限而已，仅限于在政策执行过程中的裁量权允许地方使用的意义上。[①]

强化中央对地方自治的控制也体现在一些具体的制度规定中。地方自治恢复后，尤其是自1995年实施全国同时地方选举后，地方选举产生的民选基础团体长比广域团体长拥有更高的地位。赋予更为基础的基础团体长以更高的地位和权威，而相对压制更为高级别的地方政治团体首长的权力和地位，说明中央地方关系的设定是以维护中央权力为基本考虑的。

二、地方自治制度的改革

地方自治分权的最终目标是打造地区强大的国家，推动国家全面健康发展，实现时代转变。为此，国家与地方自治团体之间，除要彼此分

---

① 박찬욱,「지방자치와선거」, 서울: 한국사회조사연구소, 2002. p. 41.

第九章　地方自治制度

担职责,更要积展开合作。让地方拥有充分的自主权责,自主解决复杂的地区社会问题。自治团体应着力解决与居民关系密切的悬案,提高居民参与水平,而中央则需要推进国家的整体发展。此外,中央与地方、地方与地方之间要增进联系和合作,以促进地方之间的协同效应,提升地方的竞争力。

在地方自治制度的实践方面,进入 21 世纪,伴随地方经济的崛起和地方自治的进一步发展,尤其是经济发展的多元化、全球化,以及各级地方自治团体维权与参与意识的不断提高,韩国历届政府开始积极探讨和努力推动中央与地方关系合理化基础上的国家均衡发展模式,原先高度倾向于中央权威的中央—地方关系模式开始逐步发生改变,中央与地方平等互利的互动与协调模式逐渐成为人们的共识和主流的发展趋势。2003 年以来,韩国政府陆续出台了《地方分权特别法》《国家均衡发展特别法》《关于建设新行政首都的特别措施法》等与中央地方关系制度建设相关的法律。依据这些法律,2004 年卢武铉执政时期将地方分权改革与国家均衡发展设定为国政的主要指标,赋予地方以决定地方税收来源、地方人才建设、地方就业机会创造等权力。[①] 卢武铉参与政府所制定的关于地方分权的政策、所推动的地方分权改革,开启了韩国地方发展的新模式,标志着韩国正式进入了地方分权的新时代。2008 年,李明博政府制定并颁布了《关于地方分权促进特别法》。2013 年,朴槿惠政府时期,将《关于地方分权促进特别法》《关于地方行政体制改编特别法》整合、合并为《关于地方分权及地方行政体制特别法》。

2018 年文在寅政府上任后,积极推进地方分权、地方自治改革。

[①] 金炯基:《通过地方分权时代的地区改革谋求韩国社会的发展》,《当代韩国》2004 年冬季号刊。

文在寅政府将部分中央行政权所管辖的事务划分并转移给地方，如将警察权限分移到各级地方政府，由地方政府负责设置和管理警察机构，实现了地方自治警察权的改革。2021年1月，国会颁布了地方自治法全面修改案。2022年1月，包括全面修订的《地方自治法》在内，《居民条例提案法》《中央与地方合作会议法》《地方公务员法》等相关法律也正式出台并全面实施。这些措施为地方自治带来了与1988年地方自治恢复后所实施的地方自治制度不同的新变化，具有划时代象征意义，意味着韩国已迈向"自治分权2.0时代"，[①] 地方自治已经从过去以自治团体、团体长为中心模式，转变为以居民、地方议会为中心的新地方自治模式。

  这些新变化具体表现在：第一，地方居民的政治参与责任感得到提升，居民条例的制定以及居民召还、居民诉讼和监查请求等居民自治制度被充分激活。第二，由于"居民参与"被明确写入法律，成为有法律依据的居民权利，因此，在法律保障下，居民成为名副其实的地方自治主体。[②] 第三，包括自治立法权、自治财政权、自治行政权等在内的地方自治分权得进一步提升，地方议会、地方行政运行的自主性得以增强。在财政分权方面，文在寅政府上任后，为大力推行地方自治分权，2017年成立自治分权委员会，推动财政分权改革。调整国税与地方税的结构和比例，改变地方政府财政结构，推动地方自主创造财政资源，实现财政均衡发展。2017年7月，将国税与地方税比率改革（国税对地方税比率7：3）列为政府的国政课题，并积极推进。2021年11

---

  ① 김현수，"전해철장관에게듣는다지방자치，자치단체·단체장중심서주민·지방의회중심으로"，2022.01.11，http://www.mdilbo.com/detail/0kIA7d/660962.

  ② 위와 같다.

月，国会通过相关法律的修订案。在财政分权改革的第一阶段，每年将8兆5千亿①韩元的国税转为地方税；改革的第二阶段，开始每年扩充约5兆3千亿韩元规模的地方财政，实现了国税和地方税比率改善至72.6∶27.4的水平。② 第四，不断推动地方自治团体的信息公开与透明、民主、效率与责任方面的制度建设，同时进一步扩大地方自治权，为提升地方议会的专业性、自主性和责任性，创造制度环境和条件。由于"自治分权2.0时代"的核心是地方居民和地方议会，为此，将地方议会人事权从原团体长中独立出来，赋予地方议会议长；为提升地方议会的独立性和专业性，引进了辅佐地方议会议员议政活动的"政策支援专门人力资源"制度。第五，建立"自治发展合作会议"，创立地方与中央的合作关系。"自治发展合作会议"以总统为议长，国务总理为共同副议长，市、道知事为协议会长。通过"自治发展合作会议"，国家和中央政府可以较好地收集、整合地方意见。此外，2022年还首次召开了中央地方合作会议，该会议是自治团体长及地方议会议长、中央政府部门负责人等共同审议与地方自治和国家均衡发展相关政策的会议，对加强中央与地方的沟通、推动地方的国政参与起到积极作用。所有这些措施和发生的变化都表明，在地方自治法全面修订后，中央与地方的关系开始从过去指导、监督关系转变为对等关系，对韩国地方自治制度发展影响深远。

---

① 实时汇率：1韩元 = 0.0053元人民币；1韩元 = 0.00083美元。
② 김현수，"전해철장관에게듣는다지방자치，자치단체·단체장중심서주민·지방의회중심으로"，2022.01.11，http://www.mdilbo.com/detail/0kIA7d/660962.